社会学の新生

ピエール・アンサール

山下雅之 監訳

石井素子・白鳥義彦・都村聞人 訳

藤原書店

日本の読者へ

フランス社会学のさまざまな潮流の間に見られる論争や対立の激しさは日本の人々を驚かすかもしれない。しかもそうした論争は専門家たちのサークルに限られたものではない。新聞・雑誌やテレビ・ラジオといったメディアを通じて教養ある人々の間に大きな反響をもたらす。それらは文化的生活の中で、なくてはならない場所を占めているのだ。ところで、社会学をめぐる論争が始まったのは十九世紀末からであった。当時は哲学者や哲学教授たちの間でかなり熱心な議論が起こった。彼らの役割は文化的、政治的に重要だったのである。一九一四年の第一次大戦の前には、社会学や人類学でのデュルケーム学派の活発さもまた、専門家や弟子たちの輪をこえて広い公衆の注意を引いた。

第二次世界大戦後は、社会学の著作が政治権力から自立性を保ちつつも、それぞれの研究の中で、社会主義とリベラルという二つの政治的傾向の間の論争の大まかなラインを踏まえざるをえなかった。政治的、社会的および知的な活動領域を通してつねに見られるこの大きなイデオロギー的対立を、社会学は新たな装いのもとに示したのである。

ピエール・ブルデューの理論と方法論的個人主義の対決はこの点で典型的である。六〇年代から研究を開始したブルデューは、マルクス主義の知的枠組みを再検討するというテーマを自らに課し、その独断論や経済決定論を逃れながらも、社会階級と支配関係という用語による分析枠組みを保持した。同じころ社会学的個人主義が、これに対抗する伝統をよみがえらせる。つまりアレクシス・ド・トクヴィル、マックス・ウェーバーそしてレイモン・アロンらの伝統である。おそらくこの対立をあまり単純化してはいけないだろう。ブルデューと協力者たちはマルクス主義の教条的な暗礁を避けようとしあらゆる歴史哲学を遠ざけるとともに、シンボリックな実践の分析において、還元論的な傾向を避けようとした。同じくレイモン・ブードンは教条的なリベラリズムを逃れ、計量的なデータの解釈においていっそう厳密な手法による方法を提案してきた。しかし社会的文脈における社会学的研究の役割についてのそれぞれの概念の中に、両者の対立を再度見出すことができる。すなわちP・ブルデューは社会学の中に、支配に対する抵抗のための知的な源泉、支配される人々の解放に貢献するような道具を絶えず求めてきた。R・ブードンは仲間の社会学者たちとともに、社会学の中に十分抽象的で厳密な科学を絶えず求めてきた。それは政治的な用具とするにはほとんど適さないものである。前者は左翼の中に、つまり「知的労働者たち」に好ましい反響を呼んだ。後者は保守穏健派の知的なグループのあいだで聴衆を見出している。

ところで、これら二極間の対決が二十世紀後半のフランス社会学の理論的領域を覆い尽くすものであるにはほど遠い、ということも強調しておきたい。左派と右派のあいだに、政治参加と科学の賞揚とのあいだには、もっと違うポジションが主張されており、マルクス主義からも個人主義的リベラリズムからも同じくらい隔たっている。例えばジョルジュ・バランディエの目標とはマルクスかトクヴィルかを選ぶことではなく、資本主義的でないいくつかの社会システムのオリジナリティーを強調し、その政治システムを分析することにあった。ミッシェル・クロジエの目的は政治論争をやめて、官僚制的な組織の閉塞状況をもっと理解することにあった。社会的な構築物の中の個人行為者の役割を理解することである。

これらの社会学者たちはあらゆる独断論に警戒し、構造、主体、社会的行為者、支配といった社会学の基礎概念を再考するために有益な道を切り開いてきた。そして還元主義的な定義の罠をかいくぐろうと努めてきたのである。こうした概念を疑問に付し考え直すことは、取り巻く社会のさまざまな変化と無関係ではない。例えば新たな政治的統合は困難な問題を抱えており、また過去の思考モデルを越えるような社会組織の新しい形態にわれわれが直面しているという感覚が生じている。新たな考察が社会学の自己反省の活性化につながると同時にアクチュアルな変化に直面する解明にもつながるであろう。

二〇〇三年十二月九日　パリ

ピエール・アンサール

第三版序文

今日の社会学に関する本書の第一版を読み返してみると、五年の歳月の経過から次のような疑問を呈したくなる。これらの社会学は何らかの方法で未来を予知できたのか、と。八〇～九〇年にかけてこれらの社会学は、一九九〇年以降に襲いかかった変化を予測できたのか、それとも二十世紀末の変転を準備したであろうさまざまな傾向を見落としていたのか？

この問題はもっともなものと考えられる。なぜなら九〇年代はまさに、社会構造や社会関係すなわち社会学の研究対象に影響を与えたような重要な変化によって特徴づけられるからである。それらの重要な転換のうちで次のものを取り上げておこう。ヨーロッパにおける共産主義陣営の退潮、市場経済の地球規模での拡大、かつてソビエト連邦によって支配されていた国家の再生、宗教的原理主義の発展とそれらの政治的野心の強まり、マスコミュニケーション手段に結びついた社会的統制の維持と強化である。誰も社会学から、どの社会科学からでも同じことだが、特定の事件を予測することができると期待する者はいない。十九世紀社会学の父たちの夢にもかかわらず、事件の特殊性と決定要因の果てしない複雑さのため、社会科学にはこうした予測が禁じられている。これに反して社会学は潜在的な傾向を示すと期待するのは当然であり、もし可能なら未来をもたらす諸傾向を示すことができると期待してよい。そうして短期的および中期的に一貫性のある仮説を提出する手段をもたらすと期待される。

例えば人口という領域における人口統計学と違って、社会学にはこうした問題に答えられないという、よくなされる批判がある。統計学は変化を予測し、誤差の範囲をコントロールしつつシミュレーションを行なうことができる。

さてわれわれがこうした用語で現代の社会学を検討するならば、いくつかの潜在的な傾向について社会学が非常に明快であるように見える。例えば官僚制およびそれが生み出すはずの緊張関係の拡大といった傾向であるが、反対に、同じくらい重要なそのほかの現象についてはほとんど解明できない。

おそらくどの社会学的研究も共産主義体制の崩壊を予見しなかったし、それが東側諸国の社会‐政治的構造に及ぼした結果を予測しなかった。しかし社会学の役割が社会の本質的な矛盾の検討とその変化を描き出すことであるなら、経済的、行政的および政治的官僚制に固有の社会的緊張、それらの悪循環や無能さを一九八九年以前からずっと分析してきた著作の正確さと豊かさを強調しなければなるまい。この問題について行なわれた国際比較では、鉄のカーテンの向こう側で調査することは困難だったにもかかわらず、ソ連での官僚制現象の広がりと自己改革の無力さを明らかにした。ミッシェル・クロジエを初めとする組織社会学者たちは、こうしたシステムが次々と起こる危機をとおして発展し続ける運命にあるとつけ加えて、推移を見守った。この診断が下されたのはフランス社会を例にとったものであったが、それをソビエト連邦の状況にさらにうまく適用したのはもっともなことであった。同じようにして、官僚制内部での決定プロセスについての研究が、並立する権力の発生や腐敗の広がりを明らかにしたのであり、その大半が正確な予測に基づく診断だったことが証明された。

また、いわゆる「動態的な」社会学が、産業社会における変化の広がりと深さについて執拗に警告を行なったことも評価されるべきである。所与の事実を既得で永遠のものといつも考えたがる世間の考えとは反対に、社会変動を専門とする社会学者たちは社会構造が「不安定さ」という刻印を特徴としていることを何度も述べてきたし、安定性という残存する幻想をたえず非難（ジョルジュ・バランディエ）してきた。社会的な関係や構造の「歴史性」にこだわり、産業社会の諸形態を乗り越えるよう主張してきたアラン・トゥレーヌは、十九世紀に生まれた古い生産システムの弱さを証明し、その消滅について思いめぐらすよう促してきた。これらの変化は単純な進化と見なされず、全般的な社会政治的変動として描かれ、社会関係や権力関係全体に影響を与え、押さえきれない紛争をとおして展開するべく求められている。

同じく、西洋社会における政治的領域の一般的な諸特徴を考える場合も、政治的危機について社会学が十分な洞察力を有すると信頼されているように思われる。政治的なものの外在性（無政府主義者による批判に基づく）と透明性（民主主義イデオロギーに同調するなら）という対立し合う二つの幻想とは逆に、今日の社会学は政治的なものの曖昧さにいっそう注意を払い、市民社会と政治的世界との多様な緊張状態に注目している。代表制の危機、政党だけが互いに競合し社会的な利害衝突と一致しないこと、政治専門家たちの利害と一般市民の心配ごととに距離があること、こうしたすべての矛盾がたえず社会学的分析・研究の対象となってきた。この領域で社会学は、創設者たちが社会科学に託した、神話解体の仕事を続けている。

最後に、これらの社会学が示して見せた重要な予測のうちでも、マスコミュニケーションの重要性が増大していることに対する生き生きとした関心を取り上げておく。異なった結論に至ることがよくある、多くの論争や研究を通して、コミュニケーションネットワークの拡張についての考察が危惧感をともなって現れており、とりわけそれが行使する「象徴的暴力」についての考察がみられる（ピエール・ブルデュー）。世論が無視しようとし、経済的あるいは政治的な勢力がたえず隠そうとしている、現代世界の決定的に重要な現象を社会学は明るみに出している。

例えばいろいろな領域において、今日の社会学が社会変化の潜在的な諸傾向を有効に予兆してきたことを考えてみよう。しかもおそらく社会学の野心の一つがそこにある。確かに、歴史的事件を個別に予測するわけではないが、出来事や見せかけを越えて、さまざまなベクトルと社会的緊張を明らかにすることなのだ。

こうした意味から、時がたつにつれて感じられるようになってきた、ある種の怠慢に驚かされる。例えば共産主義体制の崩壊後に非常に強まってきた国家の再生にこれらの社会学はほとんど気づかず、もっと別の領域では、宗教的原理主義の発展と重要さを予知することができなかった。

例えばかつてのソ連や旧ユーゴスラビアでの国家の再生を、フランス社会の変化を研究することに余念がなかった社会学者たちが予測しなかったと、非難するわけには確かにいかない。しかし、これらの現象が社会科学にとって予想を超えた性格のものであったことから、国家現象のすべての次元を社会学が測り知ることが現在では困難である、ということが明らかになった。人口統計学も同じく国家の枠内で人口の変化を研究することに専念しているし、法律科学は各国の特殊性の枠内で、あるいは共同体内の法との関係で、それぞれの法の変化を分析することに余念がない。一九六〇〜一九八九年の間に社会学は国家に関する事象を自らの分析の大半に正しく組み入れることが確かに困難であった。

こうした躊躇が生じた理由は複雑だが、かつて支配的であったパラダイムすなわちマルクス主義とリベラリズムの組み合わさった影響をそこに見て取ることが、おそらく正しいと思われる。階級闘争を強調する前者の伝統は、国家的枠組みの重要さおよび社会的制御（あるいは非‐制御）における国家の役割について問いかけることを禁じてきた。この伝統に喧しく対抗するリベラルで個人主義的な思想は、やはり同じ怠慢に向かった。つまり個人や自立した個人の行動、そして経済的諸関係を強調するため、国民国家に依拠する現象を社会学的に思考する手段をまったく提供できない。これらのパラダイム的モデルにおいて、国家の再生の可能性は考えられないものである、もしくは退歩の明らかなしるしとしてのみ認められた。

時間がたったおかげでわれわれが取り上げることができるようになった第二のケースは、宗教的原理主義に対する予想が抜け落ちた点である。ここでも、相対的に新しい現象がいくつもの異なった宗教（まず第一にイスラム教であるが、カトリック、プロテスタントそしてユダヤ教も）の中で発展してきており、しばしば政治的転覆現象を引き起こしている。これからの各章で示すように、われわれが分析する四つのパラダイムは、原理主義的もしくは教条主義的なバージョンで宗教が再び活性化することを予知できるような考察方法を用いなかった。

この問題に関して、社会科学に広く内在する合理主義的イデオロギーの広範な効果について問うべきである。社会的なロジックや行為者の明白な意図、行動の理由などを引き出すことが社会学パラダイムの必然的でキッパリとした傾向であるが、学問的方法の合理性と社会的行為者たちの合理性との混同を避けることは容易でない。私たちが学ぶ社会学者は、とりわけマックス・ウェーバーがそうだが、宗教は産業的あるいはポスト産業的世界の合理性に組み込まれていく運命にあり、歴史的有効性を失っていくと考える傾向があった。このような観点から宗教の再生は副次的な事態、少し古臭いことだとアプリオリにみなされたのである。

相対的に言って物を見る力がないと同時に慧眼でもあることは、社会という領域の性質と関係がないわけではない。社会学者たちがある程度、彼らを取り巻く社会的需要の影響を受けることは驚くにあたらない。たとえば多くの社会カテゴリーの人々、企業管理職や政治家から、組織の機能や機能不全に関する分析を入手したいという強い要請がある。こうした需要の強さは部分的に、この領域での診断がいかに多く、有意味であるかを説明してくれる。

これと反対に宗教社会学は、七〇年代にはっきりした社会的需要も研究の資金源もない状態だった。国家機関も有力な財界人もこうした研究を鼓舞する気持ちがなく、宗教権威者側もそうした手段をもっていなかった。さらに宗教内部の抗議運動に関する研究プロジェクトは、公式な宗教権威筋や客観的な観察すべてを忌み嫌う運動家たちが作り出す不信感という壁にぶつかるほかなかったのである。悪循環の効果によって研究の前に立ちふさがる障害が、研究のイニシアティブをそぎ、これらの領域を論争や大雑把な推測にゆだねてしまったのである。

最後になるが、洞察力と無能力とを批判的に総括してみると、「厳密であることによる予期せざる効果」とでも呼べるものを思い起こすべきである。社会学はその方法を完璧なものとするため正しく努力を重ね、冒険をおかすような敷衍を自らに禁じてきた。こうやって質の高いミクロ社会学的分析を蓄積してきたのであるが、その結果を一般化するのに多大の困難を生み、社会の変転について総合的なビジョンをもつことを可能にするはずのこれら研究業績を全体化することができなかった。科学的厳格さは無視できないコストをもたらしているのだ。

この第三版で私は、本書の構成を変えずに一九九〇年以降の出版物を考慮して各章をアクチュアルなものにしようと考えた。それ以降に発展した新しい研究領域に言及するため、新しい付論を書いた。

社会学の新生　目次

日本の読者へ　1
第三版序文　4
序　論　17
▽コラム　実存主義　26

第Ⅰ部　社会学の対象

第一章　生成論的構造主義〈ブルデュー〉　37
▽コラム　マルクス主義と社会科学　40
第二章　ダイナミックな社会学〈バランディエ、トゥレーヌ〉　54
▽コラム　人類学　58
第三章　機能主義的で戦略的なアプローチ〈クロジエ〉　68
▽コラム　システム理論　76
第四章　方法論的個人主義〈ブードン〉　81
▽コラム　個人主義　84

第Ⅱ部　コンフリクトの分析

第五章　分類とディスタンクシオン〈ブルデュー〉　100
▽コラム　構造主義　104
第六章　コンフリクトと変動〈バランディエ、トゥレーヌ〉　115
▽コラム　現象学　120
第七章　組織内部のコンフリクト〈クロジエ〉　131
▽コラム　官僚制　134
▽コラム　社会学と社会心理学　140
第八章　攻撃と相互作用のシステム〈ブードン〉　148
▽コラム　歴史学と社会学　158

第Ⅲ部　象徴的なものについての再考

第九章　象徴の場〈ブルデュー〉166　▽コラム　L・アルチュセールと社会科学　174

第十章　想像力《イマジネール》の産物のダイナミズム〈バランディエ、トゥレーヌ〉178　▽コラム　精神分析と社会学　184

第十一章　組織における想像力《イマジネール》の産物〈クロジエ〉194　▽コラム　伝記的アプローチ　198

第十二章　相互行為とイデオロギー〈ブードン〉207　▽コラム　相互作用主義　212　イデオロギー　220

第Ⅳ部　街に下りた社会学

第十三章　再生産と戦略〈ブルデュー〉231　▽コラム　認識論と諸理論　238

第十四章　秩序と無秩序〈バランディエ、トゥレーヌ〉249　▽コラム　社会学的介入　260

第十五章　閉ざされた社会〈クロジエ〉264　▽コラム　社会学と政治科学　274

第十六章　個別者の社会学〈ブードン〉280　▽コラム　エスノメソドロジー　288

結論　294　▽コラム　社会学の社会学　300

付論　309

原注　316

監訳者あとがき　328
参考文献　346
人名索引　350

社会学の新生

凡例

一、本書は、Pierre Ansart, *Les sociologies contemporaines*, Paris, Éd. du Seuil, 1990（初版）の第三版の全訳である。

一、原文の（　）は、そのまま（　）で示した。

一、原文の« »は「　」に置き換えた。また、引用文中の" "にあたる部分は、書名との混同を避けるため、〝　〟で示した。

一、引用文における〔　〕の部分は、訳者による補足である。

一、原文イタリック体の箇所のうち、著書、論文の表題は『　』、「　」により表示した。原著者による強調のためのイタリック体は、傍点を付して示した。

一、引用文のうち邦訳がある場合は参照したが、訳文は必ずしも一致していない。

一、注意を要する訳語に対しては、原語を併記するか、または原語のルビ（振り仮名）を振ったものがある。

一、原注は原著では脚注の形をとっているが、本書では各章ごとに（1）、（2）……の数字で示し、巻末にまとめた。

一、本文中の文献に邦訳がない場合は、わかりやすさを考慮し、適切と思われる日本語タイトルを記した。

一、本文中の（　）内のアルファベットによる著者名と年号の表記は、原著者による巻末の参考文献の指示を表す。

序論

第二次世界大戦が終わってから社会科学は、全く相容れないような理論的流行、流派間の論争をたどってきた。ボンヤリした観察者なら、さまざまな知的モードが次々と入れ替わったという印象をもつに違いない。確かに、現象学、マルクス主義、構造主義、動態理論《ダイナミズム》、エスノメソドロジー……そしてこれらライバル関係にある学派の多くの亜流が現れた。

しかし、こういう知的な流行がファッション界のモードや「プレタポルテ」的思想と勘違いされるのは、表面的な観察レベルでのことにすぎない。まるで学派の領袖たちが次々と流行を放つかのように。こういう多様性の中から奥深い対立が現れて、対抗しあう人々や研究機関を巻き込むにとどまらず、社会認識に関わる異なった概念が根底にあることが明らかになった。つまり二十世紀の末という時期に、社会についての相反するビジョンが出されたのである。これらの議論を通して、現代社会の相矛盾する次元が明らかになったということもできるだろう。

本書の中で私たちは、これら根元的な論争をもう一度振り返り、認識論上の争い、そのベクトルと重要な対立点を明らかにし、できうる限りで、その意味するところと賭けられているものを引き出してみたい。この検討があまりに広がってしまわないように、対象を現在に限ることで、一九八〇年代から九〇年代に意識を集中し、この時期の社会科学という「知的領野」を再構成しようと思う。

これらの論争に先例がないわけではない。非常に一般的な意味では、十九世紀半ばに端を発する大きなラインに沿った根本的な対立を追い続けるものという事ができる。確かにいろいろな議論や立場の違いを通して一八四〇年頃から、社会というものについての二つの大きな概念が形成され、対立し始める。一方はプルードンとマルクスが、他方をトクヴィルが代表している。

一八四六年以降プルードンは、『経済的矛盾のシステム』において産業社会を矛盾した一つの全体と見なし、固有の論理に基づいて認識可能なシステムととらえた。このトータリティーは、当時の貴族社会の支持者たちが望んだような、有機的でコンセンサスに基づくものからはほど遠く、社会＝経済的な矛盾に満ちたシステムだった。しかもこの矛盾の弁証法がダイナミズムを支えていたのである。マルクスは矛盾に満ちた社会というこの概念をよりラディカルなものとし、対立する階級から成る不平等な社会、産業資本の構造的な専有関係に基づくものと考えた。社会についてのこうした概念では、認識することの重要な目的が社会構造の分析ということになり[1]、階級が対立し合う社会＝経済的な構造、さまざまな媒介を通して資本主義的な生産様式全体を規定する構造の分析ということになる。トータリティーをめざすこうした認識に近づくには、厳密な科学が必要であった。そのような知を構成することが『資本論』の野心であったと言えるだろう。

一八四〇年以前から、アレクシス・ド・トクヴィルは、このような近代社会の概念に一語一句対立するような見方を打ち立てていた。一つの構造をそこに見出し論理を分析したり切断面を告発するどころか、彼は新しい社会の到来を封建的な緊縛からの解放と見、個人によるさまざまな行動、決断、競争から生じる無限の運動ととらえた。経済的な闘争やリッチな人々と貧しい人々との利害対立が存在することを、トクヴィルは疑わなかったが、そういう闘争自体が社会のダイナミズムに寄与し、より大きな「生活条件の平等」へと向かう必然的な発展につながると考えた。(2)彼の目から見れば、経済的な関係に注目することが必要なのは勿論だが、それだけがただ一つの決定要因ではなく、民主主義の「社会的状況」の分析をたどっていくことが必要だった。つまり、文化や宗教、価値観、慣習などについての分析を次々と行なう必要がある。なぜなら、それらすべての文化的要因が集団生活や民主主義社会のダイナミズムに関わっているからであった。

社会科学の知的な領野をこのような対立に還元することは、不当に単純化していると言われるかもしれない。つまり社会＝経済的矛盾の理論と、個人主義的な（個人主義化する）理論との対立である。しかし取りあえず、かなり一般的な対立の構図に依拠しようと思うなら、次のような広範な知の空間を考えてみよう。闘争論的なバージョンに属するのは、サン＝シモン、プルードン、ジョルジュ・ソレルやマルクス主義に近い論客など、多彩な顔ぶれである。個人主義のバージョンでは、M・ウェーバー、パレート、ジンメルなどである。

デュルケームの学派が社会学の対象となるものを定義したことで、この理論的な領域に新たな道を開いた。厳密に「社会現象」だけに関心を集中することで、他の科学とはっきり区別された新たな知に属するいくつもの研究対象を、デュルケームは構成することに成功した。まず社会学と経済学との間に境界を打ち立て、さらに社会学と心理学の間にも垣根を設けることで社会構造や社会的分業の形式といったかなり一般的なものから、自殺のような最も個人的なものと見える行動に至るまで、多様な研究への道を開いた。社会学を自立した科学とすることで、デュルケームはプルードンやマルクスが経済的矛盾に対して投げかけた疑問を回避した。そして社会的制度すべて（学校、法、家族、職業）(3)について社会学独自の研究を打ち立てたのである。他方で彼は、行為とその主観的な意味についてのマックス・ウェーバーの疑問を避けることで社会現象の客観化を促し、歴史学や経済学、政治学、心理学などの研究ときっぱり区別された批判的知の確立を揺るぎないものにした。

社会科学の知的領域について、二十世紀半ばまでかなり一般的なラインをたどってみると、マルクス、デュルケーム、ウェーバーの三者をシンボルとすることで、三つの対立し合う流れをそこに見ることができる。三つの社会学的認識論、産業社会についての三つの異なる見方がそれに対応する。(4) マルクスは生産様式についての科学を打ち立てるために国境という枠を乗り越えるよう呼びかけ、資本主義の生産様式については、階級的矛盾についての科学を打ち立てようとした。デュルケームはいろいろな制度の具体的な研究を増やすよう呼びかけ、それら制度の客観的な次元を客観的に研究できると考えた。マックス・ウェーバーはデュルケーム流の研究対象を避けることはなかったが、制度の客観化ができるかどうか疑ってみることを説き、自然科学と人間科学との乗り越えられない距離を強調した。(5)

フランスでは、第二次世界大戦後にこれら三つの傾向が続いたが、疑問が投げかけられたり、再構築の試みがなされてきた。ジョルジュ・ギュルヴィッチはマルクス主義から生まれたいくつかの図式を取り込み、乗り越えようと試みた。モーリス・アルヴァックスはデュルケーム学派の伝統を自由な形で踏襲しながらも一九四四年に悲劇的な死を遂げた。(6) こうした認識領域に対抗して、レイモン・アロンは知的領域におけるリベラルの伝統をもう一度見出そうと呼びかけ、科学の領域ではウェーバーの伝統を重んじた。

当時の知的雰囲気をよく理解するには、一九四五年から六〇年にかけての時期、つまり冷戦の時期が重要であり、また後々までその影響が残るからである。この時期は東側と西側の対立、第三次世界大戦の勃発への脅威によって特徴づけられる。知識人たちはこの対立の中に加わることを強く求められ、とくに共産主義、ソビエト連邦、共産党に対する自分の立場を決めなければならなかった。資本主義の支持者たちに対するジャン゠ポール・サルトルの暴力的ともいえる発言は、この時代の文化的雰囲気をよく表している。

社会学者たちもこの論争から逃れることができなかった。何人か(アンリ・ルフェーブルやエドガー・モラン)は共産党のメンバーとして自分の立場を擁護した。

しかし大学の制度的な構造のため、社会学には相対的な独立性が保たれた。その後にやってくる発展を知る由もなかったからであるが。このころは、二人の社会学者が、根本的に対立する社会科学の概念を体現していた。ジョルジュ・ギュルヴィッチとレイモン・アロンである。

一八九四年ロシア生まれのG・ギュルヴィッチは一九一七年の一〇月革命に積極的に参加し、レーニンとボルシェヴィキによる政権奪取の生きた証人であった。この体験が彼の知的形成において決定的な役割を果たしている。研究の当初から彼は、その後ずっと追い続けることになる問題を明確にしている。資本主義社会といわゆる社会主義社会の行く末がどうなるのか、官僚制の強まりとその結果がどうなるか、自己管理的な社会主義社会を打ち立てることが可能かどうか、である。

マルクスやプルードンから、ギュルヴィッチは社会的矛盾の分析を受け継いだが、それ以上に、いろいろな社会的装置の下にあるダイナミズムの感覚を受け継いでいる。既成の秩序を揺るがす可能性をもった、広がりのある抵抗運動を分析しようとする意図である。彼の研究は、サン゠シモン、プルードン、フィヒテ、オーリウーといった行動の理論をもとに、運動と惰性態との弁証法に新たな光を投じようとするもので、社会装置に対する「熱狂状態」、国家に対する社会というものであった。社会的権利についての彼の二つの博士論文（1931）がこうした意図をはっきりと表している。超越的な権利についての諸理論に対して、彼は考察の道をいろいろな角度から切り開き、国家の至高性に対抗する新しい権利からいかにして社会集団やアソシエーションが生じるかをとらえようとした。

プルードンやマルクスの伝統を受け継ぎ、ギュルヴィッチは「グローバルな社会」、つまり全体性を分析することが社会学の責務であるとした。全体を志向するような考察に結びつかない断片的な研究への軽蔑をあらわにしている。だからマルセル・モースの「全体的社会的事実」という概念の重要性を強調している。つまり部分的な現象の研究を目指しつつも、社会全体の意味作用との関係でそれらを位置づけるという考えである。

ギュルヴィッチは、マルクスやマルクス主義者たちが陥っていると疑われる単純化に対して、分析道具の複雑化を求めている。社会が下部構造と上部構造の骸骨に還元できると考えるのはとんでもないことで、分析のための「諸段階」をさらに増やすことが重要だ。デュルケームが好んだ社会の形態学的分析レベルから、知やイデオロギーの形態に至るまで、いずれも規定力と力動性をもつ。また同時に、階級闘争だけの弁証法を乗り越え、暴力的な闘争の弁証法から、平和的な相互補完的関係に至るまでの、さまざまな社会的弁証法の形を再発見することが重要であると考えた（1962）。G・ギュルヴィッチが社会学的研究の中で唱えた一般的な要請は、ラディカルな経験主義（「弁証法的超経験主義《ハイパー・エンピリアリズム》」）、つまり集団生活が絶えず生み出し変化させる経験の多様性を十分に尊重するという要求であった。

こうした著作の政治的意味は何ら曖昧なところがなく、社会学を革命運動の中にしっかりとつなぎ止めようとするものであった。官僚制的社会主義に対する批判を行ないながら、G・ギュルヴィッチはプルードンの唱えた連邦制に賛同し地方分権的で自己管理的な民主主義こそ資本主義にとって代わるはずだと考えていた。一九六〇年代には、ユーゴスラビアやフランスで行なわれている自己管理運動の経験が、未来を告げる政治的形態だと述べた（1965）。

これらの考えに対し、レイモン・アロンはほとんど一語一句と言っていいほど反対の立場をとる。彼は一九〇五年生まれで、一九三〇年から三三年にかけてドイツで過ごした大学時代に、決定的な知的経験をした。そのとき彼はディルタイ、リッケルト、ジンメルといった二十世紀前半の哲学者や社会学者の研究に打ち込み、さらにマックス・ウェーバーを詳しく学んだ（Aron, 1935-1938）。こうした新カント派的な伝統に彼は忠実であり続け、歴史学や社会科学の哲学的及び認識論的批判を考察の中心に据えた。一九三八年に書かれた彼の二つの博士論文は、これらの領域に関する研究の賜物である。

一九四〇年代からR・アロンは、うち続く政治的状況に対する分析とコメントが、自分の重要な仕事の一部であるとして取り組み始める。冷戦（1948）、アルジェリア戦争（1957）、「テロルの均衡」と発展（1962）、ヨーロッパの連合体（1977）などだ。さらにまた、社会学の歴史についても多くの著作を残した（1967）。

社会学的考察の領域でR・アロンは一九三五年に始めた社会科学の認識論に関する検討をたえず追究してきた。デュルケーム学派に対し面と向かって論争を挑むことはせず、社会学的な実証主義の限界を示すことで、彼らの野心を支えるには無理があることを示そうとした。「社会的な物」という概念そのものが、明白な主観的体験と齟齬を来すし、人間科学と自然科学とのはっきりした対立関係というディルタイのテーゼに反対しつつも、R・アロンは、社会的事実を自然の事象に還元することができず、社会科学の方法と自然科学の客観的方法とを混同するわけにはいかないことを既成事実と見なしていた。「理解」社会学についてのウェーバーのテーゼが、たとえ補足され見直されたとしても、社会科学のオリジナリティーに関する考察にとってないがしろにできない前提条件であった。同時に、社会的現象学（A・シュッツによる）も無視できない貢献をもたらしている。

社会の認識とその眼界について予め批判的に考察することこそ、デュルケーム流あるいはマルクス主義的な実証主義や歴史主義の罠を避けるために欠かせないものである。

事実はそれ自体で客観的であるのではなく、異なった観点からさまざまな方法によって客観化される。したがって、人々の生きた体験を再発見しようとする「理解」の努力と、反対に、説明や定式化の努力とを混同するわけにはいかない。しかしこの二つのアプローチはそれぞれの限界の中で正当性を主張できる。理解の努力は、生きられた体験を再構成することができ、主体の自由というものを再発見させてくれる。逆に説明のほうは、全体のつながりを客観化し、例えば統計を用いることで一般的傾向を分析したり、ありそうな因果関係を見つけたり、社会的再生産を教えてくれる。こうしてみると、自由や個人の決定を考えさせてくれる個人主義的なアプローチと、決定論的なアプローチの間に必ずしも矛盾があるとは言えない。偏った考えとは反対に、方法論的な個人主義は、決定論や再生産についての分析と全く矛盾するとはいえないのである（1989）。R・アロンはこのように、主観性と客観性を位置づけ、和解させようとしたマックス・ウェーバーの意図を引き継いでいる。

この批判的考察はとくに、一九三五年ごろからその限界が大いに指摘されてきたマルクスの哲学に、よく当てはまる。一九四五年以降R・アロンは、当時支配的だったマルクス主義に関するいろいろな解釈を批判することになる。科学的というより政治的な目的で利用される独断的な解釈であったり、ジャン゠ポール・サルトルによる実存主義的なマルクス主義の読解とその矛盾であったり(1972)、これに劣らず独断的でマルクス自身の著作とはほど遠いアルチュセールのマルクス主義であったりした(1969)。これらの読解がいかに独創性にあふれていたにしても、実際のところR・アロンは、各論者がマルクス主義に認める重要性の中に、それぞれの哲学的な立場や政治的神話の重みという歴史的な恣意性を補足的に示す証拠を見ていた。このような意味でアロンにとって、マルクス主義は「知識人たちの阿片」の構成要素であると映ったのである(1955)。

彼の著作の政治的な意味合いということになると、G・ギュルヴィッチの場合と同様あいまいな部分がある。R・アロンは実証主義に対する批判を強め、歴史主義や科学主義に疑問を投げかけ、社会科学が政治行動における決定や価値にとって代わろうとする尊大な態度を批判した。と同時に個人の自由を否定したり削り取ろうとするあらゆる試みを告発している。こうして彼は、「状況に加わった観客」(1981)という自分の立場を守りながら、いろいろな国家体制に対抗して自由を擁護し、自分の考えをリベラルな動きの中に書き記した。

とくにレヴィ゠ストロースに代表されるような構造主義の到来は、一九五〇年以降激しい論争を引き起こし、知の領域を書きかえる動きとなって新しい対立関係を生み、それぞれの理論的立場を見直すよう促した。(7) 自分の「縄張り」内の問題に答えることしか頭にないような社会学の著作は、構造主義的な認識論に反するものと決めつけられ、どんな理論的前提に立っているかをさらけ出した。本書では、構造主義が社会学の領域において一つの独立した流派を形成しなかったにもかかわらず、新たなアプローチを生み、今日の社会学にまでその影響を残すような新しい理論的断絶を生み出したことを明らかにしたいと考えている。

つまりわれわれの仕事は、一九六五年から七〇年にかけて突然襲った構造主義の流行以降、社会科学の知的領域がどう組み立てられたか跡をたどり、その後に現れたいくつかの革新を考慮に入れて行くことである。これらの新たな展開は一九八〇年代から発展し始め強まってきており、新しい道を切り開くことになるのである。

最初に片付けておくべき問題はこうである。これらの理論をお互いにはっきり区別することはできるのか。とすればいかなる基準によってであるか？

社会科学の歴史の中で、一つの理論から別の理論への移行は、トマス・クーンが自然科学理論の歴史について行なった科学革命のような明確さをつねにもっているとは限らない。たいていはささやかなズレや何度も手直しが繰り返されて理論の変化が生じるから、歴史家は後になって微妙な違いを区別したり、ほとんどの場合に著作者たち自身が気づかない決定的な革新を明らかにすることになる。

さてここで私たちが問題にしている社会科学の理論史の中では、実際のところ「認識論上の切断」とか「理論革命」というような言葉で形容できるほど例外的にはっきりした形で変化が生じており、新しい理論、もしくはこう言ってよければ、新しいパラダイムの出現をこのように呼ぶことができる。しかもこの歴史的時期においては、理論史に見られる非連続性や認識論上の変革についてのT・クーンの考えが、かなりのケースで有効である。[8]

例えば一九五〇年代から六〇年代にかけてのマルクス主義から構造主義への移行は、一つの理論モデルから別のモデルへのゆっくりした発展を通して生じたのではないし、一つの主要な説明方法から別のものへ単純に置きかわるということでもない。分析の関心が階級闘争から構造に移ったのとも違う。構造主義の擁護者たちがきっぱりと述べたように、この新しいパラダイムが生み出されるにあたっては、さまざまな認識のレベルで変化が生じ、研究対象、その構成、有効な仮説や方法、すなわち概念構成すべてが、そしてそれらの正確な意味一つ一つが変化した。

この新たなパラダイムは構造の探求を目標に据え、それらの作用の仕方、内的法則などに関心をもつが、闘争やその行方についてとくに分析を行なうことはない。つまり安定した諸状態や再生産の探求を正当なものと見なしたこと

実存主義

一九四五年以前の著作でジャン＝ポール・サルトルは、ノエマとしての意識に関する現象学的問題設定を実存主義の観点から大きく取り上げ、主体の自由を強調した（『自我の超越』一九三六年、『存在と無』一九四三年）。一九四五年以降になるとマルクス主義を〝乗り越えられないもの〟とした上で、経済決定論を告発し、自身のいろいろな社会的体験の中で主体の自由を擁護するような理論を作り上げようとする。このような意味で彼は、「媒介」の理論（家族や集団）を展開し、行為者の意志や「企図」がどのような状況で形成され実現されるかを、ダイナミックにとらえようとした。『弁証法的理性批判』（一九六〇年）では、対立しあう集団の体験を次々に描き出し、個人の並存状態（連置性）から最も激しい集団（融合状態）に至るまで、自由な主体がどのようにして接触し始め、相互作用を引き起こしたり、協調し合ったり、あるいは集団全体や社会制度や社会的メカニズムの惰性状態の中で後退したりするかを明らかにした。

人文科学におけるサルトルの影響力は、彼の理論的著作の重要性だけで測れるものではない。彼の文学や演劇作品、政治的抑圧にたいする立場表明が、政治的暴力の広がりと抵抗や反乱の可能性（『反逆は正しい』一九七四年）をたえず思い起こさせてくれた。また彼の文学作品は、マルクス主義に由来するものであれ構造主義であれ決定論的な考えにたいする同一の批判を提起している。マルクス主義から機械論的な側面を取り除いて、主体の自由意志と調和させる試みを行なった。

イギリスの反精神分析学派であるロナルド・レインとデイヴィッド・クーパーはこうした考えに薫陶を受け

ている。彼らは精神病の処置においてサルトル理論の方向性を活用し、家族環境の潜在的な暴力に個人が依存している様子を明らかにするとともに、主体が自由を回復する条件をどう作り出すか探求した。
実存主義運動の中では、シモーヌ・ド・ボーヴォワールの著作（『第二の性』一九六一年）が、女性の置かれた状況に対する批判的考察を甦らせたという点で重要である。彼女は、性別によって異なる教育が行なわれ、態度が決定されていることを強調するとともに、女性の自己肯定と自由の可能性を示唆した。同じようにアルベール・カミュの著作（『反抗的人間』一九五一年）も、抑圧を批判し、現代人の自由を憂いて考察する運動に加わった。

になる。他方でマルクス主義パラダイムは、主たる研究対象として、資本主義社会の革命的変化を分析の中心に据えていた。[9]

このような移行について、研究対象の切断が単に見直されただけだと考えた人もいたが、実際のところは、全く新しい理論化の方法、説明仮説の出現に対応している。マルクス主義パラダイムは、歴史や社会的関係の変化に訴えることで事象を説明するが、構造主義はまったく反対に、こうした伝統的な歴史的説明を停止し、社会構造に内在する諸法則によって変化を説明しようとする。この結果として、マルクス主義パラダイムの中では正しいとされた仮説全体が意味を失い、あるいはきわめて問題の多いものになってしまった。例えば経済的下部構造とイデオロギーから成る上部構造との区別は、マルクスによれば彼の理論の「導きの糸」であるが、[10]いくつもの構造の相互関係とそれらの全体性を探ろうとする分析においてはもう意味がない。これから何度も強調することになると思うが、捨て去られたパラダイムの仮説は、もう議論の対象とされなくなり、意味を失ってしまうのである。

これらの理論の間の距離は、新しい概念化が生じることによっても特徴づけられる。かつてのパラダイムの中で洗練されてきたいくつかのキーワードが基本概念としての地位を失い、消滅する。「ブルジョワ」とか「階級闘争」とか「階級意識」などがマルクス主義のキーワードだったが、構造主義の著作の中には登場せず、せいぜい括弧付きで疑わしいものとして扱われ、素朴さを洗い落とさないと使い物にならないといったところだ。オリジナルなキーワードが作られるというのは、まさにT・クーンのパラダイム理論を証拠だてている。つまり一つのパラダイムは「通常科学」として特定の知の様式を確立し、このモデルに合わない解釈や対抗するパラダイムの概念装置を追い払ってしまうのである。同じようにしてこのパラダイムはいくつかの事実を特別視して、本質的で啓示に満ちたものと考え、それ以外の事実を遠ざけようとする。

　説明力のある理論、啓示に富んだ研究対象の選択、特別な概念化や方法などを考えてみると、入れ替わったり競争し合うパラダイムは、根本的に異なっており奥深い違いをもったものとして、それぞれが科学的な一個の全体を成していると思われる。構造主義やシステム《システミスム》理論が現れたときのことを考えてみると、一つのパラダイムから別のものへ移るのは、確かにある種の「切断」によってである。つまり、何人かの革新者たちがそんな感じをもったとしても、それぞれの移行が何らかの「革命」によってなされたのではない。重要なのは、競合するパラダイムのオリジナリティーをつかもうと思うなら、対立関係を見落とさないことだ。どこに争点があるか、それぞれのパラダイムの特徴は何かを知ることによって、これらの研究がもたらしたものを計測し、どれが真理であるかを知り、議論がどう白熱したか、互いに交わされた批判がどういうものかを、より理解することができるのである。

　こうした議論をくまなく分析するには、学派、制度や組織、財政基盤、競争し合う人々のグループ化やその変化まで考慮に入れる必要がある。競争関係を再構成することがわれわれの目的ではない、とはいえ、いくつかの局面を思い起こす必要が出てくるだろう。トマス・クーンがまさしく強調しているように、パラダイムの歴史とは単なる観念の歴史ではなくて、ライバル関係にある社会集団の歴史であり、科学者グループの歴史でもある。互いの葛藤、利害、賭けられた物を理解することが必要なのだ。

対抗するパラダイムのそれぞれは、知的に構成された仮説であるどころか、人々を糾合し、仲間としてまとめあげ、それぞれの研究室や研究グループとして囲い込み、あるいは単に仲間ネットワークとしてのつながりをもつ。研究の条件や出版の面でさまざまな影響を及ぼし合う仲間意識をもつ場合もある。社会科学の場合は研究室といってもその内容や大きさ、そして内部の組織化が非常に多様であるから、影響関係はたえず揺れ動き、一つのパラダイムに対する明らかな同調は、自分が所属し支えるネットワークへの賛同を意味している。学者共同体に入ろうとしている若い研究者は、支持を取りつけたいと思っているネットワークにとって、自分のパフォーマンスがどれだけ値打ちがあるかをすぐに飲み込み、同時にそれが他のネットワークからバッサリと自分を遠ざけることになるのも理解する。自分がやろうとしている研究テーマが、あるグループにとって「よい」テーマであるか否かをすぐに悟る（普通は、非公式な情報を通して知ることになる）。社会科学ではいろいろな人間関係が研究対象を作り出すから、「素晴らしい」研究テーマもしくは「平凡な」テーマの地位が、よりグローバルな理論に連動して、その研究は重要だとか関心を引かないなどということが告げられるのである。問題となっている科学共同体の中で支配的なパラダイムが提起する仮説を証明したり手直ししたりすることになるようなテーマが興味深いものと認定される。一人のボスが取り仕切るような仲間うちの小さなネットワークの中では、計画中の研究を支持するかどうか決めるはこのボスであり、それが自分たちの考えに十分に沿ったものかどうか、あるいは必要なら、批判されたことのないパラダイムへの敬意に裏打ちされつつもオリジナリティーの余地を含んでいる研究かどうかを判定する。極端に中央集権化されている（国立科学研究センターや大学内の序列関係）と同時に研究者間の依存関係を大きな特徴とする体制のもとで、こうした仲間うちのネットワークは次々と変化するが、公式および非公式なサポート関係やリクルート、昇進、出版事情について言えば非常に影響力が強い。

一つの理論に支持を表明することは他のグループや学問との関係を制限されることを意味する。そこに見られるのは、公然としたライバル的対立から一致協力に至る関係であり、意図的に無視したりそれとなく当てこするといった、さまざまなニュアンスの違いを含んでいる。マルクス主義パラダイムを信奉するグループと若い構造主義者一派は、このような微妙なライバル関係や共犯関係を織りなし、中には新しい主義主張を表明して今までのネットワークを見直すような連中が出てくる。

この最後の例からわかるように、一つのパラダイムがつねに何らかの政治的駆け引きと無縁ではなく、しかもそういう関係はふつうに思われているより相当に複雑である。おそらく十九世紀にサン＝シモンやオーギュスト・コントやプルードンやマルクスが引き受けていた政治的予言者の役割はもう現実味をもたなくなったとしても、二十世紀後半の現在にその道の「プロ」たろうとする社会学者は、自分の仕事がもたらす種々の政治的影響を避けることはできない。重要だ（もしくは、無意味と言わないまでも副次的）と考えられる研究対象の選択、それについて行なわれる理論構成、そしてとりわけ表明される一般的な解釈などが、政治的次元でのさまざまな解釈（要するに決定）と必然的に関係をもつ。それぞれのパラダイムが示唆する批判のターゲットが何であるかを比べてみれば、このことがわかる。それぞれの陣営は、何らかの社会的次元（例えば性の不平等、企業に見られる権力関係など）に対する、もしくは共同幻想に対する批判の形式をもっているが、そのターゲットは同一でない。ちょうど色々な政治的立場によって批判のターゲットが異なるのと同様である。

したがってパラダイム間の論争には、政治的イデオロギー間の衝突が一定の範囲で折り重なっており、故意の言い落としやはっきりした布告から成る微妙なゲームがつきもので、矛盾や否認を常にはらんでいる。あるパラダイムと政治的立場とのつながりを、政党支持のようなシンプルな関係に単純化できることはまれである。むしろそこには、いろいろな知的近親性や共通の感受性、そしてはっきり口にされないが政治的なア・プリオリなどを見ることができる。

それゆえ、社会学の理論が激しい、時として矛盾した反応を引き起こすことは驚くに当たらない。また、社会学上の論争が熱を帯びたものとなるのも驚くほどのことはない。なぜならこういう議論で問題となっているのが、じつは哲学的、文化的、社会的、政治的な価値観であることを理解できるからである。

私たちの議論をこれから導いてくれる仮説とは、構造主義の流行によって次の四つの主な方向性にまとめられる理論潮流が現れた、ということだ。それらは現在の社会学上の問題点の本質をとらえている。[11] 仮に名付けたものだから、レッテルについて文句を言う人もいるだろうが、とりあえずこの四つの理論的潮流を次のように呼ぶことにしたい。

一　生成論的構造主義
二　ダイナミックな社会学
三　機能主義的で戦略的《ストラテジック》なアプローチ
四　方法論的個人主義

この選択について説明していくが、じっくり考えてみないと納得がいかない向きもあろう。さらに、より新しい研究手法が登場してこういう四つの分類に疑問を投げかけないか、ということも考えなければならない。本書の付論（三〇九〜三一五頁）では、この四つの傾向に（部分的に）おさまらない最近の研究をいくつか示しておいた。

社会学の理論的空間を以上の四潮流に分けることは、長い歴史の中の一幕でしかない、ということを思い起こしておいた方がよいだろう。一九四五年以降のより細かな歴史的研究を行なえば、手直しやズレや個々の研究者による発展が次々と見られるだろう。私たちが考察しようとしている理論的配置はある一定の理論的な時期のものであり、私たちが問題にしている著者たちが成しえた発展を簡単に振り返っているものである。

しかしながら、すべての社会学者たちがどれかの学派におとなしく入れてもらおうとしていたはずがないことも確かだ。彼らがどういう教育を受けどんな知的類縁性をもつかに応じて、陰に陽に、どれかの潮流に近づくということである。さらに予想できる通り、多くの研究者たちは、一つの流派に黙って従うことを拒否し、自分自身の研究対象にとって役立つように思われる要素をこの理論的ストック（これは「道具箱」と見なされる）の中から汲み出す。

これらの対話と対立とを再構成するために、四つの立場表明を分離してしまうことを避けようとした。四つの潮流それぞれを支えている認識論上の原理を明らかにした（本書第Ⅰ部）あとで、すべての社会学に要求される次のような基本的問題にそれらがどう答えているかを、つき合わせようと思う。すなわち、社会的闘争の本質とは何か（本書第Ⅱ部）、シンボリックなものとは？（第Ⅲ部）、社会学の概念とは（第Ⅳ部）、である。

第Ⅰ部　社会学の対象

科学上の論争についてどのように考えるかという問題について、議論を解釈の違いに帰してしまうのが普通である。(歴史学的、経済学的、あるいは社会学的な)事実は観察者に対して否応なく与えられるから、理論上の対立は解釈に関する問題にしか及ばないとナイーブに考えられている。たとえば、さまざまな因果関係のうちでどれを重要と考えるかといった違いである。

しかし、われわれが取り組もうとしている社会学上の論争では、このような見方は現実からほど遠い。論争はもっと根本的なレベルにあるからである。「データ」とみなされる同一の現象について解釈だけが議論の的になっているのだとすれば、論争の範囲は直ちに限定され、実証分析が付け加えられることで終わってしまうであろう。

対立は何よりもまず解釈に関わるものではなく、何を所与と考えるのかということが問題であり、マックス・ウェーバーの表現によれば、無限にある現象の中で、根本的に異なる所与をどのように認識するかに関わっている。それゆえに、普通に考えられているよりずっと根源的な対立が生じるのである。いくつかの断片的なデータ(たとえばある人口における犯罪率)を認める点で諸理論が一致することがあるとしても、同じ用語に関して解釈の問題が提起されることはない。というのもこうした議論を始める前に諸理論は、それぞれの理論ごとに異なる思考体系の中で、犯罪を再検討しているからである。

つまり、まず考えなければならないのは解釈の問題ではない(解釈の問題というものはきわめてイデオロギー色の強い回答に陥る可能性がある。たとえば左派的な論調は、経済的な要因によって決定されることを過大評価する傾向にあり、右派的な論調では個人のイニシアティブが過大に評価されやすい）。むしろ最初に考えなければならないのは、社会的関係についての根本的な概念の問題であり、したがって社会学の対象という問題である。

これから始める「議論」が非常に根本的な性格を持ち、ニュアンスの違いや妥協や折衷の余地をほとんど認めないものであるとするならば、それは最初から異なる科学的な目的に踏み込んだレベルで対立が生じているからである。この論争は社会学の対象の問題に及び、同時にどのような社会的関係が決定的とされるのかという問題に関わっている。こうした根本的なレベルで、きわめて明確に論争を行なってきたという点で、今日の時代は重要である。つまり、互いに両立し得ないような立場が複数存在することが明確になったのである。そして同時に、対立する学派は、各々の認識論的前提を非常に明解に説明するように促されてきたのである。

第一章　生成論的構造主義

どのようなものであれ、ひとまとまりの理論活動や研究を指し示すためになされる分類は、原型を損ねてしまうという大きなリスクを伴っている。しかしここで、「ポスト構造主義」という言葉を、暫定的に用いることにしよう。というのもこの言葉を用いることにより、必ずしも明確に構造主義に言及しているとは限らないにせよ、この学派の理論家によって以前に体系化されていた一般原理を発展させている研究を指し示すことができるのである。「ポスト」という接頭辞が必要となるのは、構造主義の認識論を適用していることが問題であるからではなく、実証的な批判を通してその教えを守り続けようとしていることが問題となるからである。

「ポスト構造主義」と呼ばれるこの潮流を注意深く検討するには、一九五〇年代以降の何人かの社会学者の研究を分析することになるであろう。しかしながら、この理論的潮流のオリジナリティを強調するためには、とりわけピエール・ブルデューの立場と著作によって説明する方がわかりやすいと考えられる。ブルデューこそが、もっとも厳密にこの原理を定式化し、科学的実践を行なったからである。

　ここで検討される理論の各々について詳しく理解するためには、そのもとになった理論的系譜を見出し、それを位置づける知的伝統についてある程度再認識することが適当であろう。

　といってもそれは、重んじるべき伝統に従順に従っているということを意味するものではまったくない。ここで取り上げる四つの潮流のいずれにおいても、不可侵の権威に日和見的に従っているところは見出せないからである。それぞれの潮流は、もっとも著名な先行理論に対してさえ、批判的考察を行なうことによって、立場を明確にしている。とはいえ、どのような理論といえども、過去の知的伝統に対する十分な検討なくしては構築され得ないから、これらの理論を「長期的な歴史」という理論的ライン上に置き直してみよう。

　ブルデューの分析は、階級による社会的分化を強調している。これが、〔本書で扱う〕他の三つの学派と比べて彼のオリジナリティを際立たせているポイントである、と明確に指摘することができる。学生の文化的な慣習行動や知識についての調査(1)、美術館の来訪者についての調査(2)、グランゼコルについての調査(3)は、出自や階級的帰属によってまったく異なる文化的実践がなされていることを明らかにした。この一つの基準だけでも、ブルデューの分析が過去の長い理論的伝統と連続性を持つことがはっきりわかる。人々が社会階級に分かれているという側面から、社会的実践を絶えず考えようとしてきた伝統（ウジェヌ・ビュレ、プルードン、マルクス、ソレル……）との連続性である。ただしブルデューは、階級という誰もが知っている言葉を用いることで生じる一般的な幻想に従って、階級を実体化したり、階級を主体とみなしたりする考えを認めているわけではない(4)。

　ブルデューの分析が「マルクス主義的」と形容されることをおそらく阻止するもっとも明白な重点の置き方の移動は、意味の諸関係に、象徴的な財に、そして階級間の関係における象徴的支配に、重要性を与えていることにある。「あらゆる社会組織」を「集団間あるいは階級間の力関係および意味関係システムとする(5)」簡単な定義からしてすでに、社会・経済的な概念によって特徴づけられるマルクス主義的な階級の定義との断絶をはっきり示している。象徴的な関係、象徴的支配を強調するブルデューの考え方は、マックス・ウェーバーの系譜につながる理論的関心に基づいているということができる。

デュルケーム学派の伝統からは、確立された問題設定（社会の統合、アノミーなど）を受け継いだのではなく、ある種の精神性や社会学についての考え方を多く引き継いでいる。ブルデューはデュルケームの野心――あるいは情熱ということができるかもしれない――を再発見した（デュルケームの影響を云々するまでもあるまい）。それは、社会学を科学として打ち立てることであり、世論のような幻影から社会学を明確に区別することであった。その意志はデュルケームの場合と同じく、社会的なものの客観性という原理に基づいている。たとえ客観性に近づくことが、絶えず更新されていく研究作業によるほかはないとしてもである。ブルデューは、デュルケームの教えをエッセンスとして、また心構えとして継承し、研究の方法や手続きにおいて、客観化の作業を可能にする道具（人口学や統計学）を重視している。

ところで、理論的系譜という観点から再構成する知的なつながりにおいて、鍵となる時期として、またブルデューの理論が確立されていく上で他では見出しえない考察の起源として、構造主義の時代は確かに強調されるべきであろう[6]。そこでは、マルクス、ウェーバー、デュルケームの教えまでもが、再考され、自由に統合されているのである。

しかしながら、決してピエール・ブルデューの理論は、構造主義の原理に限定されてはいない。むしろ、構造主義の原理を批判しながら、その原理をより豊かにすることによって彼の理論は組み立てられていると考えることができる[7]。

クロード・レヴィ＝ストロースの人類学の著作は、Ｐ・ブルデューを形成する決定的な年代（一九五〇〜一九五五年）において、並外れた知的野心の手本となった。レヴィ＝ストロースの著作は、社会科学の諸学問の間にあった伝統的な境界を突き破り、言語学と人類学を結びつけ、モノグラフの場合は社会組織についてのもっとも一般的な問題を再提起した。そして、それらは民族学的研究の必要性を喚起すると同時に、人文科学についても包括的に考察しよ

マルクス主義と社会科学

一九四〇年まで、マルクスの著作はフランスではほとんど検討されず、概して政治的な次元に追いやられていた。反対に一九四五年以後、マルクスの著作は数多くの研究の対象となり、近代社会とその変化を科学的に分析するために、マルクス主義のパラダイムは妥当かどうかという論争がなされた。そこでは、生産についての経済関係によって社会構造が決定されること、階級闘争の存在、資本家の搾取に対して労働者階級が果たす重要な役割、イデオロギーの社会的機能といったテーマが特に取り上げられた。こうしたテーマは、しばしば科学的というより論争的な多くの書物をもたらした。そこではマルクス主義は事実として提示され、それについて異議をはさむことは政治的に疑われた。論争の暴力性は、研究という作業にも勝っていたのである。

それでも、いくつかの研究がこうした論争から自由になり、社会科学のさまざまな領域に関して、マルクス主義的なパースペクティブから再考することを試みた。労働社会学において(Naville, 1956)、社会階級について(Poulantzas, 1974；Verret, 1979)、教育システムについて(Baudelot et Establet, 1971)、イデオロギーについて(Calvez, 1978；Goldmann, 1955；Althusser, 1970)の研究をあげることができる。一九四五年から一九七〇年代にドイツ、アメリカにおけるのと同様、フランス、イタリアでも、より広い分野で社会科学の多くの研究者が、マルクス主義の命題の詳細に教義的に同意することなしに、重要な側面でそれを採用していた。それには、マルクス主義経済学の限界に挑む野心を伴うもの(Sartre, 1960)もあれば、権威を持つようになった機能主義的・保守的モデルに対抗する目的のもの(Mills, 1967；Habermas, 1968)もあった。

一九七〇〜一九八〇年代は、社会科学におけるマルクス主義的含意の後退によって特徴づけられる。その背景としては多くの理由が考えられるが、歴史的な出来事が直接的に影響を及ぼした（Fougeyrollas, 1959）。経済によって社会が決定されるという仮説は、多くの反論の対象となった（Aron, 1955 ; Gurvitch, 1962 ; Madjarian, 1989）。現代の多様なパラダイムの中で、個人の戦略や意思決定、さまざまな競争やコンフリクト、コミュニケーションやミクロ社会学的な現象に向けられた関心は、経済学的、決定論的な見方を転換させるという目的のもとで一致していた。

それでもやはり、マルクス主義的パラダイムが、その一貫性と歴史的重要性によって、社会科学の典型的なモデルを構成し、社会学的な考察にとって例外的ともいえるほど実り多い対象であり続けていることに変わりはない。

うとする野心をもたらした。さらに、こうした考察は、人間を取り巻く条件についての哲学的、普遍的な問題を提起せずにはいられなかったのである。

親族構造についての研究は、細分化されたものになってしまいがちなモノグラフの欠点を乗り越えて、隠れた関係のシステムを見出し、それらを組織化しようとした。そしてその分析は、行為者自身によって認識されない、あるいは部分的にしか気づかれていない構造についての研究という重要な分野をもたらした。とりわけそれは、親族関係の性質、その不変性と発達、思いがけない領域での関係の反復について、尽きることのない研究分野をもたらしたのである。(8)

そうした研究において、社会科学の研究者はデータの複雑さに直面すると同時に、隠された諸関係を探求し、それを説明するために、事実の増殖を乗り越えることを促された。

社会学者にとって、このような作業は約束と挑戦を意味した。つまり、批判的科学認識論（G・バシュラール、G・カンギレム）の要求に従って、科学性という点で社会学を高度なレベルに引き上げることができるという約束である。しかし、言語学、人類学、文芸批評の領域において多くの道を開いたように思われる構造主義が、A・コントやM・ウェーバー以来、もっとも複雑で包括的な説明が難しいとされる社会的関係の領域に有効に導入され得るかという問題はまったく手つかずのままであった。

P・ブルデューの初期の著作を繙くと、それが理論的というより経験的な研究の時期のものであることがわかる。構造主義によって提示される中心的な問題については、まだ補足的にしか取り組まれていない。一九六一年に著された『**アルジェリアの社会学**』は、民族の分布とその特徴をもとに論が進められているが、それは構造主義的な分析というよりはデュルケーム的な要請に従ったものである。こうした彼の初期の著作は、あらかじめ設定された理論を無理やり適用したものではまったくない。むしろ、発見を助けるようなモデルの有効性について批判的に考察していた段階と言えるであろう。フランスの学生についての著作（1964）によってはじめて構造主義的なモデルによる説明がなされ、『**社会学者のメチエ**』で構造主義的な手法は明確になり、体系化されたと考えられる。

こうした時期に、ブルデューによって構造主義的モデルは再考され、いくつかの定式化については疑問が差し挟まれたのである。アーウィン・パノフスキーのエッセイ(9)を再読することにより、創造についての新しい仮説が切り開かれた。ゴシック式大聖堂の建築家が、スコラ哲学の教育を受けている間に獲得した論理、明晰さ、合理性をその建築様式に投影しているとするなら、構造主義的モデルを芸術的創造に拡張することができるであろう。もちろん、それらがどのように内面化されるかについて探り、さらに学びとったモデルはどのように転換されるかということを分析すればの話であるが。

この時期から本質的な問題が、取り上げられるようになり、そうした問題は、その後の著作においてますます重要性を帯びていった。つまり、構造はどのようにして繰り返され、再生産されるのかという問題であり、ポジシオンを再生産する者として行為者の行動を説明するという問題である。社会的なバックグラウンドについての考察をすることなく志向性を探求しようとする現象学の考え方と、主体を根本的に無にするようなテーマを繰り返す構造主義（L・アルチュセール、M・フーコー）という二つの極端な考え方の間で、対立する立場の単純化を避けて、新しい回答がもたらされようとしていた。

こうした展開の結果、社会学の研究対象の問題に対するP・ブルデューの回答は次の三つの概念によって組み立てられたといえるであろう。つまり、ポジシオン（位置）のシステム、ハビトゥス、社会的再生産である。

I

すべての分析と解釈の出発点には、関係のシステムを再現するよう促す構造主義の前提とも言える教えが存在する。ただ、「社会現象」を再構成したり、社会的行動の無秩序な断片を描写するだけでなく、どのような関係や関係のシステムが研究対象を構成しているかを明らかにすることが重要なのである。つまりまず最初に、社会的事実の断片はすべてが平等に、同じ資格で認識の対象となるわけではない。そして、考察される対象が、関係についておおよそ見当をつけることができるシステムを形成しているかどうかを知るために、前もって批判がなされるべきであろう[10]。

したがって、ブルデューが「自生的《スポンタネ》な社会学」という用語によって示すものとの切断の作業が、あらかじめ必要とされる。ジャーナリスティック、あるいはイデオロギー的な一般的認識は、「社会的事実」や「社会についての事実」を生み出し続けているからである。しかもその場合、集積された事実が統一性を有しているかどうか、あるいは異なる論理に従っているような異質なデータが集められているのではないかということは気にかけられていない。したがって「社会的事実」という不明瞭な概念を問題に付し、「本物の」対象と「誤った」対象を区別することが必要であろう。社会的な対象は内的な関係性を内に秘め、それを分析することにより機能の説明が可能になるような関係のシステムを持っているのである。

したがって、研究の目的はシステムの論理を明らかにすることにあり、現象を絞りこむことと多面的に探求することを同時に課すであろう。（すべての科学と同様に）絞りこみが必要とされる。というのも、研究は社会的に決定された関係のシステムを見出すことを選び、たとえば経済学に依存して歴史的データを退けるように、逸話的データを退けるからである。歴史的特徴についての探求を留保する構造主義的な要請は、ここにその適用例を見出すのである。

しかし同時に、関係のシステムについて分析することは、関係システムを見定めることが前置きにしかすぎないように思わせる探求の作業に道を開くのである。したがって、システムの実践的、象徴的結果についての問題提起を積み重ね、あらゆる影響を理解するために、できるかぎりこの社会的ロジックを追究することが続いて必要となる。結果の分析におけるこうした追究は、それ自身が証明のプロセスとなるから、なによりもまず重要である。諸影響がどのように広がっていくかを追究することで、洞察は豊かになり、隠されていた新しい関連が明らかになり、さまざまな関係を蓄積することによって仮説の有効性を証明することができるであろう。

構造、あるいはポジシオンと関係のシステムについての分析は、言わば研究の三段階の展開を必要としている。つまり、絞りこみ、見定め、発展である。

フランスの大学について社会学的分析を行なった著作『**ホモ・アカデミクス**』は、この三段階の展開を適切に示している。[11]

a　社会的関係のうちただ一つのシステムだけを問題とする以上、絞りこみが必要となる。たとえば、大学制度の古今の歴史、予算の財源やその獲得についての頭を悩ませる問題、社会的・政治的環境と大学のさまざまな関係についての諸問題は取り除かれている。こうした絞りこみは、取り上げられる問題の要求に従って明確に行なわれる。

b　システムを見定めることにより、大学において互いに重なりあうように密接に関係している二つのポジシオンのシステムが明らかになる。大学制度の内部にある第一のシステムは、決定と名声に関する審級の支配的位置から、権力と名声を持たない被支配的位置に至るまで、権力のポジシオンを配分する。第二のシステムは、大学制度に対して内的であると同時に外的でもあるのだが、出版、科学的あるいはそれに準ずるような活躍、外国の科学的共同体における活動などによりシステムの外側で獲得された権力や名声に従ってポジシオンを配分する。こうした二つのシステムは重なりあっていると同時に、明らかに区別されるものである。つまりたとえば、ある教授は（本来の意味で科学的な）第二のシステムにおいて強力な正当性を保持しながら、第一のシステムにおいては脆弱な権力しか持ち得ないということがあり得るのである。

この（非常に簡潔な）要約により、余分なものを取り除いた関係のシステムの「現実」の問題が提示される。確かに、見定められた「現実」は、明らかな事実として与えられているわけではない。反対に、それを明らかにするためには、もっとも明白な事実（歴史の遺産……、学生の流入……、資金提供者に対する圧力）を括弧に入れ、バシュラールの原理に従えば、明らかなことを説明可能にする「隠されたもの」を研究する必要がある。

同様にこの二つのポジシオンのシステムを明らかにするためには、関係する人々の直観や判断しか考慮に入れないということはできないであろう。反対に、こうしたパースペクティブにおいては、当事者の態度、判断、動機が構造によって、より正確にはポジシオンのシステムのなかで占められる場所によって大きく決定されていることを想定しておくべきである。ここに、構造的アプローチの本質的なテーマを見出すことができる。構造的アプローチにより、システムは部分から説明され、またシステムが部分を包括的に説明するのである。

ブルデューは、こうしたアプローチをカント的人間学の伝統に対置することにより、科学認識論を反転させた。（その点ではデカルト的伝統を再解釈する）カントが、人文科学の中心に普遍的な人間を置いたのに対し、社会学的アプローチは、この見せかけの解釈モデルを文字通り逆転させ、構造が知覚や判断、行動の「根源にある」ことを示した。人間は、自らを取り巻く状況を創造し、なおかつ自分自身も創造していると考えようとする共通の夢を社会学は裏切ったのである。

「リアリティ」と客観性という点では、ポジシオンのシステムの構造は個人の意図や動機よりも、現実的であるということができるかもしれない。言わば社会的諸関係は、「それが結びつける主体を上回る現実性をもっているのである。[12]」

c　しかし、社会的諸関係のシステムを見定めることもまた、研究における一つの契機にすぎない。それは、システムの全体的あるいは部分的な諸影響を分析するための導入でしかないのである。したがって、分析作業は、あらゆる実践的、象徴的、イデオロギー的つながりを区別し、関係のシステムによって特徴づけられるあらゆる個人的行動を識別することからなると言える。たとえば、大学システムの場合、まず最初にシステムのあらゆる隠されたものを探り出し、さまざまなヒエラルキーや権力の関係を詳細に分析することが必要であろう。そのうえで、システムが機能や個人の行動に及ぼす影響を明らかにして、構造的決定という仮説に基づいて極限まで分析を行なうべきである。こうした最初の仮説の展開こそが、仮説の真理としての価値を示すであろう。多くの諸関係を明るみに出し、部分についての説明を行なうことにより、仮説の科学的な有効性が証明されるのである。

あたかも決定というものは完全で、現実が観察者に与えられているかのように、剥き出しの事実に対する崇拝を声高に叫ぶ社会学的実証主義とは反対に、社会学の研究とは、再構成の作業であり、バシュラールの表現によれば構築の作業である。

構築の作業は、分析のさまざまなレベルで行なわれる。諸関係のシステムの構築、部分的事実の構築といった具合にである。そのことは「場（champ）」という概念の構築と操作化において適切に示すことができるであろう。

政治システムと同じほど大きく、なおかつ複雑な諸集団を包括的に明らかにし、文化的な創造者を結びつけ、また引き離しもする社会的諸関係を全体として考察するために、ブルデューは場という言葉を用いている。政治の場、知の場という用語によって、政治もしくは文化的生産に身を捧げている人々が寄り集まる集団を考えるのではなく、政治の行為者あるいは文化の行為者のポジシオンのシステムを理解することができるのである。こうして、知の場は「知的生産のシステムにおける行為者の間に打ち立てられる諸関係のシステム」[13]として定義される。すべての制度的集合（出版社、アカデミー……）は、完全にあるいは部分的にこのシステムに所属し、行為者を対立させる特別な争いに参加している。つまり、それは文化的正統性をめぐる争いである。

このような知の場は、社会学者によってまさしく構築されるものである。構築を通じて社会学は対象を獲得するのである。ブルデューは、この点に関し、「視点が対象を作る」[14]というソシュールの引用を取り上げている。そしてまた、研究対象の構築は新しい概念関係の構成から生じるということをともに強調するマルクスとウェーバーの指摘にも注目している。しかし、このような構築は、恣意的にはなされ得ない。構築は、社会的–歴史的現実によって可能となるのである。したがって、知の場を「固有の法則によって統制されるシステムとして」[15]考えるよう促す構造主義的手法は、西洋社会において歴史的に成立した自律性の文脈によってしか正統化され得ない。そうした自律性は経済的、政治的、宗教的権力といったほかの権力との対立から生じた知的生産によってもたらされたといえるのである。構造もしくは場という概念は、すべての社会組織に一様に適用してしまうことができる形式的な関係を指し示しているわけではなく、現実的、客観的様式を示している。したがって、社会学の分析はその様式の現実を明るみに出すことになるであろう。マックス・ウェーバーの一般的な原理によれば、社会学的な認識とは、際限なく複雑な社会的現実から諸関係と諸概念を構成する作業なのである。

この一般的な原理はやはり、「ハビトゥス」という用語の概念的定式化に強く適用されている。

II

ポスト構造主義という言葉がブルデューの認識論の状況を特徴づけるために有用であるとすれば、それはとりわけハビトゥスという概念を導入したためであり、この概念を提案するうえでなされた発展が重要だからである。

一九八五年四月に行なわれた対談において、ブルデューは以下のことを強調している。ハビトゥスという概念の導入によって、また彼がその概念に与えた定義によって、彼は「構造主義の機械論的方向づけに対して抵抗したかった」[16]と述べているのである。構造主義者の機械論に対して批判を行なうことにより、構造主義から継承するものを明らかにし、いかなる批判がそれに向けられるのかを示すことが可能となった。

ソシュールの構造主義は、クロード・レヴィ＝ストロースのそれと同様に、行為者の表現や意見ではなく、決定要因となる構造を説明の構成要素として考えることが急務であると強調していた。それ自体科学的原理として考えられたものであり、決定論の方法的原理と言い得るこの「非意識」の原理を、ブルデューは真剣に再検討しなければならなかった。**『社会学者のメチエ』**において、次のようにはっきりと述べられている。

「個人的な態度、意見、野心を記述しても、組織の機能についての説明原理を得ることはできないが、組織の客観的論理を把握すれば、さまざまな態度、意見、野心を説明する原理に同時に到達することができる……。」[17]

この引用を文字通り受け取ると、システムは個人に対し機械的に行動の規範を課し、(「それと同時に」)個人はそれを再生産するだけであると理解されるかもしれない。そうした考え方は、創造や革新、あるいは非常に強調されている競争さえ理解できないものにしてしまうであろう。

となると、主体の自由の理論に立ち戻り、社会的関係の状況を正確に評価し利益の最大化を追求する才能を授けられたホモ・エコノミクスに近いイメージを再構成しなければならないのだろうか。確かにそれまでの分析はすべて、こうした考え方に反対していた。

それゆえに、行為者を客観的構造の単なる反映として考えることを拒否し、それでもやはり決定要因の探求を根本的に止めてしまうこともまた拒絶し、ブルデューはこの問題を生成という観点から再提起しているのである。[18]

したがって、(公式、非公式を問わず、また決められたものであれそうでないものであれ)社会的な修業(apprentissages sociaux）が、いかにして認知と行動の様式を社会的行為者にもたらし、教えこむかを説明することが問題となるであろう。もっとも明らかなものでは、家族と教育システムが互いに関連しながら、教え込みの役割を司り、また絶えず繰り返される現実の社会的経験もその役割に加わっている。その結果、「外在性の内在化」と呼ばれることが生じるのである。さまざまな社会的状況におかれた主体は、彼らが生きる歴史的な時期と社会システムにおける位置に従って、さまざまな性向《ディスポジシオン》を獲得することになる。

したがってハビトゥスとは、獲得された性向《ディスポジシオン》の集合であり、ある時期の特定の場所における社会的文脈によって教え込まれた認知、判断、行為の図式（schèmes）を意味するのである。

この定義は、獲得された性向《ディスポジシオン》のシステムであるハビトゥスが同時にプラティックの生産者であるという事実によって即座に補完される。つまり、ハビトゥスは、「認知、判断、行為のマトリックス」[19]であり、「プラティックの生成文法」なのである。こうした二側面に注目することにより、ハビトゥスという概念を理解すべきである。ハビトゥスは、客観的な諸関係と個人的行為を媒介するものとしてその間に位置している。それは、客観的条件の内在化の産物であると同時に、個人的な実践の条件でもある。

> 「客観的な規則性のシステムと直接に観察可能な行為システムの間に、ハビトゥスに他ならない媒介要素が常に存在している。それは決定論の幾何学的な場であり、蓋然性の決定と体験に由来する期待の決定の場であり、言い換えれば客観的未来、主観的投企についての場である。[20]」

修業や教え込みの条件は、同じ社会階級においては比較的類似しているから、結局、家族、学校、社会的文脈を含む複雑な教育システムを通じて教え込まれる階級のハビトゥスを特徴づける必要がある。こうした外在性の内在化の形式にとらわれない性質は、形式的な性質と同様に重要であろう。

このようにしてハビトゥスは、行動と態度を教え込みの型にはめ、その結果客観的な規則性に従わせることを可能にしている。つまりそうすることでハビトゥスは内在化を外在化することができるのである。思考、認識、行為についての無意識な図式の外在化は、次のようなことを生じさせる。新しさや自発的な自由という「十分に根拠がある錯覚」を通じて、客観的規則性や階級関係に従う思考、認識、行為を行為者が生み出すようにさせるのである。階級のハビトゥスは、階級間の客観的関係を永続化するように行為者が行動する結果を導いてしまうのである。

こうしてハビトゥスという概念は、社会的再生産という問題に回答するための本質的な要素をもたらしたといえる。

III

社会的再生産という事実、つまりまず第一に階級間の関係のシステムが再生産されていることは、経済的財あるいは文化的財の配分についての統計的データによって明らかになる。上昇移動についての分析は、どれほど多くの移動が見出されたとしても、再生産の説明を前提としている。

いわゆる伝統社会を対象としている構造主義は、構造の不変性を既定のことがらとみなす傾向にあり、それが繰り返される諸条件について問い直すことはない。マルクスの分析は、階級システムの再生産の問題に包括的な回答をもたらしたが、その分析は経済的な関係に限定され、資本の所有関係だけを極端に過大評価してしまうところがあった。

反対に、ブルデューの諸分析は、文化的再生産がもたらす諸影響を引き出すことを目的としている。とりわけ、学校システムが文化的再生産に対して果たす役割(1970)や、文化的なディスタンクシオン(1979)に注目している。こうした分析により、一連の概念が導入され、特に、象徴的暴力、文化資本、再生産戦略といった概念についての説明がなされた。

学校は「文化的恣意」の更新や支配階級の正統性の押しつけという機能だけを担っているわけではないが、学校特有の影響力は一般に誤認されている。学校の影響力は、とりわけ機会の平等に関する伝統的イデオロギーによって覆い隠されている。そのイデオロギーは、学校が学生に対してきわめて平等な条件を用意し、ただ成績だけを評価していると認識させようとするのである。

ところが、学校はまた、階級関係の構造と対応している。そして学校は学校固有の様式に従い、支配階級の文化を正統的な文化として押し付けることによって、支配を反復することに関与しているのである。教育の中立性を声高に主張すると、実際は被支配階級の排除をもたらし、階級間の差異の正統性を強めることになる。つまり、階級間の違いを平等な競争の結果によるものとしてしまうのである。学校システムは、文化的恣意を隠蔽し、文化的押し付けについての正統な機関として自らを認めさせることにより、各階級に固有な文化のヒエラルキーを正統化している。そうしたヒエラルキーは、支配階級の文化的恣意を押し付け、正統化するのである。教育的働きかけは、

「文化的恣意に関する客観的真理の誤認を生み出す傾向にある。それは、教育的働きかけが押し付けの正統な審級として承認されていて、正統的文化として自らが教え込む文化的恣意の承認を生み出そうとするためである。[21]」

このようにして学校システムは、象徴的暴力を行使する。つまり、文化的恣意を教え込み、社会階級の序列に一致したハビトゥスの押し付けを行なうのである。学校システムは、支配階級による文化の専有を確認することにより、彼らにますます正統性を与えることになる。そして学校システムは被支配階級に支配階級の知を承認させることにより、とりわけ正統化の機能を確固たるものにしている。

「……あまり気づかれていない義務教育の効果の一つは、被支配階級から正統的な知、およびノウハウについての承認をとりつけてしまうことにある。そしてまた、被支配階級が実際に有している知やノウハウを価値剥奪する点にある。[22]」

こうして学校は目に見える暴力を伴わずに支配の押し付けに関与し、象徴界における押し付けによって、「気づかれないうちに」支配を押し付けているのである。[23]

階級のヒエラルキーの正統化についての効果は、象徴資本が強化される場合に明らかとなる。恵まれた階級の子どもは、庶民階級出身の子どもと比べ、より学校的言語に近い言語能力、つまり言語資本を有して、学校にやってくる。さらに、特権階級の子どもの選抜を正統化しながら、学校的排除は庶民階級出身の子どもにより強く影響を及ぼす結果となるのである。

学校システムの諸機能に関するこの分析は、教え込み、つまり階級のハビトゥスの伝達を強調している。ただ、**『ディスタンクシオン』**において、ブルデューは反対に、社会的卓越《ディスタンクシオン》化と識別を促す認識様式を明らかにするために、行為者が用いる戦略を強調している。**『再生産』**と**『ディスタンクシオン』**を比べると、行為者の行為のより能動的な側面の概念化が行なわれるようになり、ある種の進展を見出すことができる。しかし、この進展は以前の理論化によって可能になったものである。というのも、たとえば学校が子どもや学生に象徴資本を伝達するとすれば、社会的分類の戦略においてそれを使用する方法をも学校は彼らに授けるからである。ただし、学校だけがハビトゥスの伝達を担っているわけではない。実際、文学部の学生についてなされた分析は、「遺産相続者《エリティエ》」が多くの大学外の手段（余暇、芸術）を所有し、恵まれない階級から自らを卓越化していることを示している。

ここにおいて、もはや再生産のプロセスではなく、再生産を意図するプラティック、つまり再生産戦略を分析するという新しい分析の場が開かれた。ブルデューのもっとも緻密な著作の目的は、このさまざまな戦略を分析することにあった。その戦略とは、とりわけ象徴的、文化的関係の領域において、多様な卓越化の手段に訴えることにより階級関係の再生産を可能にするものである。[24] それゆえ、再生産は、象徴に関するコンフリクトを通じて実現されることになる。社会的コンフリクトの問題に対するブルデューの回答に取り組む際に、われわれはこの点を再び検討することになるであろう。

ブルデューの著作において、社会学の本質的な対象はいかなるものであるかという問題を検討した本章の要約を行なうと、二つの重なりあう関心が繰り返されていることを指摘できる。第一の関心は、社会構造と象徴構造のあらゆる影響を分析するということである。第二の関心は、この二つのシステムの間で隠蔽されたさまざまな関係を問い直すことである。社会構造と象徴構造を混同している、あるいは両者を同一のものと考える機械論的構造主義に対し、ブルデューは生成論的《ジェネティック》な考察を対置した。ブルデューは、生産という一次元的な側面から教義的回答をするのではなく、幾重にも重なり合った弁証法により分析を行なった。各概念が革新されることにより、社会構造と象徴構造の間の関係はより詳細に考察されたのである。

第二章　ダイナミックな社会学

社会学の理論の多元性を明らかにしようというわれわれの目的からすると、ジョルジュ・バランディエの「動態的な《ダイナミック》」社会学が、生成論的構造主義とはまったく異なる研究を目指しているということを示すことは困難ではないだろう。研究の対象をどこに置くかという前提に関わる問題に対するバランディエ社会学の回答は、先に提示した回答とは、明確に異なっている。対立するこれら二つの回答を非常に単純化すれば、ダイナミックな社会学は構造主義や構造を重視することに根本的に反対しているということができるであろう。というのも、ダイナミックな社会学は、変化、変動、社会運動、社会の移り変わりについての分析を考察の中心に置いているからである。

ダイナミックな社会学の理論的系譜に立ち入るならば、変化についての関心は、サン＝シモンやオーギュスト・コントが「社会的ダイナミズム」や「産業社会」への移行を分析した社会学的な考え方と同一の起源をもっていることを強調すべきであろう。A・トクヴィルにとっては、「諸条件の平等化」の過程を分析し、それにより不可避となる特質を明らかにすることが重要であった。マルクスの場合には、諸々の矛盾が深まったために資本主義的な生産様式が崩壊に至ることを論証することが重要であった。ハーバート・スペンサーは、社会がますます複雑になり、不均質な形態に向って変化しているという進化論的な仮説を十九世紀末に発展させた。

このように社会学の伝統は社会の変化について確固たる学説を後に残したわけではなく、（昨日の社会が変化したのはなぜなのか、いかにして変化したのか？　近代社会はなぜ、いかにして変化しているのか、そしてどこに向かって変化しているのか？）という広がりをもった大きな問いと一連の相対立する回答を残したといってよいであろう。この論争において、政治的な問題が常に関係していた。保守主義者に対しては、変化のさらなる進行を緩和するよう仕向け、革新的な者に対しては急進性を強調するよう促した。特に多岐にわたる論争は、進化についての著しく混乱した概念によってもたらされたので、多様な解釈が生まれ、一度消えたものが再出現することもあった。

構造主義が、諸変化を考察するという大きな困難を回避しているように考えられることに対しては、反響が大きかった。つまり、方法論的な選択により、歴史的アプローチを差し控え、ラングとパロールを分けるという構造的言語学に倣って、社会学と歴史をシステマティックに分離しているということである。

科学認識論の歴史が単純化する図式とは反対に、一九五〇〜一九六五年代の社会学者は構造的な分析の原理を一致して採用していたわけではなかった。多くの者は構造主義の原理を採ることなく研究を進めた。そして、その他の社会学者（ジョルジュ・ギュルヴィッチ、ジョルジュ・バランディィエ、アラン・トゥレーヌ、ジャン・デュヴィニョー、エドガー・モラン、クロード・リヴィエール……）は、必ずしも論争に加わることなく、彼らの研究、方法、および解釈によって、構造主義パラダイムに明白に対立する理論を発展させた。

構造主義に対するこのような抵抗は、対抗する教義的な唯一の学派にまとまっていたわけではない。また、学派の境界を示すことも容易ではない。したがって、われわれが特に重要な著作（ジョルジュ・バランディィエ、アラン・トゥレーヌ）を区別しているのは、認識論上の傾向においてである。同様の理由で、T・クーンの「パラダイム」という用語に言及することもここでは差し控えたい。というのもここでは、ある種の所与を重視する理論が問題になっていて、その理論が何を排除しているかということよりも何を主張しているかという点で、それは明らかになるからである。

もとより、ダイナミックな社会学は、歴史的・社会的諸変化の経験を起源としている。バランディエの初期の仕事は、脱植民地化、発展、独立直後のアフリカ諸国の政体に関するものである。(1) それによれば、アフリカ社会は変化の段階にあり、以前もそのような段階が存在したということが前提として認められている。そして、アフリカ社会は、脱植民地化の時期にあり、植民地の政治・経済システムから、自律的な政治システムへの移行期にある。かつて、アフリカ社会は、植民地期と関連した根本的な変化の段階を経験した。こうした変化をさまざまな側面から分析することこそが、変動社会についての研究において、バランディエが取り組んだ対象なのである。人口の移動、農村人口の減少、都市化と都市集中の諸影響、(2) リネージの変化、身分の崩壊、変化への抵抗、変化に乗じて利益を引き出そうとする戦略……。概念上の選択によって最初に変化という対象を選んだのではなく、むしろ内部的な諸関係や外部に対するさまざまな依存を明らかにするために、変化の広がりを把握することが必要であった。

その証拠に、ただ「フィールド」についての特徴にだけ依存しているようにみえる対象の選択は、理論化に関連し、認識論上の暗黙的な批判に結びついている。

アフリカ社会に広がった変化の多元性を強調することにより、バランディエの分析は次のことを暗黙に示そうとしていた。つまり、こうした社会はどれも統合された調和的で安定的なシステムではなく、また伝統的な民族学が考えるような冷たい、あるいは「歴史のない」社会でもなく、もはやそうではありえないことを示そうとしていたのである。不変の秩序や永遠に続く構造を見出そうとする伝統的な民族学は、かつての植民地秩序と深く結びついているのではないかという懸念もあった。というのも、かつての植民地秩序は植民地化された社会を、近代性に向けて開く必要のない静止した世界と考える傾向にあったのである。歴史性を持った政治システムとしてアフリカの王国を分析する可能性は、伝統的な民族学とは別のアプローチがどれほど可能かを示し、伝統的な民族学の仮説を疑わしい仮説に変えてしまった。[3] それゆえ、別の疑念も生じた。つまり、不変性や社会的秩序の反復についての研究にもっぱら取り組む構造主義は、かつての民族学の原理をある程度引き継いでいるのではないかということである。

バランディエは、このような分析の目的を持っていたため、マルクス主義的な解釈に対して距離をおくことになった。マルクス主義的な解釈の利点を理解していないわけではなかったが、バランディエはそうした解釈が変動についての現代的な現象に適用できるかどうか、疑わしいと考えていた。マルクス主義の説明モデルは技術の劇的変化のために、生産の社会的関係において生じる変化の重要性を、過大評価していた。ところが、植民地化と脱植民地化の歴史は、他の要因が果たす決定的な役割を明らかにした。政治的支配、文化的抵抗、あるいはマルクスが示唆したものとは別の歴史的要因の介入がそれである。さらに、同一の政治モデルに向かって必然的に発展するという仮説は、歴史によって実証されていない。したがって、歴史的必然性を仮定するよりもむしろ、不安定性、社会が秘める矛盾するような潜在能力、そして多様な未来を選択する可能性について分析することが必要である。

バランディエのパースペクティブにおいて、構造という概念は、認識論上の特権的地位を失っている。経験的研究に基づいて、ある特定の期間の一貫性を暫定的に捉えておくことは必要であろう。しかし、変動についての唯一の手がかりを与えるのは安定性の分析であると期待する必要はない。構造という概念の代わりに、バランディエはしばしば「社会的構成《アジャンスマン》」、「構造的恒久性《ペルマナンス》」という表現を用いる。このような表現を用いるのは、そうした構成が一時的なもので、以前の実践の結果であり、これ以後の実践によって変化するであろうことに注意を促すためである。構造の分析にもっぱら特権を与えるということは、ある社会の内的構造の機能と変化が、その社会の変化を引き起こすと仮定することであろう。しかし、社会はその外側に位置する社会との関係により影響を受け、しかもそれは経済的構造レベルと同様、社会的、政治的、文化的構造レベルにおいてであるということを無視してしまうのは恣意的と言えるであろう。したがって、二重の関心が必要となる。つまり、「内側」のダイナミクスと「外側」のダイナミクス[4]を明らかにし、その相互関係を理解するということである。

人類学

十九世紀以来、イギリスと同様にフランスでは、植民地化された社会についての記述的な調査の発展が、植民地状況によって促進された。多くの研究は、消滅が避け難いと考えられていた風俗や信仰を分析した。同時に、イギリスではH・スペンサーによって、フランスではデュルケーム学派によって代表される野心的な研究がなされ、異なった社会の間の比較研究が増え、膨大な比較研究に基づいた人類学の構築が推進された。構造主義的な運動の端緒となった一九四九年のレヴィ＝ストロースの『親族の基本構造』の刊行は、認識論的な問題を再び浮上させ、人類学的アプローチの理論と方法についての論争、また調査された社会システムについての基本的論争を再開させた。フランスとイギリスの民族学者が加わった論争（Leach, 1966）は、理論的問題だけでなく、民族学的実践についての問題（Leiris, 1949, 1981）、優先的にとりあげられた対象についての問題（親族システム、象徴システム、テクノロジー）、経済的に支配的な国家と被支配的なもしくは滅亡の危険がある文化の間の力関係について（Jaulin, 1972）の問題を再提起した。

ここ数年の間に、生産についての社会的関係（Godelier, 1977）、政治的関係（Clastres, 1980）、社会的想像（Augé, 1975）、環境システム（D'Ans, 1987）、調査した文化に固有の知識つまり「エスノサイエンス」についての知見を数多くの研究が発展させた。

現代フランス社会についての民族学的研究の発展は、民族学的アプローチの肥沃さ（ミクロ社会についての研究、特殊なアイデンティティと社会生活への適応についての研究、マイノリティについての研究など）を実証し、先進社会の詳細な認識に対してそのアプローチが有用であることを明らかにした。遠隔の社会を観察するために以前に用いられた方法のフランス社会への導入は、問題の多様化と方法の精緻化をもたらしたのである（Althabe, 1984）。

二つの社会の接触は二つの構造的なシステムの衝突によって生じ、結局弱い方の社会の崩壊しかもたらさないと、構造主義アプローチは考える傾向にある。しかし、より詳細な観察を行なうと、たとえば発展の過程を理解するためには、「伝統的」社会と「近代的」社会の間の単純な対立という説明では満足できないことがわかる。反対に、具体的な状況では、どのようにして伝統的システムが破滅させられることなく発展しているかを探るべきである。たとえば、リネージの首長は伝統的システムや慣習に対する村人の愛着を自分たちの利益になるように用いることによって、「近代的な」経済的目的を目指しているということをわれわれは知るべきである。伝統的な構造が諸変化を引き起こしているわけではない。しかし、新しい経済的変化に直面した社会的行為者、つまり部族の有力者は、古い構造を利用し、彼らの利益になるように修正することによってそれを維持するのである[5]。

したがって、構造主義的アプローチとダイナミクスに注目するアプローチの間に、必ずしも矛盾があるわけではない。両者は、互いに補完し合うものなのである[6]。

ダイナミックな社会学の方法は、社会が包み隠していることを明らかにするよう特に気を配っている。それは、可視的な形式から逃れていて、潜在的で、ほとんど目に見えない隠れた要素である。

「諸社会は、外見上そう見えるようなあり方で、あるいはそれらがそうありたいと主張するようなあり方で存在することは決してない。諸社会は、少なくとも二つの水準で表われるのである。一つは表面的な水準であり、言うならば〝公式の〟構造を示している。もう一つは、深遠な水準であり、これこそがもっとも根本的な現実的関係の理解および社会システムのダイナミクスを明らかにする実践の理解を可能にするのである。[7]」

このような手続きにより、どちらか一方の観点だけでは認識されないおそれがあるような複雑性が明らかになるであろう。ローカルな変化、社会的な悲劇が、こうした複雑性を表している。たとえば、いわゆる伝統的社会を単純で均質的な統一体として認識するかわりに、そのような社会が同時にどれほど異質性を孕んでいるか見出すであろう。ここで、異なった歴史を有する集団の共存に由来する「垂直的複雑性《コンプレクシテ》」と、同じ歴史的時期に諸構造が錯綜することにより生じる「水平的複雑性」を、あらゆる社会において区別しようとするアンリ・ルフェーブルの示唆をバランディエは再び取り上げている。[8]

したがって、社会学は特定の状況に注意を向ける必要があるから、社会のさまざまな部分に特有の時間性を探ることに配慮しなければならないであろう。「アクチュアル」であろうとする研究はすべて、次のことを同時に考慮するよう強いられている。つまり、長い間に展開されてきたプロセス、複雑性、社会的・政治的文脈から生じる軋轢、葛藤の時期に姿をみせる潜在的な力を同時に考慮しなければならないのである。変化や流動性を説明するのに適したダイナミックなアプローチは、それがある意味で一時的なものであったとしても、瞬間と状況を探求することに開かれていなければならない。

不変性の社会学とは対照的に、ダイナミックな社会学は変化だけでなく、また、すべての社会的構成体に本質的な未完成という性質を非常に強調する傾向にある。[9]

未完成、不安定、脆弱さという特徴は、すべての社会的構成体に現れ、社会的不変性の支持者がしばしば抱く理想とは対照的に、社会的構成体の変化につながっている。

バランディエは、大部分が発展途上の社会についてなされた一般的な考察が産業社会の研究に導入され得るかどうかという新たな問題を、一九六五年以降に提示した。

対象という点では、この問いは問題の核心（社会のダイナミクスをどのようにして分析するか？）を変えてしまうことはなかったが、研究の領域を二つの方向で修正した。第一の方向として、バランディエは次のことを検討しようとした。政治的関係（権力、秩序、従属）を考察の中心とするダイナミックな社会学は、以前の認識論的知見を考慮に入れたうえで政治人類学を構築するために、何において横断的な対象を構成し、遠く離れた状況を比較できるのかということである。葛藤と象徴体系の取り扱いについてバランディエが考察した部分を読むと、民族学と社会学の境界を越えた人類学がこうした問題にいかにして答えているかわかるであろう（Balandier, 1967, 1980）。

第二の方向としては、発展途上の社会についての社会学は、先進産業社会の特徴をより良く理解するために、有効な手引きとなり得るかどうかという問題が、提示される。発展途上の社会についての知見は、どのような点で先進社会の認識のためにとる「迂回路」となり得るのであろうか[10]（Balandier, 1985）。

しかしながら、中心となる問題に変わりはない。いわゆる伝統的社会であれ、近代的社会であれ、比較できるものは比較し、異なっているものは識別することにより、社会の動態についての社会学と人類学を提案し、そのなかで対象の輪郭をはっきりさせ、概念に関する道具を提示することが中心的な課題なのである。

先に述べたように、乗り越えられない境界があるパラダイムというよりもむしろ、思考と理論化についてのある潮流が、社会の変化を再考しようとする大きな野心に応えようとしている。この場合、理論的枠組を示し基礎づける経験的な研究はアフリカ社会についてのものではなく、労働の社会学についてであるが、アラン・トゥレーヌとその協力者の諸研究は、この理論化の潮流において想起されるべきものであろう。**『ルノー工場における労働の進化』**（1955）について の研究や**『農家出身の労働者』**（O・ラガツィとの共著、1961）の諸条件についての研究、そして変化しつつあるその条件についての批判的考察を行なって以来、アラン・トゥレーヌは、社会的行動および社会運動という観点から社会学の重要な対象を再定義しようとしていた。

対象の問題に関して一九六五年に示された回答は、こうした方向性をはっきりとさせ、構造主義に対して距離をとることを明確にしていた。

トゥレーヌはまず第一に、対象の問題とそこでもたらされるであろう回答の重要性を強調している。社会科学の領域において、

> 「一世紀来成し遂げられたさまざまな進歩は、社会学固有の対象を発見したことに直接的に結びつけられる。[11]」

社会学の対象は何かという問題は、基本的な問題である。なぜなら、この問題は「社会に対する教義的な見方」あるいは近代的な変化を考えることを可能にしてきた理論的枠組のいずれかに由来しているからである。この点に関して、トゥレーヌは自らの考察が、マルクス、ウェーバー、タルコット・パーソンズの説に対して独創性を示すものだと位置づけている。社会学の目的は、教条的なマルクス主義がほのめかすように、経済秩序という「支配的要因」のさまざまな社会的影響を分析することではないであろう[12]。このような自然主義的な考え方に対して、トゥレーヌは本質的な側面を再び取り上げるために、マックス・ウェーバーによる批判を対置している。ウェーバーによれば、社会学の対象はまさしく行為者によって「意図された意味《サンス・ヴィゼ》」を復元することである。社会的事実の本質的な特徴は、行為の対象と行為者がその対象に対して与えた意味を関連づけることにある。

こうしたウェーバー的公準とその限界についての批判的検討から、トゥレーヌは社会学を再定義することを提案している。それによれば、方向づけが行為の対象との関係で決定されるような行為者の単なる研究としてではなく、社会的行為の研究として社会学は定義し直される。つまり社会的条件との関係において方向づけが決定されるような歴史的主体の行為が分析されるのである。社会的事実は「行為システムの総体[13]」として包括的に分析されるべきである。

労働はまず第一に集合的活動として定義されるから、この「行為主義的《アクショナリスト》」分析のためのモデルを提供し、分析の格好な分野となる。

> 「〔労働は、〕人間とその生産物の関係として、また行為を方向づける原理として〔定義される〕。それはつまり、労働者が生産物を産み出すことに価値を付与し、同時にその生産物が物としてではなく、自分の活動の所産としてみなされることを要求するからである。(14)」

こうした社会学の概念は、構造主義との直接的な論争を通じて、精緻化されてきたわけではない。反対に、知的な系譜を探求すると、サン＝シモン、マルクス、ウェーバーによって示される社会学的伝統についての批判的考察と、また社会システムに関する近代的な分析についての批判的考察と関係があることがわかる。このようなパースペクティブにおいて、構造についての関心は部分的なものにとどまり、文字通り社会学的な対象として中心を占めるには至っていない。というのも、構造についての関心は、行動の決定要因の再考を導くものであり、社会的行動それ自体の創造性という重要な側面を再考することにはつながらないからである。

行為主義の出現は、歴史そのものと関わっていて、現代社会に対する新しい意識と関係しているはずである。歴史的な力という点で、社会的抑圧を意識すること、疎外を経験すること、さらに諸階級の葛藤を意識することから、十九世紀に社会学は誕生した。しかし同時に、コントロールし得ないさまざまな力を経験することは、その力を物象化することにつながってしまう。それはあたかも社会が、自らが生み出したさまざまな力の奴隷として理解されねばならないようなものである。

制御し得ない生産力の発展によって支配された産業社会の次には、経済的・政治的決定により、組織化や発展への意志により、労働の道具と生産物をコントロールするためのさまざまな社会的構成要素の努力により、非常に明白に特徴づけられるまったく異なる社会が到来した。社会を包括的に行為のシステムとして考える行為の社会学は、永遠に変化し続ける、こうした社会に対応しているのである。

一九六五年の著作以来、徐々にその輪郭が示されたポスト産業社会についての特徴づけは、その後の研究においてますます重要性を増している。一九七三年の**『社会の自己産出《プロデュクシオン》』**という著作にも、この考え方は導入されている。


「社会が自らの作用と社会的関係の産物として自己を認識し、社会的「所与」の集合と考えられていたものが、社会的行為の結果、つまり意思決定、合意、支配、葛藤の結果として認識される時に、社会は社会学的に自らのことを認識できるのである[15]。」


さまざまな歴史的大変化が生じたことにより、社会を「再生産」に注目して考える見方は、生産と自己産出に焦点を当てる考え方に変化した。一九三〇年代の危機によって引き起こされ、第二次大戦に続いて生じた例外的な発展によって加速化された諸変化は、社会の歴史性と人類の可能性についての意識を高めた。全体主義的な体制の構築とその後の瓦解は、破壊的政治権力が最終的にどこまで突き進んでしまうのかを明らかにした[16]。成長モデルがもはや成り立たないことは、経済モデルそのものを再考することを余儀なくしている。要するに、二十世紀の歴史は、政治的変化がかつて以上に全体の社会を激変させてしまうことを示すのに十分であったのである。神々や普遍的進歩の神話のような「社会超越的な権威」にもはや準拠することができない社会においては、社会は「自らに対して影響を及ぼす行動」でもあるから、社会は社会自体が産み出したものであるという意識が研ぎすまされるようになる。

そのため、単に現代社会がどのように変化しているかということだけでなく、より正確には社会がいかにして産み出されるかという問題が生じることになる。言い換えれば、現代の「歴史性《イストリシテ》」はいかに構成され、さまざまな実践に関して社会の行動はどのように方向づけられるのであろうか。トゥレーヌは三つの基本的な構成要素を区別することを提案している。

――認識。世界について、社会的関係について、あるいは言語のような非社会的なものについての認識、とりわけそれらについてのイメージが、状況の定義のような社会的行為の方向づけに関係している。

――蓄積。消費可能な生産物の一部が、蓄積により生産のために投資される。蓄積様式は、労働だけでなく、労働の産出にも関係している。

――最後に、文化モデル。文化モデルにより、社会は自己を認識し、自らの創造力を把握する。産業社会やポスト産業社会のような歴史性《イストリシテ》の強い社会においては、文化モデルは実践的になり、科学は創造力を呼び起こし自然を変化させるための原動力となる。[17]

三つの要素を分類することにより、さまざまな社会モデルと近代社会の独創性の間の隔たりが強調される。農業中心の伝統的社会は、もっとも歴史性《イストリシテ》の弱いモデルを表象している。そこでは、蓄積は労働とその道具の再生産に用いられる。そして文化モデルは、ただ反復することに価値を与え、宗教的信仰のなかで永続性は超越される。反対に、ポスト産業社会では、創造力のイメージが、いかなる秩序についての社会超越的な権威も導入することはない。社会にとっての発展とは、自己の作用を計画的に乗り越えることである。そこでは、投資は多面的になり、特に科学と技術に向かい、また表現とコミュニケーションに向かっても方向づけられる。

この類型は、社会の「産出」を再考するために提案された分析の道具によって明確になる。それは、歴史行為システムと（Système d'Action Historique）いう考え方である。トゥレーヌはこの表現により、先に示した三つの次元（認識、蓄積、文化モデル）がもたらす特別な組み合わせを示そうとしている。この歴史行為システムは、そこで実現される組み合わせにより、社会・経済的組織のダイナミズムを示し、著者の言葉によれば、「社会的実践についての歴史性《イストリシテ》の影響力の様式[18]」を明らかにするであろう。

次の図は、この体系を明白に示している。

この組合せは、三組の対立（運動／秩序、方向／資源、文化／社会）とその対立に対応した緊張を明らかにしている。イデオロギーや理想でしかない場合を別として、文化モデルは人的資源をモデルに役立てる要素、つまり動員に

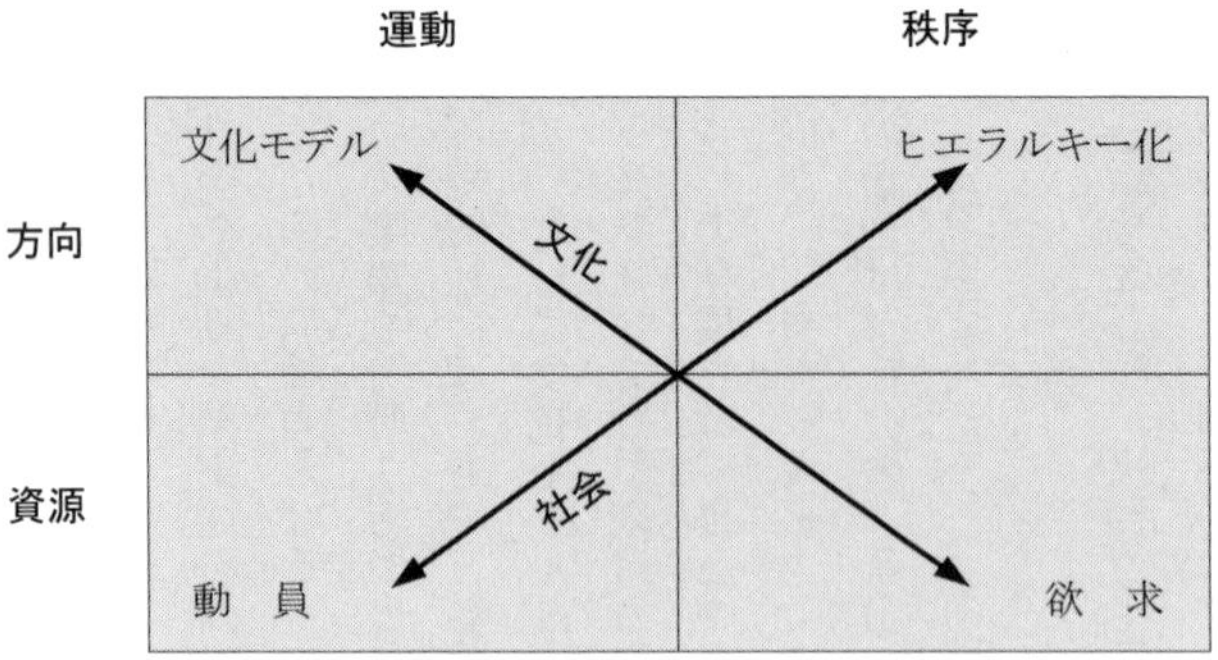

よって補完されなければならない。文化モデルはまた、ヒエラルキー化の様式とも結びついている。ヒエラルキー化は、欲求の（きわめて文化的な）定義という補完的な役割を担っているからである。

歴史行為システムはまさしく分析の道具であり、具体的なある領域の組織を指し示そうとするねらいはまったくない。諸要素の緊張や矛盾が、ある社会の全体的な運動を促進する、もしくは抑制するのであるが、そうした諸要素をより適切に考察することが可能になる。どのようにして、またいかなるタイプの緊張を通じて、社会が自らを産出しているかを認識するのに歴史行為システムは、役立つのである。

具体的な研究に応用されると、この理論は社会運動の分析を重視する。実際、社会運動に対する関心は、分析の道具の構築と（後で見るように、運動における干渉と同様に）運動への注目を経て形成されている。社会学の対象が社会の動態、言い換えれば社会自体による社会の産出を検討することであるとすれば、社会運動はまさに社会学に好都合な対象となるであろう。社会は、社会的葛藤を通じて社会自体に働きかける行動であるから……

「社会学の主要な対象は次のように定められる。つまり、社会的行動の分析であり、何よりもまずもっとも直接的に歴史性《イストリシテ》に関する行動の分析、つまり階級関係とその葛藤を伴う行動の分析であり、社会運動と呼ぶところの行動の分析である。[19]」

「社会運動」という表現が、歴史家によって異なる多様な定義を受け入れたとしても、この理論では、はっきりと定義されている。歴史行為システムのレベルに位置づけられるもの、あるいは社会発展の諸力の制御のために敵対するさまざまな利害の対立を表わすものをここでは限定して社会運動として示しているのである。それゆえ社会運動は、単に既成の秩序に反対する行為ではないし、意識的に表明されたさまざまな価値にしたがって組織化された行為でもない。特定の集団や階級が行なう単なる権利要求の水準を超えていて、既成の支配を問題に付し、発展のコントロールを目指すものだけが、ここでは本当の社会運動として特徴づけられている。

したがって、コンフリクトの様相を呈する社会的行為に直面した場合、社会学者は、その闘争が本当の社会運動であるかどうかを検討しなければならない。つまり、社会の方向づけを社会的にコントロールするための葛藤的行動なのか、それとも一時的な困難やある社会的カテゴリーの挫折に端を発した単なる危機における行為なのかという問題である。このような運動は、必ずや対抗的な運動を引き起こすことになるであろう。そして、そこで争われる賭け金のために必然的に対立に至ることこそが、社会運動の本質的特徴といえるであろう。

「……社会運動は、非常に特殊なタイプの闘争である。……それは、集団的な葛藤行動であり、これによってある階級の行為者は敵対する階級の行為者と、集団の文化的方向づけを社会的にコントロールするために対立するのである。(20)」

このように、「運動《ムーヴマン》」という概念は、A・トゥレーヌの理論全体を特徴づけるものであり、彼の研究対象の本質的な側面を示している。産業社会やポスト産業社会に直面した社会学の一般的な対象は、相対立する諸勢力を分析し、運動を統制するさまざまな力や歴史性《イストリシテ》を考察することにあるといえるであろう。社会的諸集団が文化モデルの管理のために葛藤に参入するような特別な運動こそが研究の対象となるであろう。社会学者の仕事の一つは、新しい運動の出現や新しい社会的行為者の形成に注意を向けることになるといえる。

第三章　機能主義的で戦略的なアプローチ

現代のフランス社会学における三番目の理論的潮流にこれからとりかかるのであるが、先に説明した二つの理論と三番目の理論とを分ける理論的な隔たりを強調することが重要である。ここにおいて、われわれは著しい断絶に至ったというよりも、理論的風景の変化と隠喩的に呼ぶことができるものに達したといった方がよいであろう。

理論的な隔たりについての主要なポイントを強調しておこう。補足や詳細な説明を付け加えることが必要ではあるが、先の二つの理論は、階級によって社会が分化しているという仮説を支持している。そして、社会の階級的側面のなかに、現代の諸現象を理解するために考慮されるべき説明の要素を見出している。社会階級への言及は、これからとりかかる三番目の潮流においてもなされていないわけではない。しかし、この潮流ではどんな場合でも、分析の対象となるコンフリクトや機能に対する決定要因として社会的分化が取り上げられることはないのである。

組織という対象を選択することが以上のような暗黙の判断をわかりにくいものにしているが、それは現代社会における組織の決定的重要性について説明するなかで確かになるであろう。われわれはこの理論的潮流を説明するために、ミッシェル・クロジエとその共同執筆者の著作を選択する。というのも、彼らの著作を論じることによりその理論的前提が特徴づけられるからである。彼らの理論的前提によれば、（行政、産業）組織、およびそれらの機能と逆機能は、現代社会の重要な現象である。組織の分析は社会学の専門領域の一つであるどころか、諸組織の重要性を考慮すれば、社会の包括的な認識やその危機の診断にとってのイントロダクションとさえ言えるのである。したがって、ミッシェル・クロジエは「官僚制現象」から分析を始めているが、その分析に基づいて、診断を全体としてのフランス「社会システム」に広げ、官僚組織システムがもたらした諸影響の痕跡をそこに見出したのである。

実際にはこのような対象の変化は、先の二つの理論との根深い対立を意味している。生成論的構造主義やダイナミックな社会学は、階級の構造的分化が基本的な社会的対立となってあらわれ、直接あるいは間接に社会動態に関係しているということを強調する点で一致している。三番目の理論的潮流として取り上げる組織の社会学は、社会のダイナミズムの場所を完全に変えてしまった。それは、社会構造のレベルや、マルクスが行なったように生産の社会的関係のレベルで社会動態を検討せずに、一連の社会的機能を遂行するよう定められた人間の「構築物」と考えられる組織において社会動態を考察したのである。[1]

機能主義が組織分析にとって必須のアプローチであると考える理論的な選択が、この分析対象の選択に関係している。機能主義に度を越して依存することや機能主義を社会哲学へ転換してしまうことに関しては慎重であったが、[2] M・クロジエはさまざまな分析アプローチのなかで、機能主義的なアプローチが組織の機能について適切な問題を設定し得るものであることを疑っていない。たとえば、官僚制現象に関する問題は、その歴史についての問題でも、組織のなかの不平等な構造についての問題でもない。それは、組織内部の機能や逆機能、各部門の関係、さまざまな行為者の態度、権限の関係、制度内部における分裂と協力といった問題を取り上げるのである。つまり、機能的な関係に関するもので、機能主義の伝統が取り組もうとしているあらゆる問題が分析の対象となるのである。

この理論的立場が生成論的構造主義に対してとる距離は、後で見るように、さまざまな説明のなかで著しく大きいものになる。社会心理学の用語に従い、行為者の相互的な態度[3]、表象、組織内部の諸関係に対して、特別な関心が向けられる。さまざまな態度を構造の影響とみなしたり、構造主義的パースペクティブからあらゆる結果を探求するのではなく、反対に、この理論的立場の分析は行為者の行動を強調している。所与の制度的条件のなかで生じる行為者の自由裁量の余地に基づいて、行為者の行動は考えられるのである。自由裁量の余地《マルジュ》とは、つまり戦略性のようなものので、その合理性を分析する必要がある。

組織における行為者の位置についての論争、より基本的には社会学理論における行為者という概念そのものをめぐる論争は、このようにして始まった。論争では、行為者を単なる構造の受託者や支え手にしてしまう社会学的傾向が非難されている。そして、主体を排除したり、主体を「死」に至らしめる構造主義の極端な説明がとりわけ批判の標的となっている。構造主義的な考え方とは反対に、クロジエの分析は行為者の戦略を重要視し、動機だけでなく行為者のロジックも検討している。そうすることにより、クロジエは組織的条件に応じて、行為者が自らに有利な行動を採用しながら、どのように対応しているかを明らかにするのである[4]。

クロジエの分析の理論的系譜は、先の二つの理論について論じる際に検討した系譜とは非常に異なっている。この理論は、壮大なリベラルの伝統に位置づけられるのである。制度に関する比較考察については、トクヴィルが理論的に初めて手をつけ、官僚制については、M・ウェーバーがその始まりといえる。トクヴィルの後を受け、M・クロジエは文化的態度と文化システムの重要性を強調している。またクロジエは、M・ウェーバーに続き、官僚制の拡大とその機能的特徴を検討している。官僚制現象、組織における機能と逆機能、経営者と労働組合の関係、さまざまな部門の職員の態度と行動などについての研究は、より直接的には、次に示す組織研究の広大な領域のなかに位置づけられるものである。つまり、一九四〇年以前は、テイラー、ファヨール、E・メイヨーの学説によって、一九四五年以降は、R・マートン、グールドナー、ホマンズ、マーチ＆サイモン、セルズニック……の著作によって特徴づけられる諸研究である。

留意しておくべき、二つ目の理論的貢献は、その影響がダイナミックな社会学においても見出せるものである。つまり、それはシステム理論である。部分より全体、因果関係よりダイナミックな相互作用、単純なものより複雑性を検討しようとするシステムについての野心が再び活発になり、後で見るように、社会システムレベルの考察を拡大した。このようにして、（ボナール、サン＝シモン、マルクスにより）十九世紀に定式化され、（ベルタランフィ、バレル、E・モランによって）一九四五年以降に刷新された考え方が再び見出されたのである。

『官僚制的現象』(Crozier, 1963)、**『行為者とシステム』**(Crozier et Friedberg, 1977) で展開された分析の歩みをたどることで、クロジエらがシステム理論《システミスム》に依拠していることを明らかにすることができるであろう。

官僚制化の現象を研究する出発点として、行政機関や産業組織においてみられる逆機能や明確な不適応・不適当性を問うことが、何よりもまず意識されている。つまりそれは、さまざまな部門の職員の間の関係の欠如、権限の対立、くりかえされる危機を問うということである。こうした問題設定は、M・ウェーバーとマルクスによる伝統的な説明をいったん棚上げにしている。

「効率の悪さ、重苦しさ、ルーティン・ワーク、手続きの複雑さ、不適応……そしてそれにより、構成員、クライアント、および納税者が感じるフラストレーション」(5)、

こうしたことを想起させる官僚制という用語の広く普及した意味を再び取り上げることをクロジエは選んでいる。その結果、集合的な行動が合理化していく一般的なプロセスを官僚制と考えるウェーバーの分析の核心部分は、クロジエの問題設定にとっては主題から外れたものになった。したがって、このような合理化のプロセスを確かめることが重要なのではなくて、臨床的な方法を通じて、官僚制組織の病理学的分析を経験的に行なうことが重要である。

組織や権力関係が存在しない社会を目指すという理想は、ユートピア的と考えられるため、官僚制の帰趨についてのマルクスの一般的な仮説は、やはりクロジエによって拒絶されている。このようにクロジエがマルクスの考え方を拒否していることについて、詳しく議論する必要はないであろう。というのも、企業の官僚制組織は最終的には労働者が資本家に対して従属した結果でしかないとするマルクスの分析モデルと、ここで提示されるクロジエの仮説はまったく異なるものであるからである。資本主義であれ、社会主義であれ、組織は近代社会に固有のものであると仮定するクロジエの官僚制についての研究においては、マルクスの仮説はまったく取り上げられていない。重要な仕事の一つは、官僚制組織のさまざまなモデルを比較することである。たとえば、ソビエト、アメリカ、フランスの官僚制組織を比較することが考えられるであろう。(6)

「大規模組織の成功は、近代社会における本質的な特徴とまでは言えないにしても、重要な特徴の一つである。近代的な人間は大規模組織を通じて、そして大規模組織のなかでしか行動できない……。つまり、組織の機能を行為システムとして理解し、システムが人間の意志に課す制限を予測する組織理論の発展は、社会科学の優先されるべき目的の一つであり、研究者と行為者が出会う最適な場所となるに違いない。(7)」

二つの組織のさまざまな部門の職員に対してインタビューを行なった調査は、四つの重要な特徴を明らかにしている。(8)

――〈非人格的な規則の拡大〉。非人格的な規則は細部においてさまざまな機能を定義し、数多くある可能性のなかからとるべき行動を規定する。

――〈意思決定の集中化〉。意思決定の権力は、あるレベルに集中する傾向にある。そこでは必然的に、組織の機能的目的よりもむしろシステムの安定性に対して優先権が与えられる。

――〈ヒエラルキーにおける各部門の孤立化と個人に対する集団圧力〉。非人格的な規則の拡大と意思決定の喪失のために、ヒエラルキーにおける各部門は、それが上位のものであれ、下位のものであれ、他の階層から孤立化する。

――最後に、〈並立《パラレル》する権力関係の発展〉。非人格的な規則がいくら拡大しても、不確実性の原因は除去できないから、不確実性の領域は存続し、並立する権力関係を生じさせる。そこでは、依存と葛藤の現象が発達する。(9)ところで、官僚制の分析家（R・マートン、グールドナー）が既に指摘しているように、このような特徴によって生じる思わしくない結果とフラストレーションは、新しい圧力を生み出す傾向にある。新しい圧力は、それを生み出す原因となった集中化と非人格性の雰囲気をさらに強める結果となる。このようにして、悪循環の過程が出来上がるのである。

「言い換えれば、官僚制組織のシステムは、非人格性と集中化の雰囲気に基づいて発達した比較的安定している悪循環によって、バランスが成り立っている組織システムである。(10)」

同様に、たとえばクライアントと満足のいく関係が保てないとしても、そうした社会的関係をもっと柔軟にしようとすることはない。というのも、幹部層は新しい規則をつくりだし、それにより集中化を強めることしか行動の手段を持たないからである。諸困難に直接対応しなければならない行為者は、自律性を獲得しようとするのではなく、業務を遂行する相手に対して、あるいは組織に対して自らの立場をより良くするために、逆機能を利用しようとするであろう。

調査研究が継続されることにより、官僚制特有の悪循環がもたらす影響力についての診断が下されるであろう。したがって、問題は官僚制の諸現象を説明し、そこから一般化に値する理論を引き出すことである。内的、そして外的な機能的連関についての問題に基づいて、調査は逆機能の拡大とその循環を明らかにしたから、これらの現象を検討するとある種の機能主義を問題にせざるを得なくなる。

抽象的な実体として、あるいはありのままの客観的な所与として組織を考えることはできないということを、クロジエら著者は『**行為者とシステム**』においてまず最初に強調している。組織は、社会的に構成されたものとして、「社会的構築物《コンストリュイ・ソシオ》」(11)として考えられるべきであるのに、組織を自然なものと考える幻想がいつも幅を利かせている。組織で展開される集団的行動と同様に、組織はありのままの現象ではないのである。

「組織は、存在自体を問題とするべき社会的構築物であり、それがどのようにして出現し、維持されるかという諸条件を説明しなければならない。(12)」

組織の機能に協力しようとする諸個人は、規則によって方向づけられた条件のもとで、組織に貢献する。しかし、彼らは利益を得るのに見合った戦略をとることによって、自らの利益を追求している面もある。

戦略という中心的概念を用いることによって、クロジエとフリードバーグは次のことを強調している。つまり、組織における行為者は、明確で一貫した目標を持ってはいないけれども、彼らの行動は自主的で、組織によって完全に決定されているわけではないということである。行為者は途中で目標を変更し、獲得した諸結果に応じて新しい目標を見出すのである。このような行動は、理屈としては合理的とはいえないかもしれないが、常に意味を有している。

「……行動は、一方では、機会に関して、また機会を通じて行動を規定するコンテクストに関して合理的であり、他方では他の行為者の行動や彼らがとる方針に関して、および他の行為者との間でなされるゲームに関して合理的である。(13)」

組織において活動が展開されるなかで、参加者は行為者として行動し、彼らの前に訪れた機会に結びついている目的を目指し、自らの利益と行動能力の強化をもくろんでいることを、戦略という概念は強調する。

したがって、逆機能の分析を行なうためには、合理性のイデオロギーを取り除く必要がある。つまり、あたかも合理的な解決策が存在しているかのように考え、行為者を合理的な選択という点でより良い選択肢を探求する存在とみなすべきではないのである。反対に、具体的な状況を行為者が知覚し、認識するとおりに捉えなおし、行為者が把握するとおりに選択肢を再定義することが必要である。そうすることにより、選択は完全な合理性の追求ではなく、欲求のさらなる充足を目指していることが理解できるであろう。

状況と欲求充足の基準を詳しく説明するために、M・クロジエとE・フリードバーグは、二つのポイントを強調し、重要な側面を明らかにしている。それは権力が永続的に存在することと選択に感情的な側面があることである。

戦略に注目するパースペクティブをとると、組織における権力は行為者の特性や属性として考えることはできない。むしろ、共通の目標を実現していくなかで、行為者たちを競争させる関係として権力を捉えるべきである。共通の目標は、個人的な目標を条件づけている。[14] 交換、相互の適応、交渉といった関係を通じてしか権力は発動され得ないのである。

「……権力は、交渉と不可避的に結びついている。それは、少なくとも二人の人間が関与している交換の関係であり、したがって交渉の関係と言うことができる。[15]」

しかし、権力がまさに交換の関係であるなら、対立する当事者のうちの一人が交換条件において有利な場合、それは力の関係でもある。当事者の一人が相手よりも多く利益を得ることができ、なおかつ両者とも完全に無防備でない時に、それは力の関係と言える。つまり、権力関係において、行為についての可能性は重要な側面を構成し、賭け金となる。当事者のうち一方が、自由裁量の余地を持っていると、相手側の要求を拒絶する可能性が多少とも存在する。他方、権力を持たない側は、要求されたことを拒絶することはできないと考えている。行為者の戦略的な目標の一つは、自らの自由裁量の余地を守り、行動の可能性を維持・拡大し、それにより不確実性の領域を思いのままにコントロールすることであろう。したがって、この関係はゲームに例えることができる。つまり、組織の規則に従いながら、資源と手段に基づいて繰り広げられる諸戦略の集合としてのゲームである。そこでは諸戦略は、賭け金を狙っていて、

システム理論《システミスム》

「システム」という概念、そして調整された要素による複雑なユニットとして社会組織を考えようとする関心は、対立するふたつの形式のもとでの社会についての考察にその端緒が認められる。社会システムを不変の秩序とする保守的な思想家（ド・ボナール）に対し、サン＝シモンとその弟子たちは、革命的な変化によって分けられたシステム（封建的な、次に産業的なシステム）の連続を歴史と捉えるダイナミックな概念を対置した。

L・フォン・ベルタランフィ（一九六〇年）によって明確にされたシステム理論の野心は、社会科学に関するもの以上に物理学、生物学、人文学、自然あるいは文化に関する、すべての複雑な集合に対し、一般化できる思考のモデルを構築することを目指していた。サイバネティックスやコミュニケーション理論の寄与によって豊かになったこの着想は、（さまざまな諸要素ではなく）全体を考えること、（因果関係ではなく）ダイナミックな相互作用を分析すること、システムを（静態的なものではなく）変化の集合と認識すること、分析的な思考とは逆にあらゆる複雑性をまず把握することの緊急性を強調している（Barel, 1973 ; de Rosnay, 1975 ; Morin, 1977 ; Le Moigne, 1977）。ベルタランフィにあって、とりわけ生物学から着想を得たこのシステム理論は、政治と社会環境の間の関係の動態（インプット／アウトプットのメカニズム、行動／フィードバック）を強調する政治科学（Easton, 1965）において、理論的に適用され、激しい議論と暗黙の影響をもたらした。同様に、家族関係を諸個人の相互関係のダイナミックな集合として考えようとする家族療法の理論と実践において、システム論的アプローチは導入された（Benoît, 1984）。

社会学において、システム理論はその用語固有の意味で学派を産み出すことはなかった。しかし、その原理は、社会の発展やダイナミクスについての研究のなかでかなりの反響を得た。実際、システム理論は、構造主義の貢献を統合し、それを超克することを可能にする知的道具をもたらしている。組織のなかの交換や拘束の複雑性を観察すること（Crozier et Friedberg, 1977）、開かれたシステムとして全体を考えること、全体とその環境の間のダイナミックな関係を問うこと、意思決定と変化のプロセスを検討することをシステム理論は課題としたのである。

それに対して、抑制なくシステム理論に依存することは、社会有機体論者とまでは言えないにしても、機能主義的単純化につながることになり、社会の「全体論的」な見方に対して向けられる反論に直面する可能性がある。

当事者が自らを有利にするために、ゲームの規則の組み替えをもくろむこともありうるのである。

M・クロジエとE・フリードバーグは、権力の関係、そして力の関係であるにもかかわらず交渉の側面もある関係が、どれほど強い感情的な負担を必然的にもたらしているのかということも強調している。なぜなら当事者各々が、相手を目標実現のための道具に変え、資源として用いるからである。この関係についての実際の体験は無視し得ないものであり、関係の展開に強く関わっているであろう。

社会学的分析モデルにおいてしばしば疎かにされるこの感情的な体験を機能主義的、戦略的アプローチはまさしく再導入し、同時にそれを理解できるようにしている。たとえば、官僚制組織のなかで生み出される感情に関する雰囲気が、どれぐらい一般的な機能の影響を受けているかを検討している。それによれば、下級管理職《カードル》〔les cadres subalternes〕と従業員の間の関係は、一般に心のこもったもので、従業員にとって心配の対象ではない[16]。反対に、上級管理職《カードル》は従業員との関係が稀薄であるのに、従業員の強い敵意の対象となっている。しかし正確には、この敵意の表明は、従業員の防衛戦略と関係がある。敵意をくりかえし表明することで、従業員は上司のコントロールから身を守り、自由を保つために、コントロールをさらに困難にしようとしている。

そして同様に、権力関係が発生するような交渉に伴う感情的負担について再検討することができる。たとえば、研究の対象となった「専売公社」における整備・修理労働者たちは、職長に対して激しい「攻撃性」を表明している。

> 「職長に対して彼らが示す〝攻撃性〟は、……あらゆる争いを回避するために、職長を不利な状況においたまま近づけないことを目的とした戦略として分析できるであろう[17]。」

組織の機能の感情的側面はまた、行為者の戦略の文化的性質を強調している。実際、行為者の多様なカテゴリーに対して戦略が有する目標、賭け金、意味は、さまざまな文化、下位文化において一様ではない。たとえば、ある文化は、部門内部の連帯の絆を守り、維持することを重要視し、他の文化は組織内部の協力という価値を重要視する。つまり、具体的な行動における信念と価値のシステムを強調する「文化主義的」アプローチは、組織の一般理論に対して有用である。このようなパースペクティブにおいて文化主義的分析は、

> 「包括的な理論の限界を示し、さまざまな文化的文脈における適用例を理論によって解釈できるようにする不可欠な道具[18]〔である〕。」

こうした理論的な学説とわれわれが既に提示した学説――そして次の章で提示する学説――との隔たりを強調するために、このテーゼの定式化に伴って生じるいくつかの議論について考えておこう。

行為システムを分析の中心とするクロジエのモデルと社会的決定についての構造分析の距離を強調する必要はない。しかし、G・バランディエやA・トゥレーヌのように、クロジエが変化や変動を考察しようとしているとしても、ダイナミックな理論は未来を予測可能なものに還元してしまう「実体的」な理論を構築しているのではないかとクロジエは危惧している。さらに、これらの理論は分析の大部分を「社会運動」に割き、場合によっては全体的な対立を伴う社会運動を対象としているのに対し、クロジエにとってもっとも有効な行動は「システムとともに」導かれるものであり、決してシステムと対立して得られるわけではない。[19] この明確な対立に立ち戻っておくことが必要となるであろう。

戦略やシステムに着目するこの理論が、社会現象学と同様に社会学的相互作用論とどれほど明確に対立しているかを強調することもまた必要である。

ここまでに示した戦略的アプローチが、たとえば行為者の体験、労働における態度あるいは上司に対する態度を分析しようとする社会心理学に多くの貢献をしているとすれば、それはそのような態度を解釈し、行為システムの論理のなかで、システムの状況に対する戦略的回答としてそれらを理解することによってである。したがって、相互作用論のさまざまなモデル（ミード、ゴフマン、ホマンズ）が、相互行為を一般化できる要素としていることは激しく批判された。相互作用論はあたかもシステムは中立的で、相互行為が行為システムの諸規則の全体を明らかにするかのように考えているが、これは「誤った推論」でしかあり得ないのである。

> 「行動についてのどの分析モデルや解釈モデルにおいても、統合に関する社会学的問題は、実際には論じられていない。場合によって、実際の経験についての考察が非常に注目すべきものであったとしても、それは誤った推論と引き換えに社会学的になっているだけなのである。[20]」

現象学的分析も同様な批判の対象である。それは経験の理解においてある種の貢献を認められている。しかし、正確には、態度や戦略は行為システムにおける場に依存するから、現象学的分析は推論され得ないのである。システム論的・戦略分析だけが唯一、行為者に課されている一貫性と階層化された目的の理解を可能にすると言える。

「システム論的な議論がなければ、戦略的分析は現象学的説明を超えることはできない。戦略的観点からの実証がなければ、システム論的分析は思弁的なままである。そして戦略的議論の刺激を受けなければ、システム論的分析は決定論になってしまうのである。[21]」

第四章　方法論的個人主義

ここまで示した諸理論を通して、あらゆる理論的方向づけに関係する根本的な二つの問題が提示され、再検討されている。それは社会全体と個人についての問題である。生成論的構造主義からシステム理論に至るまで、決定要因という点で、ダイナミズムという点で、あるいは行為者や諸カテゴリーの戦略についての理解という点で、社会全体についての考察が続けられている。ここまでに見たように、用いられる概念（社会構造、ダイナミズム、システム）は決して同じではないが、どれもが全体について考察する可能性を示唆している。同時に、社会的関係における個人の位置および諸個人の位置という根本的な問題が提示される。おそらくこの問題は社会学の中心的な問題と言えるであろう。この点に関しても、すでに見たように、三つの体系的な理論がいろいろな方法で答えてきた。諸概念の選択そのもの（たとえば、「acteurs としての行為者」よりもむしろ「agents としての行為者」を選択すること）が、それぞれの理論の奥深い相違をよく示している。

方法論的個人主義は、この問題についての論争に明確な方法で答えている。社会学の分析は準拠の単位としての個人を考察の最初の対象とみなし、その最初の原則からあらゆる社会学的帰結を引き出すべきであるということを、方法論的個人主義は、根本的な前提にしている。レイモン・ブードンは、このテーゼを十分に発展させ、実証的分析 (Boudon, 1973, 1977, 1984) と同時に理論的説明 (Boudon-Bourricaud, 1982 ; Boudon, 1986) においてそれを例証した。本章では、特にこれらの研究において、この理論の一般的原則を探求することにする。

これまでの諸理論と同様、この理論についての知的系譜は理解しやすいであろう。『**社会学の批判的事典**』の著者たちは、その事典の冒頭の引用句に、マックス・ウェーバーの言葉を選んでいる。ウェーバーは、社会学における方法論的「個人主義」の重要性を強く主張し、「集合的な概念に基づく実践」を非難していた。

「……社会学の基礎には……個人の行動、あるいは複数の個人の行動、もしくは別々の多数の個人の行動しか存在しない。したがって社会学は厳密に〝個人主義的な〟方法を採用するべきである。(1)」

そして同様に、ヴィルフレッド・パレートの著作においても、個人の行動について、そして論理的行動と非論理的行動の間の区別についての批判的考察が強調されている。それらは、諸個人の行動についての社会学的アプローチの例として、(2)また社会学が解決しなければならない問題として、批判的に検討されている。

二人の著者の選択とそこで強調されたテーマは、考察の中心に行動と諸個人の行動を据える議論の方針を示し、「社会学主義《ソシオロジスム》」の含みをもつ構造主義的理論や包括的理論に疑問を投げかけている。社会学は中心的な対象として全体性やシステムの分析を行なうのか、それともまったく反対に、諸個人の行動とその凝集《アグレガシオン》を分析するのかという先決すべき問題がここで提示されたのである。

この問題の位置づけを知るためには、一九四〇年から一九七〇年の間にヘンペルやポパーのような論理学者によって示された一連の批判的検討に立ち戻らざるをえない。

一連の論争は概して歴史科学に関するものであったが、社会学についての批判的考察のために検討されるべきいくつかの要素を提示していた。ウィーン学派（カルナップ、ヘンペル）の精神の延長線上で、ウェーバーが再読されたことにより、説明が強調され、いまや非科学的と考えられる理解的方法が却下された。

この議論において、またＫ・ポパーの著作において典型的に示されるように、社会哲学の誘惑に抗して社会科学を守ろうとする関心は、次のような論争に至ることになる。つまり、歴史の一般的法則あるいは総合的説明を発見しようとするあらゆる幻想に対して挑む論争である。歴史的発展の「法則」や「全般的傾向」を見出し、内的な必然性を明らかにし、それによって未来を予測することを主張する「歴史主義」に対してポパーは論争を挑んでいる。(3) この批判は、特にマルクス主義に照準を合わせたものであるが、本質を説明の原理とするような、説明についての本質主義的思考も射程に入れている。そしてまたこの批判は、「全体論的」思考と個人主義的思考の間の論争にもつながる。

さまざまな研究者たち（カール・メンガー、ワトキンス）によって論じられた全体論と個人主義の間の対立は、方法論的個人主義の前提を明らかにする。その対立は、個別事象の原因と考えられる原理あるいは過程に基づいてなされる説明と、反対に諸個人の行動を第一の対象とする説明を根本的に対置させている。

ワトキンスは、このことを概略的に次のように示している。

> 「社会学者は、二つの主要なグループに大きく分けることができる。一つは、社会的過程を、言わばそれ独自の手段によって、その固有の性質と法則に従って進行するものとみなし、また社会的過程がその性質や法則に従う人々を巻き込んでいると考える社会学者たちである。もう一つは、個々の人間のもたらす複雑な結果として社会的過程を考える社会学者たちである。(4)」

個人主義

個人主義は多義的で、混乱を招く概念の一つである。したがって、個人主義について対立するさまざまな意味を区別することが重要である。少なくとも、三つの意味を区別することが必要である。つまり、社会的事実《フェ・ソシアル》としての個人主義、(肯定的なもしくは否定的な)道徳的価値としての個人主義、そして最後に論理的原則としての個人主義である。

1　最初に、アレクシス・ド・トクヴィルは、民主主義社会の特徴の一つとして個人主義を分析した。彼は個人主義を貴族社会に特有な統合の形態と対置したのである。個人は近代社会において選択や意思決定に対する責任を有し、もはや伝統的社会におけるように、家族やカーストや秩序の義務に従属していないことをトクヴィルは強調した。デュルケームは、『社会分業論』において、このテーゼを発展させている。それによれば、個人主義の発展は、労働の分業に伴って増大した複雑性の必然的な結果である。労働の分業が未発達な伝統的社会においては、諸個人は同質的で、文化は個人の自律を著しく制限していた。近代社会では、労働の分業の発達が、教育、行動、移動に関する個人の分化をもたらし、諸個人の自律性を発達させた。この意味では、個人主義は分析により明らかにすることが必要な事実に他ならない。

2　個人主義を考察するまったく別のパースペクティブにおいて、個人主義は否定的もしくは肯定的な価値判断の対象となる。伝統に固執する道徳家は、統合の衰退や忠誠的な絆の弱体化を惜しみ、個人主義を否定的な道徳的判断の対象にしている。この点に関し、デュルケーム自身は、微妙な態度をとっている。彼は個人主義の肯定的側面（個人の自律）を強調しているが、「利己主義」の発達に懸念を抱いている面もある。哲学的、文学的な伝統（シュティルナー、ニーチェ、ジッド）は反対に、個の確立に卓越的な価値を認め、近代社会に独自な、実りの多い特徴をそこに見出している（Lipovetsky, 1983）。

3　したがって、ここまでに示した個人主義という概念の二つの意味から、ロジックとして用いられる個人主義を区別しなければならない。社会学同様、経済学においても、個人主義の原理は、分析の出発点として個人の行動を捉え、社会現象を個人的行動の結果と考えることを促す方法論的な規則を定めている。この論理的な原理がしばしば政治的個人主義に好都合なパースペクティブと調和していることは驚くべきことではないが、この結びつきは意味の混同をもたらしているわけではない。

全体論的《ホーリスティック》思考についての批判は、次のような社会についての考え方を批判の対象にしている。つまり、社会を部分に対して超越的な全体とし、諸個人の行動に影響を与え、個人に対して彼らの目標や意図を定める存在とする考え方である。そして、そのような批判はまた、個人に対して超越的で、個人の行動を説明する存在として提示される不明瞭な実体（国民、国家……）が、概念のレベルで用いられていることを暴き出している。ネーゲルは、具体的な存在を参照する概念と、実体化された概念（資本主義、国民の意志、社会）を明白に区別することを促している。実体化された概念とは、構成要素である行為者よりも優越する実体を、社会学主義が生み出してしまうような全体論的概念である。このような論争は、パースペクティブの反転の必要性を喚起し、個人の行為レベルにおいて説明の原理を追求することを求め、「本質主義的《エッセンシャリスト》」思考と全体論的思考を完全に捨て去ることを促した。これが、オーストリアの周辺的な学派（カール・メンガー）で生じた論争においてまず最初に概略が示され、次に社会学の認識論的論争において再び議論された方法論的個人主義のきわめて一般的な原則である。

方法論的個人主義の一般的な原則は的確な批判を行なったが、それは新しい問題をもたらした。この原則は、社会学的思考のさまざまな目的のなかから、特殊を説明するもととなる普遍的で一般的な法則の探求を失わせてしまうのである。そしてまた、個人の行動についての完全に決定論的な考え方も退けてしまうのである。K・ポパーは、あらゆる状況を、行為者が解決しなければならなかった問題として再検討することを歴史家に促している。さまざまな秩序の問題に直面させられ、自らにとってもっとも満足のいく方法でその問題を解決するように仕向けられた存在として、行為者を再考することが必要とされる。こうして、この提案に従えば、問題は多元的になり、解決は非決定論的になる。

しかし、それゆえに、社会学的分析にとっての新しい問題が浮かび上がり、個人主義的な見方から「社会現象」の説明を意図する社会学的見方への移行について議論されることになった。方法論的個人主義は、デュルケームが強調するように、個人から集団に移行する困難性に直面することになる。デュルケームは全体論的アプローチをとることによって、この困難性を解決した。というのも彼によれば、社会学的現象は、「個人意識からは生じ得ない」からである。

このように批判的考察が行なわれるなかで、R・ブードンは非常に一般的な表現で示される方法論的個人主義の原則を表明している。

「……社会現象を説明すること、それは常に諸個人の行動の結果を社会現象とすることである。[5]」

もしくはより正確に、

「一般的には、Ｐという現象の存在と進展が、もしくは現象Ｐと現象Ｐ′の関係が、現象Ｐあるいは現象ＰとＰ′の両方に関与した諸個人の行動のロジックの結果として明確に分析されるときに、個人主義的な方法を採用したと言えるであろう[6]。」

たとえば、デュルケームが、自殺率に関して提示した例を取り上げてみよう。デュルケームは、経済発展期にしばしば、自殺率が上昇していることを指摘している。このことは、どのように説明されるのであろうか。

デュルケームの主張によれば、こうした事実は、（すぐれて個人的な行為である）自殺が、「社会的理由」によって決定されているという客観主義的な社会学の一般的なテーゼを裏づけている。そして、このような行動が「社会的な決定論《デテルミニスム・ソシオ》」に依存していることを示すことは、社会学の分析の対象と言える。社会構造のあらゆる影響を分類整理して考察することは社会学の務めなのである[7]。

ところでデュルケームは、先のものと正反対の別の手続きを行なっている。急速な経済拡大期には、楽観的な雰囲気となり、個人は期待の水準を高めるようになり、安逸と希望のムードのなかで、より簡単に失望のリスクにさらされるということを彼は指摘している。このことにより、デュルケームは先に示した明確な原理をとることを断念し、観察された現象（経済拡大期の自殺率の増大）をその現象に巻き込まれた諸個人の行動の結果と考える個人主義的な説明を行なうようになった。これは、観察された現象を諸個人の行動の結果と考えるまさに方法論的個人主義の原理ということができる。方法論的個人主義にふさわしい対象は、所与の社会システムのなかで諸個人の行動を検討するということにある。

それゆえ、個人的な行動から集合的な「効果」への移行、あるいは自発的かどうかはともかくとして個人の意思決定から集合的な「効果」への移行はどのようにして生じているのかという問題がもたらされる。デュルケームが、客観主義的な説明において示すように、社会は諸個人の行動や彼らの相互作用とは別の性質を帯びていると仮定しないにしても、こうした問題は生じるのである。

たとえば、個人の利害と集団的行動の関係のように、個人と集団の間に連続性を仮定することができれば、問題は解決するであろう。しかしここで、R・ブードンは、どれほど諸個人の利害が一致しても集団的行動を引き起こすのに十分ではないことを示したマンサー・オルソンの重要な知見[8]を取り上げて強調している。利害についての共通の「意識」が存在する場合でさえ、そこに関係した諸個人は集団的行動を組織しないかもしれないのである。集団的行動に参加する「コスト」が高い場合、あるいは参加することの有効性が実質的に無価値に等しい場合、あるいは個人に対してもたらされる集合的行動の便益が集合的行動への参加に依存しない場合にそのようになると考えられる。したがって、集団的目的を実現することを希望し、またその能力を有している人々が、それにもかかわらず活動しないという状況が起こり得る[9]。集団の構成員が持つ潜在的なロジックは、必ずしも集団的行動のロジックに通じているわけではないのである。

したがって、方法論的個人主義は、社会は相互作用の結果のシステムとは異なるものであると仮定しないで、諸個人の利害あるいは行動の結合や凝集《アグレガシオン》の問題を扱っているのである。

この原理は、社会学の分析の方向を変化させた。諸個人の行動に関して、そしてそれらの行動の凝集《アグレガシオン》に関して、分析の目が向けられた。また、機能的システムや相互依存システムの分析において、あるいは社会変動の分析において明らかにすることができる「創発性《エメルジャンス》」も考察の焦点となったのである。

機能的システム（官僚制、制度）の分析の場合には、役割という概念はきわめて重要である。機能的システムは、行為者が規定された役割によって互いに結びつけられている相互作用のシステムとして考えられているからである。したがって、役割の認識のされ方によって、機能的システムについてのさまざまな解釈が生じるであろう。

厳密な機能主義的説明は、役割をシステムによって完全に規定されたものと捉え、また役割は個人に対して厳密に課せられていると考えている。このような考え方では、機能的要求は拘束的なものとして個人に課せられ、個人には限られた自律性しか残されていないことになる。

反対に、方法論的個人主義は役割を拘束的な規範とは考えないで、行為者に提示された慣例的な可能性と考えることにより、行為者の実際の行動を問題にしている。そのため、機能主義的アプローチが示唆するほど厳密に役割が規定されていないことを、方法論的個人主義は強調している。というのも、規範はしばしば互いに矛盾するものであり、しかも実際には、各々の行為者は多くの社会的役割を担っているからである。このように考えることにより、行為者には常に戦略的な側面が保証され、自律性の余地が確保されることになる。したがって、行為者に課せられた役割について詳しく調べるのではなく、行為者がいかにして役割を引き受け、彼らに提示された「下位役割」間の調整をどのように行ない、さらにそれが全体としての秩序にどのような影響をもたらすのかを検討することが方法論的個人主義の務めとなるであろう[10]。

R・ブードンが「相互依存システム」と呼んでいる相互行為のシステムにも同じアプローチが適用されるであろう。相互依存システムにおいて、分析の中心となる行為者たち（les protagonistes）は役割関係を形成していないが、それにもかかわらず相互に依存している（たとえば、映画館の入口で並んでいる人々）。方法論的個人主義は、システムの機能や逆機能を単に描写するかわりに、「（agents としての行為者ではない）acteurs としての行為者」の行動、期待、アスピレーションがどのように構成されるかを検討すべきであると提案している。このパースペクティブにおいては、さまざまなパターンの結果が生じる。たとえば、諸個人の変化は、集団的レベルでは「中和」されるか、あるいは悪化、分離、失敗、増幅効果を生じさせるのである[11]。

ここで、創発性と思わざる効果（effets pervers）という二つの現象に注意を向けるべきである。すでに、マックス・ウェーバーが強調しているように、社会的関係の複雑性は、不測の現象や行為者の意図に反する現象を増加させる。個人主義的アプローチは、個人の行動や方向づけのあらゆる影響を追究することにより、創発的現象の拡大、つまりそれぞれの行為者の分析ではわからないような彼らの行動の凝集《アグレガシオン》から生じる効果を明らかにしている。

「凝集《アグレガシオン》（agrégation）の効果もしくは創発効果は、システムの行為者が明確に追い求めてはいないもので、相互依存の状況から生じる効果である。[12]」

金融に関する風説についての古典的な例は、創発的な現象を次のように適切に示している。銀行の支払不能が起こりそうであるという風説が広まった。そのため、各々の預金者は預金を引き出すために銀行に駆けつけた。すると、このような諸個人の行動が寄せ集まることにより実際にその銀行は支払不能の状態に陥る結果となってしまったのである。しかし、この自己成就的予言（R・K・マートン）の例は、多くの現象のうちの一つの例にすぎない。マルクスが示した利潤率の傾向的低下という例は、社会学の伝統がどれほど創発効果を明らかにするのに恵まれていたのかを強調するために想い起こされるべきであろう。『資本論』の分析によれば、各々の資本家は、労働生産性を上昇させ、資本を増加させることは得になると考える。しかし、利潤は労働力が生み出した価値と支払われた賃金の差から生じるから、平均利潤率は減少する傾向にある。マルクスによれば、長期的に見ると、「不変資本」の増加は必ず利潤率の減少につながるのである。この法則は、

「行為者が相互依存システムにおかれている状況の一つのケースを示している。相互依存システムは、行為者が追い求めてはいない結果を生み出すのに寄与するように行為者を仕向ける構造を持っているのである。[13]」

意図せざる創発的な効果については多くの例があげられる。行政改革の予期しない結果、労働組合の闘争の経済的影響などである。

思わざる効果は、創発性の図式の一つに他ならない。R・ブードンはそれを次のように定義している。

「……所与の目的を追求する二人の（もしくはそれ以上の）個人が、決して追い求めてはいない状況を生み出し、なおかつそれが二人とも、もしくは二人のうちの一人の観点からすると望ましくない状況であったと

き、思わざる効果が生じているということができる。[14]」

まだ他にも、歴史的現象、社会的現象、経済的現象のさまざまなレベルで、この効果についての多くの例が与えられるであろう。思わざる効果は、社会生活にいわば「遍在」しているのである。

創発性や思わざる効果についての現象は、社会変化の分析に対して重要な要素をもたらし、個人主義的なアプローチで分析し得るものを示している。実際、社会変化の原因を葛藤やシステムの全体的なダイナミクスに帰着させる代わりに、方法論的個人主義は分析の基礎となる行動に基づいて変化の複雑なプロセスを見出すことを促している。方法論的個人主義の立場をとる社会学者にとって、

「……社会変化は、マクロ社会学的なレベルのものでさえ、対象となる相互依存システムを構成するもっとも基本的な要素としての社会的行為者にまで分析が降りていくときにのみ、理解可能となるのである。[15]」

発展の計画立案者が、反復や再生産のプロセスのような現象を農民の心性の「抵抗」のせいにする傾向があることは、発展の計画が示す条件のなかに農民が直接的利益を見出すことができない現実の状況を考えるならば明らかになる。[16]同様に、(コントやマルクスが行なったように) 発展の継続的、累積的プロセスを仮定する発展理論に関しては留保しなければならない。反対に、次のような逆の現象を認めることができるであろう。たとえば、相互依存システムにおける権力関係の発展が、発展の停止を引き起こすケースを指摘できる。内生的あるいは外生的な原因による変化のプロセスのような揺り戻しプロセスが生じるのである。

とりわけ社会学的個人主義を重視している社会学的方法の観点から、R・ブードンは、どのような方法をとっても他を排するような一つの社会学的方法というものはありえないことを強調している。[17]分析が量的な現象に焦点を当てているか質的な現象に焦点を当てているかに従って、一連の量的な方法と質的な方法がそれぞれ必要とされるであろ

う。しかしながら、方法論的個人主義が、考察の出発点として、諸個人の行動を重視していることを考慮するならば、つまり個人を観察の単位として捉えようとしていることを考えるならば、量的方法に重要性をおくことが適切であろう。たとえば、質問票に対する明確な回答や、選挙行動のように測定可能な行動を考察の単位とすることにより、指標や変数の作成、変数間の関係の分析、因果関係の証明というような統計的方法に属する問題が提示される。(18)

方法論的個人主義が考えている社会学の対象の説明を終えるにあたって、方法論的個人主義が、生成論的構造主義、ダイナミックな社会学、戦略に注目するシステム的アプローチによって提示された体系とどのように対立しているかを想起しておこう。また、相互作用主義との関連を説明することも同時に必要となるであろう。

方法論的個人主義と生成論的構造主義の間の認識論的隔たりは、まったく根本的な水準において生じている。生成論的構造主義は、社会構造や社会構造が個人の行動に及ぼす影響のあらゆる様式を問い、社会的組織を特徴づける権力関係や意味関係を捉えようとしている。この基本的な着想は、社会的「諸矛盾」を分析する研究者が目指す一般的な方向性を想起させるものである。

方法論的個人主義は、諸個人の行動のロジックこそが観察された相関関係を生み出しているのであるから、社会学的分析は最初の対象として個人の行動のみを考えるべきであるとする個人主義的原理を繰り返している。そうすることにより、方法論的個人主義は前提を覆し、論証の進め方をまったく逆にしているのである。この原理に基づくならば、同じ用語（階級、社会構造、システムなど）であっても、もはや構造主義が示すものと同じ意味をもたないのである。

根本的とも言えるこの対立は、「教育機会の不平等」についての論争、そしてこの主張に関してP・ブルデューとJ－C・パスロンが『再生産』で行なった批判によって理解できる。

たとえば、労働者の子どもの大学進学機会は、上級カードルの子どものそれより非常に劣っていることを示す機会の不平等に関するデータは、論争を招くことはなく、分析における同じ出発点となっている。問題はその現象をどのように説明するかということの違いである。[19]

ここでは論争の詳細に立ち入ることはやめて、構造的な考え方と著しく対立している対象の構築について強調しておくことが必要であろう。個人の行動や行為を考える方法論的個人主義は、その現象に関係している諸個人の選択を検討し、選択についての仮説を立てようとしている。社会構造と諸個人の行動の間の因果関係の存在を仮定する代わりに、学生の経歴を選択の連続、一連の意思決定と考え、その頻度と分布を検討するのである。

教育機会の不平等の理由を解明するために提示された説明は、次のように手短に要約することができる。その他のことがすべて平等であるときに、恵まれない社会階級の人々は、

1　「成功の手段としての教育の価値を平均してあまり認めておらず」、
2　「他の階層に比べて、平均してある種の認知的ハンディキャップを感じていて」、
3　「教育投資がもたらす将来の利益を平均して過小評価する傾向にあり」、
4　「教育投資についての現在の不利益を過大評価する傾向にあり」、
5　そして「教育投資のリスクを過大評価する傾向にある。[20]」

諸個人の意思決定のプロセスのロジックは、社会的出自と高等教育進学機会の統計的関係のアウトラインを理解し、説明できるようにしている。そしてこのロジックは、諸個人の行動を分析の出発点とする方法論的個人主義の規定に従っているのである。

ダイナミックな社会学に対しては、個別の考察と同様に分析の対象（社会変化、変化のプロセス）が方法論的個人主義と共通である限り、論争はあまり激しくないであろう。しかしながら、一方は個人の行動の考察を出発点とし、他方は社会のダイナミズムや社会変化の分析を出発点にしているという違いは、二つのまったく異なる研究の方向性につながっている。さらに、後で示すように、方法論的個人主義が社会変動における急激な変化をあまり重要視しな

い傾向にあるのに対し、社会のダイナミズムの分析は反対にそのことに関心を向けている。
戦略とダイナミズムに注目するアプローチに対しては、方法論的個人主義との結びつきが非常に緊密であるため、性急な読み方をすると両者の隔たりが理論の対立よりもむしろ考察の場の違いに関するものであると考えてしまう。戦略に注目するアプローチと同様に、方法論的個人主義は行為者に立ち戻ることを認識における責務とし、個人の選択や戦略を再検討する必要性を主張している。しかしながら、両理論の類似性をもっぱら追いかけると、二つのアプローチの意図と意味を根本的に誤解してしまうことになるであろう。M・クロジエとその協力者による説明を参照したように、戦略とシステムに注目するアプローチは、実際の組織を対象とし、何よりもまず行政や企業の機能と逆機能を検討している。機能主義は完全なものではないにしても、集中化した組織の統一性や機能の考察に役立つかぎり、結局通らなければならない道と考えられるのである。そして同様に、行為のシステムは具体的なシステムとみなされ、その葛藤と逆機能が分析の対象となるのである。したがって、方法論的個人主義の見方からすると非常に重要と考えられる問題、つまり行動の凝集《アグレガシオン》や創発性は、システム的なアプローチにとっては重要な問題とはならない。それはシステム的なアプローチが、戦略に対して開かれてはいるものの、参加者に対して拘束ともなるシステムとしての組織を、分析の対象としているからである。

最後に、相互作用主義とここで説明した方法論的個人主義の関連および隔たりを明らかにすることは無益ではない。ただ両者の関連は非常に緊密であるため、二つの理論に共通する目的ばかりを強調してしまいがちである。この二つの理論は、行為者の行動を分析する緊急性を強調し、「相互作用のシステム」を対象としているから、惑わされやすいのである。しかし、この関連は見かけよりもずっと限定的なものでしかない。相互作用は、それが二人の行為者によるものであっても、それ以上の数の行為者によるものであっても、また象徴的なものであれそうでないものであれ、何らかの認識論上の特権を有しているわけではない。相互作用は、社会に関する問題の一般的な特徴を引き出すために焦点を当てる場ではないのである。(21) 事実、方法論的個人主義の分析の出発点は、分析された複雑さのさまざまなレベルで、同一のあるいは比較可能な諸構造を見定めようとはしていない。反対に、創発性や思わざる効果に向けられた関心は、行為者の期待を裏切るものとして、非連続性や意味の転換を捉えようとしているのである。

本章では、社会学の対象という最初の問題に対して、われわれが分類した四つの理論がもたらした答の概略を示した。この四つの答をいくつかの言葉に還元することで理解しやすくなるとすれば、四つのシンプルな表現でそれらを特徴づけることができるであろう。つまり、1、決定要因としての構造の分析、2、社会のダイナミズムの分析、3、組織システムの分析、4、諸個人の行動とその凝集《アグレガシオン》の分析である。

しかし、この理論的選択がもたらすあらゆる帰結を示し、どれほどこの選択が社会的現実についての四つの対立した枠組みに対応しているのかを明らかにすることが重要である。そのためには、四つの理論がもたらした答を、社会学のもっとも一般的な問題の中から選ばれた問題に突き合せなければならない。それはつまり、コンフリクトと象徴システムの分析について検討するということである。

第Ⅱ部　コンフリクトの分析

コンフリクト（紛争）をどう位置づけ、どう説明するかは、社会学における永遠の重要問題である。マルクス、マックス・ウェーバー、デュルケームのようにさまざまな社会学者たちの理論の共通点と相違点をよりよく理解するための一つの方法は、彼らがコンフリクトについて行なった分析と定義を対比させてみることだろう。同様に、本書で検討されている四つの理論の系譜を比較するためにも、「分析の対象となっているコンフリクトの種類や性質はどのようなものか、想定されている当事者は誰か」という本質的な問題を問うことがやはり有効な手段だと考えられる。

そしてこれら四つの理論の系譜には、われわれの期待に応えるように、この問いに対する正確かつ詳細な回答が用意されている。

社会的コンフリクトの問題は、それを扱うことによって必然的に他の諸問題も呼び起こされ、そこから社会的関係の一般的な表象が導き出されるので、それだけ重要である。そして、コンフリクトの当事者として誰が想定されているか、また焦点が当てられているのはどのような社会的対立なのかを明確にすることでしか、この問いに答えることはできない。コンフリクトに認められている範囲や重要性をはっきりさせなければならないし（社会は、分割された全体として分析されているか、あるいは否か）、コンフリクトの性質、その争点、ならびにその力学の性質などについてもしっかりと見ておく必要がある。

第五章　分類とディスタンクシオン

社会的コンフリクトとその性質という問題を考えようとすれば、ただちにピエール・ブルデューの社会学の本質的な諸次元へと誘われることになる。それは、ブルデュー社会学が、「社会空間」や社会空間の諸社会階級《クラス》への分割といったコンフリクトの前提となるような問題を提起しているためである。この問題への回答を通じて、「生成論的構造主義」というブルデューの立場のより明確な理解が可能になるだろう。階級や階級への所属に結びついたふるまいを「生成論的」にとらえるところに、その立場の本質がもっともよく表れているからである。

P・ブルデューは、構造主義の精神に従って社会的関係全体を再検討するべきだと主張する。というのも、社会空間の複数の下位集団が自らを定義したり相互にコンフリクト状態に入るのは、この社会的関係の全体を通じてだからである。ブルデューは、機械論的な構造主義の限界を認めることはせずに、そこに暫定的な有用性を見いだすのである。それはつまり、「構造のリアリズム」によって、自生的《スポンタネ》な社会学と袂を分つことが可能になり、諸集団間の「客観的な諸関係」の構築が行なわれるということである。

この「客観主義的な」パースペクティブにおいては、行為者が諸社会階級に分配されるという一般的な仮定から調査研究と解釈が始められる。複数の階級から社会空間が構造化されるというこの仮定が分析の出発点であり、この分配はプラティックのあらゆる領域に影響をもたらすと考えられる。

この一般的な仮定に対して、はげしい抵抗が引き起こされることは想像に難くない。社会階級のリアリティーをこのように認識することが階級間の関係における争点だからである。このように認識することは、階級支配を認識するということであるが、階級支配というものは、まさにその存在が隠蔽されることで実施が容易になるものである。つまり、階級を認め、階級間のコンフリクトを認めることは、階級の再生産に加担するイデオロギーとまさに抵触するのである。

他方、さまざまな社会階級、より正確に言えばそこに属する行為者たちが、他の集団について部分的なビジョンを持っていて、しかもこのビジョンを真実の客観的関係だとみなしているということも考えておかねばならない。こうして、さまざまな階級に属する行為者たちは、

「本質的なもの――つまり、ある位置《ポジシオン》を占める者が他の位置を占める者について抱きうる見かたをとりわけ規定する基本となるような客観的位置の構造――を暗黙のうちに合意して隠蔽してしまっているのである。[1]」

つまり、社会空間の構造化とその結果の完全さについて再検討するには、こういった「交錯する無理解」に対して切断を行なわなければならない。

これらのコンフリクトに対して与えられた回答と解釈について論じる前に、これらの階級関係において争点になっているものを思い出す必要がある。ここでは「資本」という語に新しく与えられた定義が重要である。

まず、それが相続されたもの（遺産）であれ獲得されたものであれ、経済的な資本を指し示すという従来からの語

義がある。もっとも富裕な層から最貧層まで階級の位置を差異化して位置付けることを階層化と言うが、経済資本の所有はその階層化の第一の原理なのだから。この階層化の原理によって、支配階級とその階級内集団、そして中間階級と庶民階級が大きく区別される。

しかし、P・ブルデューが研究の中心に据えるのは、この経済資本の配分ではなく、資本の第二の形態である「文化資本」の配分なのである。文化資本は、「学歴資本」（学歴と教育年数から定義される）と、家庭によって受け継がれる「相続文化資本」という二つの形態をとる。

二つの階層化の原理（経済的と文化的）を比較することによって、対称的で逆向きの配分構造が立ち現れる。支配階級では、二つの逆向きの構造（「交差配列構造」[2]）が組織される。一方に、経済資本を豊富に所有しているが、文化資本はそれほど多く所有していない者たち（工場経営者や商業経営者）がおり、他方に、文化資本には恵まれているが経済資本についてはそれほど恵まれていない者たち（例えば教授など）がいる。

この逆向きの構造は、中間階級でもくりかえされる。教育レベルがより高い「新興プチブル」（「販売系中間管理職、医療保健サービス従事者、秘書、文化媒介者など」[3]）が、経済資本をより多く所有している「既成プチブル」（小経営者）と区別されるのである。

これら二つの階層化の原理によって、経済資本を持たず、しかも文化資本にも乏しいことによって特徴づけられる「庶民階級」がネガティブに定義される。

さらに、第三の形態の資本である「社会関係資本」が区別される。それは主に、とりわけその社会的出自によってそのような資本を所有し利用することで可能になるような社会的な関係の全体によって定義される。

このようにして、これら三つの差異化の原理が、各階級内集団同士をさまざまなかたちで対立させるのである。支配階級内の指導的階級内集団では、経済資本と「社会関係資本」を同時に豊富に所有している最も大規模な企業の経理部長と、学歴文化資本を最も多く持ち、中間階級や庶民階級の出身である場合が多い[4]「研究開発部門」の部長との間に対立が観察される。また調査によって、この近代主義的「新興ブルジョワ」（「……国営、公営、民間の大企業の管理職、……現代的でしばしば多国籍である大企業の経営者ら」[5]）の特性が、地方企業の経営者や地方の名士と対比されるかたちで明らかにされるのである。

つまり「資本」という語は、経済学用語としての意味からは非常に離れた定義で使われており、これによって経済秩序に関するコンフリクトとは別種のコンフリクトを標定することが可能である。

学歴資本のような獲得資本と、相続資本すなわち「身体化された」資本の区別をする必要もある。これらを兼ね備えることはできるが、その効果は区別される性質のものであるからだ。一九六四年に学生を対象に行なわれた調査では、相続文化資本と学歴資本を兼ね備えた「遺産相続者」と、学校を通して獲得された資本しか持たない非‐遺産相続者の違いが非常にはっきりと浮かび上がった[7]。

しかし、この「資本」という概念は、さらに拡張されなければならない。「資本」の概念を、何らかの効果を生み出す可能性のあるすべての社会的エネルギーだと理解するなら、社会的競争に用いられる道具として（意識的あるいは無意識的に）利用される可能性のあるすべてのエネルギーも資本とみなすべきだろう。その意味で身体は資本となりうるのである。人前に出て他人と接するような職業をもつ女性は、身体を、言語や学歴と同じような資本として考えるだろう[8]。つまり、資本の狭い意味にこだわるよりも、行為者がプラティックを行なうに際して用いるすべての「特性《プロプリエテ》」を考慮するべきなのだ。

これらの資本と諸特性の全体によって、社会空間つまり社会的諸条件から成る空間が構築されうるのである。

このような社会的諸条件から成る空間を構築することは、確かに予備的作業にすぎない（そして、われわれがこのことについて言及したのは、説明をわかりやすくするためにすぎない）。「生成論的」構造主義の精神とは、集団とその特性を数え上げることではなく、ある社会的場《シャン》における階級の位置とハビトゥスから、さまざまな社会的プラティックを再検討することであり、つまり階級のハビトゥスの担い手としての行為者のプラティックを再検討するというこ

構造主義

一九四九年刊のクロード・レヴィ＝ストロース『親族の基本構造』を皮切りに、人文諸科学において構造主義的パラダイムの影響の下に数多くの研究が現れた。そこには人類学や言語学だけでなく、心理学（Piaget, 1970）や歴史学（Duby, 1978）、宗教学（Dumézil, 1977）も含まれる。社会学（Goldmann, 1955）や哲学（Foucault, 1966）の領域でも、構造分析から自由に想を得た研究が多数生まれた。

これらに共通するのは、従来の進化論的、経験論的な説明のしかたを問い直そうという姿勢である。連続性の存在は否定しないが、構造主義者たちは、過去や歴史的継続性のなかにある現象の説明を求めるよりも、諸現象が共時態のなかでどのように組織され関係しあっているかを探究するべきだと主張したのである。彼らはまた、経験主義に抗する立場から、（社会的、言語的、叙述的な）諸現実は構造化されているのだから、個別の要素や別々の現象を検討することよりも、見かけの下に隠されたシステムとその変容の諸法則を発見することこそが重要なのだと強調した。つまり、考察の対象はもはや「事実」や「現象」ではなく、構造化され、また構造化する全体、そしてその形式と変容へと移り変わったのである。たとえばミシェル・フーコーは『言葉と物』で、西洋的な思考の知的論理が段階的に変化していく歴史をたどるのではなく、類推的思考から二十世紀初頭に起こった実証的思考までの三つの時期の三つの思考のシステムを特徴づける不連続[6]で秩序の異なる「エピステーメー」を発見しようとした（Foucault, 1966）。

この構造主義的パラダイムは、用いられた諸原則とその有効性を明らかにすることを強いながら、（決定論と因果関係の理論、人文諸科学間の関係、不変要素の性質と現実、諸システムの断絶と革新などについて）根源的な問題を数多く提起した。構造主義的パラダイムの機械的な適用がモデルと現実の間の混乱を引き起こす可能性はあったにせよ（Leach, 1966）、構造主義は、（文学から精神分析学や社会学にいたる）人文諸科学にきわめて豊かな創造性をもたらしたのであり、（主体の位置や決定論などについて）当時提起された諸問題は、今日においても決着を見ない重要な問題であり続けている。

となのである。

「……慣習行動《プラティック》の統一・産出原理へ、すなわち階級の存在状態およびそれが要請する条件づけの身体化された形である階級のハビトゥスへと、たち戻らねばならない。したがって、均一な生活条件に置かれた行為者の集合としての客観的階級を構築しなければならないのである。これら均一の生活条件は、均一の条件づけを押しつけ、均一の性向体系を生みだすものであり、この性向体系がたがいに似かよった慣習行動を生産する(9)……。」

さまざまな階級や階級内集団に属する行為者たちが、異なる種類の資本と多様な特性を手に、自分の位置と所有物の維持や拡大を目指して、階級間関係の体系のなかでどのように行動し、どのように階級のハビトゥスを客観化しているかを理解することが、生成論的構造主義の任務なのである。

そういうわけでこのパースペクティブの分析では、コンフリクト研究は遍在しているのであり、コンフリクトは社会的プラティックの恒久的な次元として認識されている。社会空間は、階層化された位置を占めながら多様な希少財

（資本や正統化）の獲得を目指している社会的行為者たちによって構成されているので、コンフリクトはさまざまな活動の場に本質的に内在している。そしてコンフリクトは、位置や特性ならびにそれぞれのハビトゥスの知覚と行動の様式にしたがって展開する。この種のコンフリクトを指し示すためにもっとも適した言葉は、「階級闘争」という語だということになる。というのも、さまざまな階級の行為者は、希少な財の獲得を目指して競合しているからである。しかし問題になっているのは労働の剰余価値（マルクスのモデルに従えば）の配分だけのために対立する二つの階級間の闘争ではもはやなく、経済的財、社会的財、正統化に関する財といったすべての財の獲得を目指す多様な形態の闘争である。また、あらゆる階級闘争そして、闘争の目的となりうる争点すべてを標定する必要がある。

ここでは、客体化された諸特性の構造を守ったり変容させるために「動員され」[10]たり集められた階級間の闘争ではなく、「客観的な」諸階級間に生じる闘争が研究対象として扱われるのだということも付け加えておく必要がある。「客観的な」諸階級というのはつまり、均一な生活条件のなかに位置付けられた諸行為者の総体という意味である。

P・ブルデューと共同研究者たちによって行なわれた調査研究（ここではとくに『**再生産**』、『**中間芸術**』、『**ディスタンクシオン**』を参照しよう）がとくに明らかにしようとしたのは、「文化的」領域内の階級闘争である。つまり対象になるのは、教育システム、余暇のプラティック、つまり差異化《ディスタンクシオン》の戦略である。

社会空間全体に、さまざまな社会的場において支配階級が行なう多様な形態の支配が浸透している。

この支配は、恣意的な支配が正統なものであることを保証するために、さまざまなタイプの象徴的権力を通じて行なわれるものである。象徴的場におけるこの種の支配は、それが「ソフトな」支配であるだけいっそう重要である（そしてより大きな注意をひく）。この「ソフトな」支配とは、とりわけ象徴的場において行使される暴力のことである。

教育システムに関して『**再生産**』[11]で強調されているのは、支配は教育システムに委任されているというテーゼである。教育システムは、支配階級によって定義された文化的恣意の正統化を保証するものである。文化的恣意を押しつけることに関して委任されている教育システムは委任によって、この象徴的暴力を行使する権利を行使する。

ここでは、階級闘争は、さまざまな社会階級の行為者間の対面的関係を通じてだけでなく、教育システムを通じても行なわれるということを確認しておけば十分である。学校は、文化資本の配分の構造を更新し、不平等な配分と排除を正統化し、それによって、象徴的暴力の行使やその隠蔽を通じて、社会的秩序の再生産に与するのである。とくに、教養のない者たちに自分たちが排除されることの正統性を受け入れさせようとする排除の正当化にそれを見ることができる。

教育システムの外部では、支配の諸関係は、とくに「差異化《ディスタンクシオン》」のプラティックとしてあらわれるような恒久的な闘争を対象にする。行為者はそれによって、自分より下位の階級と自分を差異化しようとするのである。

写真の実践というのはシンプルながら例として非常にすぐれている。写真は技術的にも経済的にも誰もにとって非常に近づきやすく、知的な準備や準備訓練を必要としない実践である。カメラは廉価で購入できるので、一般にひろく普及している。写真が大衆化しているというまさにそのことによって明らかになるのは、さまざまな社会的集団が写真の実践を多様な規範に押し込んで、そこに自分たちの差異と卓越を主張する機会を見つけようとしているという事実である。[12] 中間階級の成員が写真の実践に、家族的な機能にとらわれないオリジナリティーを見出そうとしていることが観察される一方で、上層階級の成員は写真の実践を拒否し、普及しているということだけで写真を通俗視していることも観察されるだろう。

この「中間芸術」をより注意深く研究することで、各社会階級による差異化の社会的論理の全貌が明らかになった。一九六一年から六四年にかけて実施された調査によってわかるのは、農民階級は、都市的な文化のあらわれと考えられるような実践に対して強いためらいの念を抱いているということである。彼らは自分たちの階級のエートスによって、写真を贅沢だとみなしているのである。農民階級のエートスは、余暇や消費への支出をくだらないものとみなし、世襲財産の拡大や機械設備の近代化のための支出を重視する。都市からやって来たこのような形態での変化は、彼らにとっては伝統への挑戦であり、成り上がり者による伝統の否認だととらえられるのである。[13]

「農民社会はかなり十分に統合されていて、自らの価値に十分自信をもっているので、その成員に服従の命令を課すことができ、都会人の模倣をすることで自分を差異化させようという誘惑を無にすることができる。[14]」

反対に、労働者や庶民の間では、写真の実践は直接的な賛同の対象であるが、写真の美的価値が問題にされることはない。つまり写真は、それが再現している自然の事物やそれが現前させている家族の集団のように、それが表しているものによって判断されるのである。

事務労働者の多くが写真の実践とのあいだに結ぶ関係は、これほど単純なものではない。彼らはもっと要求の多い定義に準拠しており、庶民文化の規範をそのまま採用することを拒否する。このあいまいさは、中間管理職でさらにはっきりと観察される。この層では写真を芸術視する傾向がつよく、思い出の保存というような従来の写真観には反対だ。こうすることで彼らは庶民的な美学との間の断絶を主張しようとしているのである。写真の実践を熱心に行なうことに、庶民文化に対する差異化の主張を見出すことのできる者もいる。

上級管理職は、豊かな財力のおかげでもっと幅広い写真の実践を行ないそうなものだが、彼らは写真を美的実践のヒエラルキーのなかで地位の低いマイナー芸術と位置付けているため、写真にはあまり熱心にかかわろうとしない。上層階級は、これほどアクセスしやすく親しまれている写真という実践を通じて、写真が平凡であるというまさにそのことを理由に、通俗的とされる活動と自分たちとの隔たりを印象付ける機会を見出すのである。[15]

『ディスタンクシオン』というタイトルの本は、このような分析をさらに拡大し、さまざまな社会階級間の差異化と分離についての社会的プラティックを大規模に探究しようとするものである。この社会的プラティックとは、階層化された社会空間の中で展開している更新され続けている実践のことである。

これらの分析によって、社会的コンフリクトについて、その争点だけでなく展開のしかたに関しても新解釈がもたらされる。

調査研究の目的は、生産の場に関連するコンフリクトについての研究を続けることではなく、消費の領域、とりわけ、見たところ個人的で多様なものである趣味（芸術、服装、料理……）の領域にみられるコンフリクトをとらえなおそうとすることである。この本の冒頭でＰ・ブルデューが書いているように、趣味の判断は、もっとも個人的なものだと考えられてきたものであるが、ここで社会学は、とりわけ私的だと考えられている領域にあえて分け入ろうとするのである。

「ここで社会学は、社会的なものがとくに否認されるような土俵に身を置くことになる。(16)」

それにもかかわらず、この調査によって明らかになるのは、文化的な消費が社会階級によって、そして教育レベルと経済資本・文化資本のレベルによって、どれほど異なるかということなのである。たとえば、美術館を訪れる頻度についての調査によって明らかになるのは、美術館はとくにアクセスしにくいわけではないのに、もっぱら高い文化資本の保持者によって訪れられているということである。

このようなことは、導入部分でしかない。こういった関係や頻度について新たな記述を行なうことが重要なのではなく、このような分類《クラスマン》や選択が、差異化の戦略や正統化と価値切り下げの戦略に与することを示したり、つまり、このような闘争は文化の領域内での階級闘争であるということを示すことが重要なのである。そうして、社会的暴力の別の形態、つまり目に見える対立のない暴力、いわばソフトな暴力とでも呼びうるようなものが明るみに出されるのである。

たしかに、この階級闘争にははっきりと示されたものはなく、社会階級はそこに統一されたり動員されたりしているわけではない。一見、個人的な選択と私的な選好だけが問題になっているように思われる。しかし、私的な個人によってとられた戦略はまさに、その方向性と結果に関して自発的に調整されているという特徴をもっている。個人の戦略の発展のしかたはさまざまで、統計的にしか総計できない。しかし個人の戦略は社会的差異化の更新には力動的《ダイナミック》に関与しているのである。

前衛演劇、ブルヴァール演劇[17]というふうに文化的財を分類＝等級付け《クラスマン》すること（たとえば、前衛演劇とブルヴァール演劇というふうに）は、同時に生産の行為者、批評家、そして受けとり手を分類＝等級付けすることでもある。相同関係が生産の空間（高貴《ノーブル》な演劇と軽演劇）と社会的行為者の空間（「知的な」受けとり手と、「ブルジョワ」の受けとり手）を結びつける。そのようにして、文化的財は、ヒエラルキーのなかに分類《クラセ》されているが、社会的行為者が自分自身の趣味を表明するまさにその瞬間に相互に分類し対立しあっているという意味で同時に「分類《クラサン》する」ものである。また文化的場は、分類の体系として機能し、他の階級の成員に対して自らを差異化する戦略の機会を、社会的行為者に提供するのである。

これらの戦略は、コンフリクト的な目的に向けられた行動にしっかりと刻み込まれており、状況の変化につれて変化し続ける。とりわけ、モードの現象はこのことをはっきりと示している。

この種の闘争の究極の争点は、正統性――とくに究極的には支配の正統性――の獲得である。これらの象徴闘争は社会的な賭金からずいぶん離れているようには見えるが、実際には支配の更新を保証するものである階級の優越性、差異化、拒絶の維持に役立つものなのである。

さまざまな社会階級の趣味から選ばれたいくつかの例によって、この支配の更新の作業が説明される。

――指標全体から示されるのは、庶民階級は生活上の必要性《ネセシテ》とこの必要性への適応の意味に色濃く特徴づけられているハビトゥスを更新しているということである（「美徳へと転化された必要性……」）。庶民階級はこうして緊急性や必要性に服従することで、美的実践の無償性や「芸術のための芸術」の空しさを拒絶するような趣味や選択へと向かうのである。[18]たとえば、労働者階級は他のどの階級よりも「小ぎれいで清潔な」「手入れのしやすい」インテリアを好むということがわかる。彼らはまた「シンプル」で、値段は安いのに長持ちする服、最小の価格で「最大の利用ができる」ような服を好むと言う。[19]

第二の特徴は、庶民階級においては男らしさの基本側面としての肉体的な力が高く評価されるということである。これは、支配階級の差異化のプラティックを理解するのにも役立つ重要なものである。味やにおいのきつい食物を選択したり身体の鍛錬を好むといった指標全体が、労働階級つまり給料の対価に労働力を売ることに対してつくられた状況と関係がないわけではないこの局面をよく表しているのである。

これらのさまざまな特徴のなかに、ある種の支配的な価値の承認がみてとれる。[20] 贅沢な消費が存在しないこと、本物のかわりになる代替品の購入、団体スポーツの観戦に費やされる時間の長さといった特徴は、いずれも支配的な価値がある種受容されていることと、「立案」と「実働」の間の分離が再生産されていることを表すものである。経済的な剥奪は、ある種の文化的な剥奪のなかに倍化するのである。

――中間階級の成員たちは反対に、文化に対して体系立った敬意を払う。[21] このプチブルのどの階級内集団に属するかによってとられる形態はさまざまだが、中間階級の成員たちは正統的な文化を承認しそれを獲得したいという欲望を示すものである。こうして、「上昇プチブル」はマイナーな形態の文化生産にエネルギーを投資することで熱意を表し、映画とかジャズ、または一般向きの科学雑誌や歴史雑誌といった文化を享受するのである。この種の中間階級的なプラティックに特徴的なことであるが、独学者は、「階層化され、階層化する」ような正統化された知を押しつける教育システムが彼には拒絶した知の諸要素を求めてやまない。[22]

しかしこのようにしてプチブルは、社会的階梯を上昇しようとしながら、庶民階級と自らを差異化しつづけてもいるのである。下降プチブル（年配の職人や小商人）は、より簡素で伝統的な好みによってしか、庶民階級に対して自らを差異化することができない。新興プチブルは反対に、自身の現代性と、通俗的だとみなされる庶民的な趣味への拒絶を表現するような記号をはげしく消費することによって、自身の卓越性ならびにそのことについての不安を、はっきりと示すのである。

――そして支配階級の成員はこの領域では、プチブルの成員同様、単一の戦略をもっているわけではない。文化資本の不平等な配分と同じように経済資本の不平等な配分は、美的関心の領域と生活スタイルの領域でさまざまな選択の原理となっている。しかしながら、手段は違っても彼らは皆、文化的財を占有することで自分たちの正統性を示したいのである。経済資本を所有している者は、旅行とか美術作品や高級車の所有といった正統的な文化的記号を所有することのできる富裕さを見せつけようとする。文化資本の所有者は、読書やクラシック音楽の趣味や前衛演劇への興味関心によって自分たちの卓越を示そうとする。[23] この支配階級の内部に、違った種類の差異化や弁別的なプラティックが現れるのだ。文化的財の所有によって差異化をはかる者もいれば、正統的な文化との関係や特殊な能力によって卓越を示す者もいる。しかし、こういった不和や対立を通じてたちあらわれるのは、こういった種類のコンフリクトに無視され、それらに無知な庶民階級の目には何ら違いなく映る差異《ディスタンクシオン》化なのである。

ピエール・ブルデューによる社会的コンフリクトの理論について行なってきた検討の終わりに際して、とくに重要と考えられるいくつかのポイントを挙げておこう。

彼の分析によれば、コンフリクトの舞台と形態に関して、「諸階級間の闘争」と「場の内部における競争」という、二つの次元がそれぞれ重要である。

諸階級間の闘争という概念は、対決している二つの階級間の権力関係というような、マルクス主義的な狭い意味で考えられるべきではない。ここで論じられているような、多数の階級や階級内集団の存在あるいは象徴闘争の微妙さなどは、そのような従来の図式とは合わないからである。しかし、社会空間は、経済的財であれ文化的財であれ、財の不平等な配分によってしっかりと構造化されており、そしてこの不平等な構造には、権力と意味の諸関係が浸透している。この構造が、社会的闘争の決定的な場となる。この構造は、社会空間を特徴付ける基本的なコンフリクトを生み出す。

他方、「水平的」と呼びうるようなレベルの分析においては、それぞれに区別された場の機能を保証するような「競争」という形態に焦点が当てられる。象徴的財の生産の場を例にとれば[24]、差異化された複数の位置――それらには支配的な位置と非支配的な位置があるが――から構成される場は、これらの財の生産のための競争で絶え間なく活性化されていると言えるのだ。たとえば、芸術の領域について考えてみよう。その場のある瞬間において、その場に入ろうとする候補者は、その場の内部で称号を保持している生産者たちによって承認されるような創造を行なうことで、既得の位置にある人々を攻撃し、自分を生産者として承認させなければならない。つまり、生産者に候補者として名乗りを上げた者は、既存の作品と自らを差異化し、それらと競合できるような作品を生産しなければならないということである。差異化の弁証法は、場の内部で更新されるのだ。芸術家は、受けとり手のためにのみ生産するのではなく、同時に競合者でもある仲間のためにも生産する。権威の獲得、転覆の試み、差異化の戦略が、場の機能と活力を保証するのである。

しかし、コンフリクトが社会的なものの理解の唯一の要素であると結論づけることはできない。これらのコンフリクトや競争は、構造ならびに構造を組織する場に参照されてはじめて理解される。それらのもっとも解釈しやすい見かけから考察するよりも、それらを基礎付け説明する構造をつきとめるべきなのだ。その構造においてコンフリクトがいかに展開するかを理解するためには、まず「社会的な論理《ロジック》」、体系、場といったものを明らかにすることが重要である[25]。

また同様に、コンフリクトが生成の唯一の要因だと考えるべきではないし、まして、コンフリクトの展開とコンフリクトからもたらされた結果が行為者の意図やイデオロギーに合致していると考えてはいけない。それどころか反対に、いろいろな状況において、圧力、差異化の闘争、コンフリクトは、構造を再組織化するような予期されない・望まれない変化をもたらすことがある。つまり行為者の側が、自らの行動を変化させ新しい要請に合わせなければならないのだ。たとえば、社会的圧力と差異化の闘争は、一九六〇～七〇年代のフランスにおいて高等教育の拡大を引き起こし、その結果、学歴価値の低下がおこったが、それは行為者たちが望んだことではない。それ以来、この望まれない結果による再構造化が理由で、高学歴者の多くは選択を変更することを余儀なくされ、転換の戦略を編み出すこととなったのである。

さまざまな社会的場に競争がいつも満ちているのと同様に、コンフリクトは社会階級を対立させ続けているが、コンフリクトは構造の変容につれて、ずれたり変化したりするのである。

第六章　コンフリクトと変動

動態的《ダイナミックな》社会学は社会変動に最大の関心を払っているので、変化に関するすべて、すなわちあらゆる形態のコンフリクトを問題設定の中心に据えることになる。

ジョルジュ・バランディエが指摘しているように、動態的社会学は、ホッブスからルソー、あるいはマルクスからジョルジュ・ソレルに至る、コンフリクトのプロセスと結果を問題とする十八世紀と十九世紀に強められた長い系譜に連なるものとして位置付けられる。(1) しかし、この系譜が民族や国家間のコンフリクトである戦争タイプのコンフリクトを重視するものであるのに対し、動態的社会学や動態的人類学はある一つの社会構成体全体にかかわる多様なコンフリクトの分析をその任とするのである。

動態的人類学の主な主張は、次のようなものである。——伝統的社会とみなされている社会は、その歴史を知らぬ者の目には「冷たい社会」と映ったかもしれないが、しかし、コンフリクトや対立、異議申し立てが生起していたという点では、現代社会と変わりない。ただ、これらの社会に観察されていた種類の緊張やコンフリクトが、現代社会とは異なる形態のものだったので、それらの特性を読み解く必要がある。

これらの伝統的社会の基本的な社会的コンフリクトは、社会創生にまつわる暴力の神話に表れていると言うことができる。[2] 始原を物語る神話や伝説において、人間たちの世界を創始する戦い、苦難、違反などがたえず言及されていることは、実に注目すべきことである。これらの原初的な暴力を描いた作品群では、神々や英雄たちが対置された上で、最終的に社会を創生する神や英雄の勝利で締めくくられるのである。つまり、ある一つのコンフリクトによって社会が創生されたかのように、しかしまた、このコンフリクトに伴う暴力は顕在的で、維持されていて、同時に抑制されていたかのように物語は展開するのである。

ジョルジュ・バランディエは、ここでルネ・ジラールによって展開された次のようなテーゼの重要性を強調する。[3] ジラールによると、供犠という宗教的テーマが恒常的であることは、さまざまな社会において、潜在的な暴力の次元が永遠性をもっていることのあらわれである。供犠とは暴力の行為であるが、それは象徴的で、神々によって命じられたもの、つまり馴化された暴力なのだ、と言うのである。いずれの宗教も、潜在的な暴力にある種の馴化されたかたちを与えるような制度だと言うことができるだろう。

このことが言わんとするのはつまり、コンフリクトとは、戦争や内乱のような、社会構成体の歴史に突然生起する例外的な事実などではなく、制度が馴化し隠蔽している、微妙に隠された、多様な形態を帯びた諸次元だということである。この潜在的なもの、この隠されたもののなかにこそ、動態的社会学は多様なコンフリクトを見出すのである。

男性と女性を対立させている潜在的なコンフリクトは、多くの人間社会においてもっともさまざまな精緻化がその上に構成されているコンフリクトの一つである。ジョルジュ・バランディエは、伝統的アフリカ社会に見られるこの組み合わせの多様性を示す。伝統的アフリカ社会においては、性的二元論が、多様な関係やイデオロギー上の精緻化を引き起こしているのである。

これらの社会のなかには、男女間に真の二項対立と際立った男性支配が打ち立てられている社会がある。その一つであるルグバラ社会においては、社会的な二項対立によって、男性と女性は区別され、女性は生殖役割のみに押し込められ、女性同士の関係は貶められる一方で、男性同士の関係は権力構造と宗教的意味の構造を基礎付けるものとされる。コンフリクトはこの二項対立的な分類のなかに制度化されており、この不平等のシステムを起点にして実現されていくのである。(4)

G・バランディエが強調しているのは、こういった社会で生じうる顕在的なコンフリクトが、表面に表れない秩序、同時に緊張でもある結合、つまり結合すると同時に対立させるような「緊張的な結合」を参照させうるということである。外婚制に立脚し、系族《リネージ》を統合したり分離する諸関係についても事情は同じである。

「社会的システムの起源はここにあるのかもしれない。差異は、たえず緊張をもたらしながら関係を構成していく。差異は、相補性（肯定的な関係）と対立（緊張）のなかに結びついている。そしてこのように打ち立てられた関係を統制・維持することができるような手段を押し付ける。一つのシステムは以下のように形成される。差異↓相互関係↓相補性もしくは緊張をはらんだ連帯↓統制と保存または維持。(5)」

このような組織において、両性間の関係は、その上に社会的関係が組織される本質的な与件である。このような例に関して、コンフリクトという概念同様、構造という概念も不十分であるかもしれないことが確認できる。性差は、「構造化されている」と言うことができるような一つの組織を生じさせるのだが、このような構造化に特有の緊張こそが重要であり、それこそが多くの想像上の過剰と敵対関係を生じさせるのである。顕在的なコンフリクトのこちら側に、この緊張した関係、つまり緊張と相補性のあいだの両義性のなかに両性を結合させるこの本質的な対立が位置づけられなければならない。

不変な構造や顕在的なコンフリクトといったものを考慮するよりも、ここでは、この性的二元論とその対立‐相補性における組み合わさりかたを問うべきであろう。このレベルからすぐにある特別な社会的力学《ダイナミズム》が描き出される。というのも、行為者たちは想像されたもののさまざまな方法をさまざまに用いて、この根本的な緊張をたえず守り、脅かし、正統化しようとするからである。

この社会創生に伴う緊張は、社会構成体の種類に応じて、多様な形態をとる。権力、権威、肯定的な意味といったものすべてを男性に賦与している社会もあれば、価値や意味について両性間でもう少しバランスのとれている社会もある。

年齢集団の区別も、社会機構の形成のために用いられるもう一つの「基本材料」であるが、これに関しても類似の指摘をすることができる。(6) ここでも、伝統的社会に制度化されているような社会的関係を比較あるいは差異化の視点から検討することで、諸先進社会に存在するコンフリクト的な関係を理解する助けが得られるだろう。

世代間の関係は、社会的秩序の第一の所与の一つとしてみなされるべきである。というのも、世代間関係は基礎的な社会的関係を構成するものだからである。これは、本質的に不平等な関係であり、非常にしばしば依存《デパンダンス》によって特徴付けられる。それはすなわち、生後数年間の子どもの依存、さらにそれに続く社会化の間のより社会的な依存である。(7) このような年齢による区別は普遍的なものだが、その形態は同様に多様なのである。

アフリカの伝統的社会では、父と息子をはっきりと隔離する社会と、それほどでもない社会がある。同世代の子どもたちがアソシエーションのかたちでつよく結びついている社会もあれば、そのようなものがほとんど観察されない社会もある。

しかし、世代間関係が帯びる形態がどのようなものであれ、それらはいつも相補的であると同時に対立的なものである。両性間の社会関係が、相補的であると同時に対立や緊張の関係であるのと同様に、世代間の関係も結合と緊張の関係である。家族の枠組を超えて同世代のすべての成員を結びつけるこの世代間の二項対立が、個人的なコンフリクトにではなく「階級闘争」の一形態に対応するのだ、と主張する論者が存在するのは、理由のないことではない。(8)

両性間と世代間の一つの関係に関する考察によって浮かび上がるのは、根本的な社会的関係が、いかに結合と緊張という二つの次元を本質的に併せ持っているかということである。これらの社会的関係は、緊張のなかに、潜在的にコンフリクト的な多様な諸要素を結びつけるのである。根本的な力学は、対立、儀礼化、想像的な生産、イデオロギー的な生産といった多様な物質的あるいは象徴的実践を生じさせるような基礎的なレベルに位置しているのだ。

人類的学的な探究によって、本質的に緊張をはらみ動態的なもの、相補性と対立の事実としての、根源的な社会的関係が浮かび上がってくる。たしかに、民族内にであれ民族間にであれ、他のレベルのコンフリクトも生起するだろうが、そういったコンフリクト自体も、原初的で内在的な緊張と関係がないわけではないのである。(9)

このパースペクティブにおいて、このような人類学的パースペクティブを考慮して「政治的なもの《ル・ポリティーク》」を再定義することが必要となる。潜在的な緊張を分析することで明らかになるのは、社会的なもの《ル・ソシアル》と政治的なものを完全に分離しようとするのはまったくむなしいということである。政治的人類学の目的の一つはまさに、一般的に政治の下位にあると考えられている諸緊張の存在を浮かび上がらせ、このレベルにおいてすでに、押し付けや、権力と戦略のゲームが起こっているということを明らかにすることなのである。このことは、分析上の必要のために、より狭義の政治的なプロセスや場（「舞台」(10)）を識別する可能性を除外するものではない。しかし、いわゆる政治的なものと社会的なものとの境界となるような諸例を勝手に分けるようなことはできないだろう。

社会的なもの（人類学的に再検討された）と政治的なものを接近させることで、少なくとも二つの教訓を引き出すことができる。第一の教訓は、このパースペクティブにおいては、政治的なものの領域を表す境界線は、流動的で不確かなものとなるということである。おそらく、より専門的な意味でいわゆる政治的な諸制度を取り出すことは当然可能だろう。しかしこういった意味のない区別で満足するよりも、この種の社会的な力学が、いかに承認された権力になり変わるか、政治的に正統な社会的なプロセスはいかに構成されるか、社会的コンフリクトがいかに政治的コンフリクトに変換されるか、といった問題を検討するほうがましであろう。政治的なものの人類学は、政治的コンフリ

現象学

マックス・ウェーバーは、社会科学には、説明と理解という二つの目的／方法があると考えた。説明は自然科学の方法に匹敵するような思考方法に訴える一方、理解は、あくまで個人が意味の担い手となり、自らの行為に主観的な意味づけをすることによって可能になる。理解社会学の目的は、行為者が行為を行なうに際して意図した意味を思い描き、意味をもって他者に向けられたものとして、および相互作用の起因としてふるまいを分析するということなのである。ウェーバーが重視するのは、行為者間の間主観的な関係を思い描き、そこから典型的な（合理的または感情的な）諸動機を再構成することである。それは、社会的関係を自然の事実や「事物」（デュルケーム）へと還元する立場とは非常に隔たっている。

志向的な体験と、決定論へと帰結しがちな自然的態度の批判的な分析をその考察の中心に据える現象学の哲学（フッサール）は、現象学的な社会学に反省の要素をもたらした。

これらの一般的な関心（客観主義の拒否、体験された意味と間主観性を見い出そうとする態度、社会的行為の分類など）から、多くの修正が可能性であった。

ジャン＝ポール・サルトルは、フロイトの精神分析学の貢献を現象学のコンテクストから再検討することを提唱した。『存在と無』（1943）において、実存的精神分析学の可能性について触れながら、志向性と間主観性の観点から自己欺瞞と羞恥について記述的な分析を展開した。

アルフレッド・シュッツ（1971）が目指したのは、ウェーバー、フッサール、ベルクソンらの知見に依拠して「生活世界」つまり「生きられた体験の世界」（Lebenswelt）の現象学を構成することであった。シュッツは、行為の「意味」の分析をつづけながら、生きられた経験の多様な形態（計画、なされつつある行為、完了した行為、個人の知識の蓄積とその実現……）にこだわっていく。シュッツは日常生活世界の分析を通じて、社会世界ならびにその言語・象徴・制度によって構成された意味に対置された、「われわれ」の体験や慣れ親しんだ世界の体験を浮き彫りにしていくのである。

そしてエスノメソドロジーの社会学者たちは、社会的現実という現象学的な主題を間主観的な活動の産物や表象の世界の多様性の産物として受け継いだ。彼らはこうして、現象学によって開かれた可能性を、社会的なものの「構成主義的な」理論へとつなげたのである（Garfinkel, 1952, 1967）。

つまり現象学は社会学の方法の一つを構成しているが、現象学は多様な再解釈を引き起こす可能性があるものであり、説明的な方法との連関については、今も解明の待たれている問題である。

クトを取り出してその自律的な論理を識別するよりも、権力関係が社会的なものの深いところをどのように横切っていて、それがどのように政治的コンフリクトの力学を部分的にでも説明しているかを示そうとするべきであろう。この意味では、政治的なものは、さまざまな社会構成体に遍在していると言うことができるだろう。このようにして、一見政治的なものと何ら関係なく見えるような社会的関係のただなかに、権力関係を機能させるような権力のミクロ装置を分析することも、正当化されるのである。

第二の教訓とは、この政治的なものを人類学の立場から読み解くことから立ち現れる、政治的なものの不安定さについての教訓である。G・バランディエが展開する議論は、連続性や伝統の場と見なされている社会的なものと、コンフリクト（人工的なものと考えられることが多い）の場と見なされている政治的なものを区別しようとする、よくされる議論とは決定的に違う。人類学的分析は、不確かさとか未完成性、不安定さを、あらゆるレベルに位置づけるが、とりわけ社会的関係に位置づけるのである。社会的関係に固有の不確かさとあらゆる社会的な取り決めの本質的な未完成さを認めると、政治的なものがきわめて不確かであり、そのコンフリクトならびにコンフリクトの移動が非常に迅速であることもよりよく理解されるだろう。

もっとも根本的な諸力学（両性間、世代間に見られる諸コンフリクト……）から政治的なもののレベルを考えるというこの遠回りをすることで、あらゆる形態の暴力に関して開かれた解読の格子へと導かれる。この点に関して、これまでの社会学は、内在的な暴力の重要性や、とりわけこの種の暴力の扱いの複雑さに十分気づくことなく、集団間の関係や戦争のような対立の重要性を、過大評価する傾向があった。(11) 目に見える暴力つまり既成の権力による制度化された暴力だけを考慮するのではなく、隠されたひそやかな暴力や、制度化された暴力に対する拡散した暴力側の回答であるかもしれない対抗権力側の拡散した抵抗を認めるべきなのである。

したがって、いろいろな形態のコンフリクトを区別し、コンフリクトのさまざまな姿を区別するためのより豊かな語彙を構成することが急務であろう。せめてコンフリクトのさまざまなレベルを段階で分ける必要がある。たとえば、異議申し立て《コンテスタシオン》、さまざまな操作《マニピュラシオン》、革新《イノヴァシオン》、変化の戦略などを、想像のなかで対抗社会を思い描くような異議申し立てから、決定的な対立までの間の強度の違いとして区別するべきであろう。(12) これが、研究に着手するに際して、混乱を避けるために求められる最小の区別なのである。実際、権力の象徴化作用の豊かさを研究するなかでわかることだが、暴力や権力に関する、隠蔽、術策、婉曲化についてどれほど豊かな独創の才が発揮されているかが研究調査によって明らかになる。社会は、暴力を隠蔽し馴化するための手続きをたえず発明しているのである。

社会的コンフリクトとその力学や意味についてアラン・トゥレーヌが行なった分析は、ジョルジュ・バランディエの提出した命題と矛盾するものではなく、動態的社会学の別の側面として考えることができる。G・バランディエがコンフリクトを人類学的深みから捉え、その基礎を分析するために回り道をするよういざなうのに対し、アラン・トゥレーヌはバランディエと方向性こそ同じくするものの、彼がもっぱら関心を向けるのはコンフリクトの現代的な形態なのである。人類学的な考察への迂回は無視されるわけではないにしても、それほど深く追求されない(13)。産業社会・脱産業社会を大きな枠組みのなかで農業社会と対照させるために用いられるにすぎない(14)。

アラン・トゥレーヌのコンフリクトに関する研究業績の中心に、歴史行為システムについて彼が提唱する解釈、つまり一九七三年の著作『**社会の自己産出**』で提示した解釈を据えることができるだろう。A・トゥレーヌは社会的システムを動態的なものととらえることによって、さまざまな社会的組織の歴史的側面と、それらを横断している諸対立について強調しようとする。そういうわけでこの考え方にとって、コンフリクトの概念は本質的なものであり、社会的関係の場合と同様に、分析の非常に重要な次元を構成している。歴史行為システムとは、本質的に「諸対立のネットワーク(15)」なのである。

最初から、A・トゥレーヌはこのようなコンフリクト観が、社会学的な考え方に到達したしるしであるとみなしている(16)。

こうして、神の摂理とか、いわゆる自然な欲求、あるいは進歩のような非社会的な説明原理に信を置いている前社会学的思考が、それとは逆に、社会的行為とコンフリクトの認識に開かれた社会学的思考に対置されるのである。

分析の進め方としては、局地的で部分的なコンフリクト研究（とくにフランスとラテンアメリカをフィールドとする）から、現代社会におけるコンフリクトの大きな流れに関する一般的な考察の間へと弁証法的に進んでいく方法が提案される。

この一般化を志向するパースペクティブにおいて重視されているのは、伝統的にマルクス主義の聖典によって強調されてきた物質的な占有の関係というよりは、支配《ドミナシオン》の関係なのである。所有にまつわるこのコンフリクト的な関係が否定されたわけではなく、部分的な研究のなかでは位置づけられているにせよ、十九世紀にとりあげられたほど中心的なものとはならないだろう。

支配の関係は、支配階級と被支配階級と呼ばれる二つの階級を結び付け、また分離する。[17] 社会を行為《アクシオン》と意思決定《デシジオン》のシステムととらえるこの立場では、社会的全体が指導諸集団の全体と被支配諸集団の全体との間の、相補性とコンフリクトの関係によって横断されているのである。

指導階級の行為には三つのタイプが認められる。蓄積の管理、認識様式の占有、そして文化モデルの押し付けである。支配階級は、管理者として、経済的、科学技術的、あるいは科学的な投資の方向付けを決定し、それゆえ集合的な発展の輪郭を決定する。ここから、支配階級は、蓄積された諸資源の投資によって、社会が自らに働きかける能力を決定するのである。[18] 支配階級は他方、社会の機能作用《フォンクシオヌマン》とプログラム化《プログラマシオン》に参画する重要な（科学的、社会的、法律的……）知識の所有者でもある。その点において支配階級は、実践的な知の生産、流通、利用を統制する。つまり、支配階級は自らの「文化モデル」つまり社会的創造性や歴史的方向付けに関する自分たちの表象を押し付ける。

このコンフリクトの中心に位置するのは、資本の私的所有の独占ではなく、ここで提唱されているコンセプトにしたがえば、歴史形成作用なのである。A・トゥレーヌはこの歴史形成作用という概念によって、社会が自分自身やその社会的・文化的実践に対して行なう行為、さらにはこの行為の方向付けを指し示そうとする。こうして、この歴史形成作用は、階級関係の争点となるのである。指導階級は、社会的方向付けを占有し、「歴史形成作用と自己を同一視し」、実際、歴史形成作用を自らの利害関心と同一視するのである。

つまり、生産、方向付け、蓄積が存在するところには、階級のコンフリクトが生じるということである。

「生産物の一部が消費から控除され蓄積されるようなすべての社会は、階級のコンフリクトに支配されているのである。[19]」

しかし、このコンフリクトは、資本の占有をめぐって闘争している経済的に定義された二つの階級間の対立には還元されえない。階級関係には、歴史形成作用、つまり歴史行為《アクシオン・イストリック》をいかに方向付けるかという一つの争点がある。階級関係は、一つの生産様式の中にそれぞれの階級が占める位置によってのみ定義されるのではない。

「階級関係は、生産諸力、または経済活動と技術的分業の一状態にのみ結びついているのではない。階級関係とは、歴史行為それ自体、つまり投資することによって社会が自らに働きかける能力を社会的行為者という用語で表現したものなのである[20]……」

それはつまり、「階級闘争」という概念が排除されてはならないということだが、この概念は階級という概念自体をも含めて徹底的に再考されなければならないということである。階級を、生産のなかで固定されてしまった一連の位置とか、ある特殊な文化の場としてとらえるべきではないし、階級概念を社会階層の概念として片付けてしまうべきでもない。

社会構造ではなく社会的力学について考え始めるようになり、社会を歴史的運動つまり歴史形成作用ととらえるようになると、諸階級は社会的行為者として考えられるべきだ。諸階級をそれ自体として研究するよりも、階級間の関係に位置付けて考えなければならない。階級間の闘争を示すよりも、階級間の関係を研究しないといけない。これらの関係は、競争関係でも、社会的秩序内部の単なる重なりでも、矛盾をはらんだ関係でもない。歴史形成作用に仕え、歴史形成作用を用いる一つの指導階級と、指導階級の支配に抵抗しこの社会的力学《ディナミック・ソシアル》を指導階級が占有することに対して異議を唱える一つの人民階級との間のコンフリクト的関係なのである。

こうして、この歴史行為システムの中心に、「社会階級の二重の弁証法」が構成される[21]。指導階級は、対立的で同時に相補的であるような二つの性質を必然的に帯びることになる。指導階級はまず、集合的「文化モデル」の実現を目指す社会的行為者である。指導階級は投資を管理し、それを方向付ける。また他方で、指導階級は社会全体に制約を課し、自分の権力を構成するために社会的力学を利用する。

そして被支配階級もまた、このコンフリクトのなかで二つの面を持っている。被支配階級は、支配の影響力に抵抗し、自分の労働と生活を守ろうと防衛的な態度をとる。そして同時に、文化モデルの名のもとに、自分が犠牲者となっている私的占有に対する権利要求をする。支配されている限り、被支配階級は守勢にたち、賃金受給と利益追求への従属によって自らを定義する。しかし被支配階級は、職業の面からも定義されるべきである。つまりこの階級は職業活動によって歴史形成作用に参加し、自らを異議申し立て者とすることができる。労働者階級を、支配によってのみ定義される階級とみなすのは恣意的だろう。一つの共同の事業において共に働くパートナー階級とみなすのが恣意的なのと同様である。

歴史的パースペクティブに立ち入らないでこれらの一般的な考察の先に進むことはできない。継起していくさまざまな社会配置を通じて諸階級関係がいつも同一であると予断することはできないからである。

アラン・トゥレーヌはここではっきりと、「産業社会」と「脱産業社会」の間に違いがあると主張する。マルクスの分析が浮き彫りにしたように、階級関係がもっとも顕著で決定的であるのは産業社会である。農業社会では、文化モデルと歴史行為システムは、再生産の追求という同じ目的のために社会的組織と緊密に結びついていた。そして同様に、商業社会においても、国家の文化モデルが社会的組織を直接に統制しないという点で、階級関係は重要ではない。

しかしそれらとはまったく反対に、産業社会では、その文化モデルは経済秩序のレベルに位置付けられるようになり、もはや宗教的様式や政治的様式に立脚するのをやめてしまった。それ以来、マルクスが強調するように、産業社会は活動の中心に、生産諸関係と搾取の社会的メカニズムとを置いたのである。ここでは生産の組織が問題であり、対立する二階級はこの創造性について相違するイメージを提出する。産業ブルジョワジーは、企業精神、競争、市場の法則を創造的なものとして提出し、労働者階級はこのモデルに対して無秩序な競争に対置される協同《アソシアシオン》のモデルを提出する。

このような状況において、「階級の経済的関係の場と文化モデルが乖離する」のである。[22] 利害関心の対立が、生産の場そのものに具体的に現れるが、同時に、階級間の闘争の争点は、社会と生産の一般的な組織化をどうするかということである。

さらには、労働階級と労働運動に乖離が訪れる。

> 「……労働運動は、いつも主要な二つの方向に分裂してはいないだろうか？　一方は、プルードン的傾向である。それは、労働の経験と、労働と所有の間の利害関心の対立の経験を重視するものである。他方は、リュクサンブール委員会とルイ・ブラン的な傾向、すなわち、国家の介入主義、つまり生産組織の組織化という傾向である。[23]」

このような産業社会の社会的組織において、社会がそれ自身に対して行なう行為は、一つの階級による社会的秩序からの引き離しという形態でしかとらえることができない。再生産や閉塞状況から社会を引き離さねばならないのは企業家階級であると考える者もいるし、社会的行為を実現しブルジョワジーによって配置された再生産のメカニズムを打ち破ることができるのは、労働力つまり労働者階級だけだと考えるマルクスやプルードンのような者もいる。ここで重要なのは階級間のコンフリクト関係なのである。

脱産業社会においては、以上とはまったく異なる社会的配置《コンフィギュラシオン》が現れる。

ここで主要な役割を果たす蓄積は、科学的認識能力という形態をとる創造性の蓄積であることが知られている。リベラルあるいはネオリベラルな立場から見ると、この新しい社会では、階級関係が消滅するだろう。脱産業社会はますます、自分の置かれた環境の変化に適応し続け、自己の優位を維持し強化することに心を砕く諸組織の集合となっていくだろう。それは、「プラグマティックで、リベラルで、競争力の高い」社会であり、[24] 全体的に変化・適応を志向していて、階級間のコンフリクトのかわりに「政治的なプロセスと影響のネットワークの複雑さが取って代わるような」社会なのである。[25] このネオリベラル的なとらえかたによれば、社会全体は一つの市場のようにとらえられ、一つの文化モデルの押し付けは、日々行なわれる競争と変化の実践のために消滅してしまうだろう。

Ａ・トゥレーヌの主張は、このネオリベラル的な考えかたと決定的に対立する。たとえ、脱産業社会では、蓄積が非常に大規模になるとか、「大規模な意思決定装置」の統制力が増大するということを認めるにしても、この脱産業社会はまた、緊張と対立に満ちた歴史行為システムでもあるということを認めざるをえないだろう。指導階級は、科学技術研究と、欲求の創出あるいは充足を結びつけることができるような、大規模な組織を強化することを目指すだろう。一方、人民階級は、物質的充足に奉仕する知識を動員するような社会的組織を民主的に統制することを目指すだろう。

「……このタイプの社会は他のどんな社会よりも、歴史形成作用、すなわち自らを変容させる能力によって支配されている。つまり、諸対立を組み込んだ歴史行為システムによって、社会が自分自身に及ぼす作用の能力が完全になればなるほどますます完全に社会的実践を支配している階級関係によって、支配されている。[26]」

このような社会においては、制約と操作はますます多様化し拡散し、個人や、個人の私的さらには生物学的な機能のしかたにまで達する。指導階級は、もはやメタ社会的典拠にではなく、「操作能力の直接的な表明」に立脚するのである。

「つまり指導階級は、初めて、経済的・政治的ではなく全面的・文化的な抵抗を引き起こす。それは、特定の集団や社会的利益の防衛ではなく、テクノクラートによる支配に対する存在者の権利要求である。[27]」

よって、階級間のコンフリクト的関係は、歴史形成作用を社会的・政治的に統制しようとして対立する行為者間の対決という性質を明白に帯びる。

そこで「社会運動《ムーヴマン》」の研究が特に重要になってくる。ここで提唱される社会運動という概念は、一つの圧力団体や特定の社会的カテゴリーを防衛することだけを目指すコンフリクトではなく、文化的な方向付けの統制に向けられたコンフリクトを指す。


「……社会運動とは、非常に特殊なタイプの闘争のことである……それは、ある階級に属する行為者が、自分たちの集団の文化的方向付けを社会的に統制するために、対立する階級に属する行為者と対決する集合的コンフリクト的行為である……つまり、社会運動には二つの側面がある。敵対者とのあいだのコンフリクトと、文化的・社会的方向付けという目標であり企図である。(28)」


ここで問われるだろう問題の一つに、一九六〇〜八〇年代に起こった社会的闘争（学生運動、地域運動、反原発運動、女性運動）が厳密な意味で社会運動であったか、そしてこれらの運動が新しいタイプの社会に特徴的なものであったか、というものがある。今後さまざまな研究や介入によって、これらの運動の複雑さや、時には両義性といったものが明らかにされていくだろう。

つまり、脱産業社会において、コンフリクトに大幅なずれが生じると予測できる十分な理由がある。産業社会では、産業組織が階級関係とその対決の特権的な場であった。しかし、その能力がたえず更新される科学技術の利用に結びついており、これまでよりずっと効果的な組織統合を実現している現代的な大規模組織は、もうそのような特権的な場ではなくなっている。それどころかそれは、自らの利害関心のために統制したい社会的要求との間でコンフリクトを引き起こす。

今や生産労働者のみではなく被支配階級全体による、支配の装置に対する新たな異議申し立てが広がってきている。かつては生産者が行なうものであった権利要求は消費者、若者、退職者など、この管理の対象となるすべての人々のものとなるように求められている。その異議申し立ては、次のようなものになる。

「……人間存在の異議申し立て、その人の経験と表現の自律性を求める異議申し立て、その人に影響を与える変化を管理しそれを統制する能力を求める異議申し立て。[29]」

つまり文化が、階級関係の中心的な争点になるのである。

第七章　組織内部のコンフリクト

社会の一般的な力学を問題にすることをやめ、組織ならびに組織特有の緊張に研究の焦点を合わせると、コンフリクトの意味とその解釈はまったく違ったものになる。そして、コンフリクトについての諸理論を参照することで、これらのパラダイムの違いは非常にはっきりと浮かび上がってくる。(1)つまり、ピエール・ブルデュー、ジョルジュ・バランディエ、アラン・トゥレーヌによる分析では、本質的なコンフリクトは全体レベルに位置付けられ、全体のなかに諸社会階級を対立させていたのに対し、ミッシェル・クロジエが分析対象とするコンフリクトは、まず、組織の内部に見出されるものであり、その力学は組織の全体の中で明らかにされるべきものである。

問題はもちろん何を分析対象とするのかという選択だけではない。(2)ミッシェル・クロジエが十分に強調しているように、産業組織であれ行政組織であれ、とにかく組織こそが現代社会を特徴づける。だから組織内部のコンフリクトは、現代のコンフリクトのなかで最も主要なものであり、それを知ることで一般的なコンフリクトや、さらには、おそらく誤って政治的だと考えられているコンフリクトについても解明することができると考えられている。コンフリクトの理論は、ミッシェル・クロジエとその共同研究者たちの機能主義的・戦略的アプローチをかなり明確にするだろう。そうすることで、彼らの立場において機能主義とシステム理論《システミスム》がどのように再検討されているかも明らかになるだろう。

この理論的枠組みを足場にして、とりわけ緊張とコンフリクトに認められる位置付けに関して、さまざまな方向に進んでいくことが可能である。ある種の機能主義の一つの可能性として、社会的コンフリクトの重要性とその結果起こりうる結果についてきわめて低く評価すること、あるいはそれらを機能不全的な現象に還元してしまうということがあるだろう。そして同様に、組織に応用されたある種のシステム理論に訴えることで、極端な場合には、コンフリクトを、幻想にすぎないものとして、つまり一時的に統制が不充分である場合に起こる虚偽のコンフリクトとして片付けることになるだろう。

というわけで、コンフリクトの分析に与えられた正確な回答と定式化は、機能主義的・システム理論的・戦略的アプローチが、この立場においてどのように理解されているかを明らかにするために重要である。

「専売公社」[3]の研究で呈示され解釈されたコンフリクトの分析は、私たちの研究の出発点となるだろう。この労働組織システムについては、さまざまな地位が非常に厳密に区別されており、これらの地位が整備・修理労働者から管理責任者に至るまで厳密に階層化されているという特徴を持つことが知られている。さらに、労働の性質上、職務が毎日きちんと遂行されるために恒常的な圧力が働いている。この二重の圧力のために、組織内の人間関係がきわめて弱くなっている。相互の交流は限定され、仕事に向けられる関心はできる限り弱められ、労働組合はほとんど影響力を持たず、しかも尊重されていない[4]。

行為者間に社会的でポジティブな関係が存在しないこのような組織システム内では、労働の遂行を保証するものとしては、フォーマルな人間関係、命令、指示、つまり権力関係しか残らない。

分析によって浮き彫りにされるのは、このような階層化された権力関係という労働組織の次元であり、そこから組織内のコンフリクトに関する諸関係が記述され解釈される。

ミッシェル・クロジエの警告によると、次にあげる二つの相補的な誤った考えかたは、組織内の権力関係の重要性を無視するものなので、避ける必要がある。一つ目は（「古典的合理主義と同一であるとみなすことができるものだが」）[5]、組織内の人間関係をまったく無視して、経済的またはイデオロギー的な刺激剤を用いるだけで、人間の活動を合理的に組織化し、必要な調和を得ることができるというものである。このような考えかたに従うと、権力関係やそれに固有のコンフリクトについてこだわるのは無駄ということになる。

そして同様に、「寛容な」命令システムに訴えて、組織内に完全な相互理解の雰囲気を創出することで、企業の要請とその成員個々人の満足とのあいだに完全な調和を生み出すことができるとする考えかたでは、支配の装置を消し去ることだけに努めなければならない。支配の装置が存在しなければ、人間関係にコンフリクトがまったく生じないような組織が可能になると期待される。

ところが、これらの単純化はどちらも採用できない。どちらのタイプの合理性もそれぞれ、合理性を部分的にしかとらえていないからだ。

「すべてのレベルに合理的計算がはたらく……そしてすべての意思決定には、もっとも技術的な意思決定においてさえも、感情の次元に属する限界と拘束が存在する。組織のはたらきについての現実主義的な見方が可能になるのは、対立する二つの単純化の誘惑を同時に退ける場合だけなのだ。人間は、あらゆるレベルにおいて同時に、功利的な合理性の要請と、人的手段からの抵抗に直面せねばならない。前者は集合的な目的の実現には欠かせないものであり、後者も必然的に借用しなければならない。」[6]

つまり、企業に浸透していて意思決定のメカニズムを支えている権力の諸関係のさまざまな側面とそれらが引き起

官僚制

官僚制についての社会学の諸研究を検討すると、それらが現代社会の重大な現象に取り組むことでいかに歴史的に重要な役割を果たすことができるかが非常によくわかる。

マックス・ウェーバーは、官僚制を次のような組織形態として初めて明解に定義した――すなわち、官僚制組織においては、個人がその職務の所有者でないのでそれを譲渡することはできない。そこでの活動はフォーマルな規則に従う。ポストは厳密に定義され、専門化されている。組織はヒエラルキーの構造をとり、官吏、すなわちその組織内での仕事にフルタイムで没頭しキャリアを全うする専門家によって雇用が保証されている――。マックス・ウェーバーは、官僚制化のプロセスを、産業社会とその合理化の本質的な特徴の一つであるとした。

その後にとりわけ一九二〇年代以降のアメリカで発展した諸研究は、このウェーバーモデルを大幅に再検討し複雑化したものである。逆機能の広がり（Merton, 1957）や、官僚制の機能のしかたについて生じうる諸矛盾（March & Simon, 1969）を強調するもの、または個人の抵抗の重要性ならびに役割やフォーマルな規則への適応の重要性を強調する立場などが代表例として挙げられる。

これらの研究は、あらゆる種類の組織、すなわち産業組織、学校組織、医療組織、商業組織に関わるものであるが、また同時に行政機構すなわち国家組織そのものにも関係する。特に十七世紀以来国家支配が非常に進んだフランスでは、官僚制の社会学が国家と権力システムの社会学へ必然的に向かった。さらにまた、ソビエト・ブロックの諸国においては、官僚制の社会学は国家批判の社会学として発展することを免れえなかった。そのため、多少とも発展することができたのは、例えば一九六五年以降のポーランド（Modzelewski & Kuron, 1969）のように、抵抗の拠点においてだけだった。

ここに、社会学的な情報が政治上の選択や決定に何らかの貢献をもたらしている一例が見られる。実際、多様な官僚制の研究が示しているのは、「機械論的」（Mintzberg, 1982）と呼びうるような高度に形式化され計画された中央集権的な官僚制から、責任を分かち合うことに開かれた脱中心的なモデルに至るまで、多くのモデルが可能であるということである。社会学は官僚制の機能のしかたを戯画化するとは限らず、根拠ある情報を求める政策がとりうる選択には幅があることを強調しているのだ。

こす諸結果を認識するのがよいだろう。しかし、権力関係のこうした側面を強調することは、それぞれにある程度の自由裁量の余地を持った存在である組織の成員たちに対して、これらの関係がもたらす効果を考えることである。たしかに、この自由裁量の程度は限定されたものでしかなく、「実働労働者」にはわずかなイニシアティブの余地しかないが、しかし、彼らの行動は、「自由で合理的で、適応と創意の可能性を擁している行動[7]」ではあるのだ。

この自由裁量の余地は管理者の側にも実働労働者の側にも同じくらいあることが実証されるだろう。

1　調査対象となった国営専売公社では、実働労働者は、生産労働者（男女）、職長、整備・修理労働者（調整工）という三つの職業部門《カテゴリー》に分類されることがわかった。これらの三つの部門間に観察される、言語化されたあるいは言語化されていない緊張を研究すると、昇進やイニシアティブの可能性のない非人間的な規則にのっとったこの官僚制化されたシステムにおいて、コンフリクトの発生はシステムに依存していると同時に、さまざまな行為者が保持している自由裁量の余地によっても説明されるということが確認された。以下のことが順に明らかにされていく。

――「非人間的な諸規則のシステムに、昇進の可能性の欠如と年功制の規則の影響の組み合わされたもの」である官僚制的体制においては、上下関係に基づく命令系統が非常に弱められる。しかし同時に、このシステムでは、どの部下も上司に対して人間関係の面で独立を保つことが可能になる。

――どの職業部門もそれぞれが一種のカーストのようなものになってしまっているので、異なる部門間の闘争は「不可避であり、しかも出口がない。」[8]どの部門に属する者も別部門に属する同僚からかなりの圧力を受けている。「ある意味で、集団間の圧力が、消滅したか少なくとも大幅に減退した階層的な圧力に取って代っている。」[9]

――こうして職長と恒常的に関係をもっている生産労働者たちは、自分たちと職長との間にコンフリクトをできるだけ生じさせまいとする。彼らの関係は、全体的に見て、おだやかで寛容な性質のものであり、労働者たちはこの関係にはほとんど深入りしない。しかしそれでいて、彼らは職長を尊重しないし、職長にはイニシアティブをまったく認めない。職長が自分の役割を拡大しようとするたびに、生産労働者の反発を招き、両者の関係における規範を尊重するよう思い知らされる。

――これに対して生産労働者と整備・修理労働者の間の関係は恒常的に緊張をはらんだ困難なものとなっている。生産労働者は、自分の仕事を遂行するのに整備・修理労働者に依存せざるをえないが、整備・修理労働者に対して敵対的な感情を抱いている。このために、彼らは矛盾した状況におかれている。

「生産労働者たちは、自分たちの依存的な状況をうまく受容することができないが、しかし自分たちの敵意をあけっぴろげに表現することもできない。というのも彼らは作業場において、個人としては、整備・修理労働者の好意を必要としているし、同時に集団として見ると、もしこのもう一つの集団と共同戦線を張らなかったら自分たちの特権を保持することができないし、今までのところ非常に有利なものだと思われているような状況を維持することもできないからである。[10]」

――そして、整備・修理労働者は現場の労働にその関与が不可欠なので、これらの関係においては「いい役回り」だということになる。しかしながら、彼らの権力は、承認された正統なものではなく、危うさをはらむものである。彼らは、生産労働者に対して、攻撃的な態度を示す。それは、自分たちの集団の連帯を強化し、個人的な妥協をすべて避けるため、そして起こりうるどんな攻撃からも自分を守るための手段として解釈できる。さらに彼らは職長に対して攻撃的な態度をとるという点で、生産労働者から自らを区別する。しかしながら、彼らは管理者、とりわけ次長に対して共通の敵意を抱いているという点で生産労働者と軌を一にするのである。

2　管理集団内部にも、権力の諸関係の観点からやはり分析される別のコンフリクトが起こっている。管理集団は、四者から構成される。工場と販売部門のすべての活動の調整担当の工場長、製造担当の次長、工場設備のメンテナンスを担当している技術主任、そして仕入れ、経理、人事を担当している監査役である。これら四つの役職間の関係は、地位に応じて決められた厳密な規則によって決定されているけれども、裁量の余地が可能となるあいまいさを残すものである。

ミッシェル・クロジエはこれらのコンフリクトの諸タイプを詳細に記述することにより、緊張というものが組織の官僚制的構造によって大きく決定されていること、しかし同時に行為者たちは自分の目的を守るためにその緊張を利用していることを示す。[11]

――工場長と監査役のあいだにはコンフリクトはめったに起こらない。従属関係が何らかのフラストレーションを引き起こしているにしても、職務があまりにもはっきり分離されているので、明白なコンフリクトは起こりにくいのである。監査役の役割は、ただ工場長の決定の合法性を保証することであり、決定の内容を保証することではない。つまり、彼らは工場長と交渉する権限をほとんど与えられていないので、コンフリクトは起こりえない。そういうわけで、企業活動にあまり関与していない監査役たちは、「賭金を少なくして、つまり、自分たちの参与を制限して[12]」対応する傾向がある。自分たちが、工場長と対立して成功する可能性がないことを知っているので、コンフリクトを避ける。

――反対に、工場長と次長の間には、コンフリクトはしばしば起こり、その結果両者ともに大きな影響を受ける。次長は製造担当であるが、この領域は工場内でもっとも困難でかつ活発な分野である。にもかかわらず、次長は、工場長の配下におかれている。工場長は、次長の養成を保証する立場であり、理論的には次長の養成が進むほどに彼に責任を移譲していかなければならない。このような両義的な状況において、コンフリクトが生じるのは当然である。

「次長は永遠に配下に置かれ続けることに対して不満をもつだろうし、工場長は次長が責任を引き受けることができないと文句を言う[13]。」

このような状況に直面した次長の態度は、もちろん皆同じというわけではない。それは時間とともに変化しそのポストに就いてからの勤続年数によっても変化する。しかし一般的に言って、次長は、暫定的な状態に置かれており、そのポストへの賭金はそれほど大きくないので、精神的に非常に自由であり、自尊心と個人の尊厳を守っているのだ。これに対して、工場長は理論上は非常に大きい権限をもつものの、実際の権限は非常に限定されており、この両義的な状況に対してさまざまに反応する。例外的に恵まれた状況のおかげで、はなばなしい変化をもたらすことができたような支配人は、このポストに就いていることに満足感を示すが、自分の権限の限界を見ないふりをすることを選ぶ者もいる。そして、もっとも不満度の高い支配人は、そこで成功する可能性を否定する。

――もっとも激しいコンフリクトは、次長と技術主任の間にみられる。それは理工科学校出身の上級技術者集団と一般技術員集団のコンフリクトであると言いかえることもできる。[14] インタビュー調査の際、両者はいらだちをまじえてお互いに対する不満を表明した。

次長たちは、階層的には自分たちのほうが上位であることを強調しつづけ、技術主任たちの示す抵抗に不満を表明した。無能と考えられる一般技術員集団が存在していることに対して遺憾の意を表す者までいた。

技術主任たちはといえば、彼らは次長に対して異口同音に批判的かつ攻撃的であった。彼らの次長に対する非難は、理工科学校出身者一般に対する非難のように、その無能さに向けられた。彼らは理工科学校出身者の持つ権力を、自分たちを犠牲者に仕立てあげるようなカーストの陰謀と考える傾向がある。

この分析によると、これらのさまざまなコンフリクトは、組織システムの性質と大いに関係があり、制度化された権力関係にしたがって構造化されている。たとえば、技術主任は、修理、メンテナンス、請負作業といった重要な問題を担当しており、とりわけメンテナンスの領域で有能であるために、管理者集団に対して大きな力をもっている。労働のプログラムは非常に合理化されているので、メンテナンスのみが困難を生じさせることができる。しかも、次長がもっとも非力なのは、まさにこの領域なのである。

この権力ゲームにおいて、技術主任は、整備・修理労働者の集団を頼りにすることができるが、次長は、権限をあまりもたない職長にはそれに匹敵するような支えを求めることはできない。それで、技術主任は、整備・修理労働者を支えることになれば、整備・修理労働者は、それと引き換えに、技術主任の地位を「攻略できない[15]」ものに補強してくれるのである。

このような状況に直面して、次長たちの反応はさまざまである。寛容と慎重な和解という穏健な道を選ぶ者もいるし、そのような態度をとることを拒否し「永遠のゲリラ戦[16]」を続ける者もいる。この戦いにおいては、どの陣営もただ自分の地位を強化することと敵の地位を弱めることだけを目指すのである。

社会学と社会心理学

社会学の自律性の確立をめざしたデュルケーム学派は、社会学的アプローチと心理学的アプローチの間で生じかねない混同を解消しようと懸命だったため、ガブリエル・タルド（1980）やギュスターヴ・ル・ボン（1895）らの研究を批判あるいは無視し、その結果フランスでの社会心理学の発展を阻害した。反対にアメリカの社会心理学は、一九三〇年代以降、産業界の要請に刺激されるかたちで（Elton Mayo, 1933）格段に発展した。

フランスとフランス語圏の諸国においては、一九五〇年以来の社会心理学の発展にはばらつきが目立ち、社会学との関係も複雑なものとなっている。

制度的な手段や枠組みがないため、実験社会心理学は、少数の輝かしい例外を除いて（Doise, 1979, 1984）期待されるほどの発展をみせていない。

反対に、社会的感性と態度の研究は、多くの成果をあげてきており、次のような対象を記述し理解しようと努めている。うわさ（Morin, 1969；Rouquette, 1975）、集団的な恐怖（Jeudy, 1979）、自然発生的な集団や（Maaffesoli, 1988）、マイノリティー集団の活力（Moscovici, 1979）、個人主義的な態度（Lipovetsky, 1983）など。

こういった諸研究が社会学とのあいだに維持している関係は、直接的なものからゆるやかなものまでさまざまである。後者は、社会的な性格のエッセイという豊かな系譜に連なる著作群に見られる。

精神分析学的アプローチに影響を受けた小集団の心理学は、独創的で多産な研究と応用の場となっている。(Anzieu, 1975; Kaës, 1976)

臨床社会心理学は、とりわけ社会学的な諸研究と軌を一にする領域である。臨床社会心理学は、心理学的であると同時に社会学的たろうとするパースペクティブから、ミクロ的な環境と制度をインテンシブに観察することを目的としているので、学問分野どうしの対話に熱心である。集団の力学（Pagès, 1968）、権力の関係（Barus-Michel, 1987）、セクシュアリティーに関する諸研究は、いずれもこういった学問分野の交錯によって、豊かになっているのである。たとえば社会移動によって引き起こされる心理的葛藤の研究は、社会学と社会心理学のまったく双対的なアプローチから生まれる多産性の例として挙げられるだろう。社会的アイデンティティーや同一化、また制度内のコンフリクトに関する多くの研究は、学問分野のこれらの交差から生まれたのである。

この調査の結論から二つの考察の流れが現れるが、以下でそれぞれについて考えてみよう。一連の結論から組織理論に関する一般的な考察の方向へ向かい、それが一九七七年の著書である**『行為者とシステム』**[17]の対象となった。もう一方は、官僚制的な現象に関する結論が、総体としてのフランスの行政装置へと拡張される方向性である。それは一九七〇、七九、八七年と続いて発表された著作、すなわち**『閉ざされた社会』**（1970）、**『社会は政令によって変革されない』**（1979）、**『ささやかな国家、現代的な国家』**（1987）の中心テーマとなっている。

これら二つの考察の流れにおいて、コンフリクトの性質、展開、シークエンスに関する諸問題は、いささか違う観点から取り上げられることになる。非常に大雑把に言って、調査研究を一般的な組織理論へと拡張したことで、コンフリクトのひろがりと重要性がぼかされ個人の戦略が重視される傾向があると言えるかもしれない。他方、フランス社会とりわけフランスの行政システムの閉塞についての分析を行なうことで、全体社会レベルにおいてさまざまなタイプの汎域的なコンフリクトと機能不全が示されることとなった。

M・クロジエとE・フリードバーグは、『**行為者とシステム**』において、組織と組織に内在的な権力の諸関係に関してそれ以前になされた諸分析を一般化した。権力関係を隠蔽する傾向のある科学主義的・テクノクラート的な表象をふたたび斥けながら、著者らは、これらの権力関係が永続的であり、その形態が多様であることを強調する。すべての集合的な企てにとって不可避な問題とは、実際のところ、多様な目的を追求している諸行為者の、行動の統合の問題である。

組織というこれら「社会的構築物」内での行動の統合は、権力関係の存在を通じてしか達成されないが、しかしこの権力と依存の関係は、決して完成されず、つねに緊張下にある「構築物」である。そういう意味で、コンフリクトと同様に異議申し立てや制約は組織と不可分である。

組織の機能作用に関して著者らがとくに注目するのは、この権力関係のなかで行為者が抱く戦略である。実際には、この集合的行為から成る構築物内部において、参加者たちは、自分の目的を守ったり自分の優勢を増すために、さまざまな戦略に訴える。もし可能ならば攻撃的な戦略に訴えるだろうし、防衛的な戦略に訴えるかもしれない。「攻撃的」とはつまり、行為者が自分の必要を満足させるために、組織の他の成員に制約を与えようとすることである。「防衛的」とは、自分の自由や裁量の余地を体系的に守るために他の成員による制約から逃れようとすることである。[18] 権力の諸関係は、支配の関係のみには還元されない。それらは非常に関係的なものであり、攻撃的あるいは防衛的な数多くの緊張を通じて、構築されるものだからである。

行為者のこのような戦略を明らかにするために、相補的な二つの次元が強調されなければならない。まず、これらの戦略は恣意的ではないし、規則がないということもない。これらの集合的行為から成る構築物は規則を制定するが、この規則は多少とも形式化されていて意識的なもので、可能な戦略の幅を指し示す。この意味で、組織は、その規則と規範でもって、可能性を構築するのである。しかし第二に、これらの戦略には自由裁量の余地があって、行為者はこの自由裁量の余地から自分の行動を選択しようとする。規則はこれらの選択を完全に決定することなく、多様な選択に対して、程度はさまざまだが開かれたままである。

とりわけ、行為者がこれらの不確定な領域を利用し、またある種の状況においてはこの不確定な領域のいずれかの部分を制御しようとするのがわかるだろう。たとえば、すでに検討した「専売公社」のさまざまな行為者間の諸関係の事例にこのことがみられる。整備・修理労働者は、作業場の事実上の主人である。彼らの関与は不可欠で、代替不可能であるからだ。また彼らの行動はいつでも他の行為者の統制を逃れるリスクがあるからである。整備・修理労働者は、彼らのパートナーにとって、不安な不確定な領域を描き出しており、それを利用している。職長に対して、整備・修理労働者は批判的で攻撃的な態度を保ち、自分たちの関与を支配しようとする職長のあらゆる試みを無効にする。彼らの攻撃性は、職長を遠ざけておくための、そして自分たちのイニシアティヴの余地を職長に減らさせないための戦略の一形態をなしている。

生産労働者に対しては、これらの整備・修理労働者はそれほど攻撃的でない戦略を用いるが、しかし自分たちの不確定な領域を維持しようとし、生産労働者が見かけ上は和解的な行動をとるよう強いる。ただしその際生産労働者は、整備・修理労働者が自分たちに行使している権力についてちゃんと意識している。いつも良好な関係を維持することはまた、整備・修理労働者が支配的な状況を乱用しないように圧力をかける一つの方法である。[19]

より正確に言えば、コンフリクトよりもむしろ問題になるのは、行為者の戦略、つまり優勢を保ちあるいは優勢を増そうとする戦略をどうとらえるかである。

この重点のずれに特徴的なのは、組織化された行為の本質的な特徴を表現するためゲームというコンセプトに与えられた重要性である。

「われわれにとってのゲームとは、一つのイメージ以上のものである。これは具体的なメカニズムであり、人間はこのおかげで権力の諸関係を構造化し、自分の自由をその関係に、つまり自分自身にゆだねながらこの関係を調整している。[20]」

このような見方は、多様な行為者の活動の役割を多大に評価するものである。自由裁量の余地が行為者や集団によって異なることは否定しないにしても、制約、またある程度はコンフリクトの激しさを過小評価しないわけではない。

権力の諸関係にかかわる官僚制的現象の分析は、フランスの社会システムに応用されると、「閉ざされた社会[21]」のイメージを示唆するものとなる。この社会は、国家的な中央集権制度の長い歴史の遺産であり、とくにその特徴は、権威主義的で非常に集権化された権力のシステムにある。

「官僚制的集権化の重み、軍事的指揮の長い伝統のインパクト、国家や軍が提供してきた組織モデルを採用した産業組織の発展によって、私たちは、集権化という一般的なモデルに慣らされた。特権者たちの無政府状態やお人好しな家父長主義だけがそのモデルを緩和できる。このようなシステムに当然ついてまわるのが、指導者層と実働労働者層のあいだの溝、人間集団間の厳密な関係様式、自己防衛と庇護に基づく制約的なゲームモデル、すべての個人が保身に対して抱く一般的な情熱といったものの存在である。[22]」

この引用は、ミッシェル・クロジエと共同研究者やこれらの関心を共有するアナリストたちが診断した諸特性の長いリストをうまくまとめている。ここで、膨大ながらかなりよくまとまった研究成果を要約しようと主張するつもりはないが、そのなかからフランスの行政に関するものに焦点を当てよう。この批評の主題の一つが、社会全体に見られるフランス社会の「閉塞状態」に果たす行政の決定的な役割を強調しようということである。このパースペクティブにおいては、行政は、「官僚制的現象」のすべての特徴を含む巨大な官僚制的システムとして現れる。その特徴とは、意思決定の過度の集中、階層関係にある決定機関どうしの距離、諮問や住民参加のプロセスの不在、下位の機関の受動性と抵抗、社会の要請に対するシステムの不適応、エネルギーの浪費などである。

一九七六年に発表されたジャン＝クロード・テニグと共著の論文で、官僚制機構全体の中でもとくに「地域の政治行政システムの重要性」が強調されている。三つの県《デパルトマン》で行なわれた調査によればまず第一に、各行政サービス機関が孤立しており、自治体や各種団体もそうである（……市町村議会、県庁、地方出先機関の監督局、市町村役場、商工会議所、農業会議所、職人会議所、経営者組合連合、労働者組合連盟、農民組合連盟[23]……）。これらさまざまな人々へのアンケートやインタビューから、共同の意思決定がないことや責任者たちがそれを痛感している様子が明らかになった。各地方の選挙で選ばれた人々（市村町長、県会議員）が一方におり、国家行政の出先機関責任者たち（任命制の県知事、副知事、各事務所長、徴税吏）が他方にいて、二つに分かれた組織としてそれぞれが全体をなし、官僚制度上分離されている。

にもかかわらずこのような「システム」のなかで実現されるのは、相互に区分けされていながらも、互いに依存しあっているという状況である。しかしあくまでシステムの余白においてそうした関係が展開されている。こうしたタイプの相互依存関係や協働性は複雑な図式にしたがっており、あらかじめ規定された行政上および憲法上の権限とは無関係である。M・クロジエとJ‐C・テニグは、このような相互依存関係についてたいへん異なる三つのモデル（「村落的」「兼職的」「大都市的」）を区別し、準拠点として市町村長のタイプを取り上げる。

――「村落タイプ」では、町村長がコミューン（町村）の取りまとめと相互協力を実現できる唯一の人物であり、その責務を負っている。町村議会に代表者をもつ複数の利害当事者グループは、町村長の力がなければ妥協案を実現することができない。全体の利害はこれら利害当事者グループの外側で、町村長によって決められ、みんなに押し付けられる。しかし実際のところこれほど力のある町村長も、何らかの働きかけを行なって、その町村が必要とする公共事業を実現しようとすると無力である。彼には十分な財政的手段もなければ、必要な専門家たちもいない。これらを入手するには官公庁の技術者たちと知り合いになることが必要で、たとえば土木局の下部機関とのコネが必要である。官公庁の地方出向者たちは地域の名士の圧力や要請には無関心ではおれず、こうして地方出向の公務員たちと町村長たちとのある種の協働関係が実現される。実際にこの「村落」モデルでは、権力や決定のプロセスがヒエラルキー状でもないし民主的でもなく、また契約に基づくのでもない。それは、選挙で選ばれた人々のルートと公務員のルートの間を「ジグザグに」進んで行くシステムである。[24]

――「兼職タイプ」は、一人の選挙当選者、とくに市長が複数の職務を兼職するケースのことである。一人の市長は、県会議員そして政治家でもあるから、三つあるいは四つの兼職が可能であり、通常はそれぞれの役割が理論上うまく連携していない。こうした状況におかれた政治家は、とくに好都合な地位を占める。つまり地元の代表者たちと交渉を行なうことができ、県の監督官から大臣に至る人々と交渉を持つことができる。実際に彼は、いくつもの兼職のおかげで官公庁との相互依存関係を実現する。

――「大都市の市長タイプ」は三つめの人物像となっている。彼は強力な地域基盤を掌握しており、そのまとめ役を担っている。しかし彼は、自分の都市が重要な地位を占めているという理由から、パリの中央権力に直接アクセスすることができ、そのおかげで、意思疎通が滞りがちなシステムのなかで例外的な状況を享受できる。強力な力を持つ彼は地域の行政サービスとわたりあい、県の監督局とも交渉を行なうことができる。

自治体あるいは県レベルでの公共部門の管理に関する以上の短いコメントは、こうしたシステムがいかに問題や混乱を生み出しているかを物語っている。よく強調される首都と地方とのアンバランスよりもむしろ、中央行政機関と地方名士とのあいだに見られる権力の拡散や責任の混乱が確認できる。

このシステム全体から生じる結果として、決定が市民によってなされず、地域の利害に応えるわけでもない。いつも住民たちの外部にある特別な審級で決定が行なわれ、彼ら自身は受身で無関心な状態のなかへ追いやられている。[25]

　これらの知見に従うなら、国家レベルに位置付けられたこの官僚制的システムに見られるコンフリクトの諸類型にはどのような性質があると考えられるのだろうか。コンフリクトの概念は、大規模な機能不全の研究へと道を開いた。そこでは、全体としての「システム」が取り組み更新している、多様な競争、圧力、支配、影響と影響に抗する力《コントル・アンフリュアンス》などが展開している。

　こういったシステムのなかにさまざまな圧力と競争を位置付けていくなかで、強調しておくべき一つの側面がある。それは、一般的にコンフリクトの忌避が重視されているということである。こういったシステムのなかでは、各構成単位や各集団は対面的な状況やコミュニケーションに対して防御的になり、そこから保護される。ゲームはすべての参加者を結びつける一方で、逃避とコミュニケーションの不在も増大させる。まるで、コンフリクトが非常に大きな脅威であるので、永遠にコンフリクトを避けてそれから自分を守るほうがいい、というようにすべてが運ぶのである。

第八章　攻撃と相互作用のシステム

方法論的個人主義にとって社会的コンフリクトについて考察することは重大なポイントであり、これまでに詳しく見てきた諸パラダイムに対する重要な論点を提起する。

つまり、個人、すなわち個々の行為者を分析の「ロジックな原子」とみなす方法論的個人主義の原理を受け入れるやいなや、社会的コンフリクトの問題は、それまでとはまったく異なる言葉で提起される。このパースペクティブにおいてはとりわけ、個人の行動、行為者が置かれた状況のなかで行なう選択、彼らがその中に位置付けられているシステムによって規定された制約に対して起こす反応などが考慮される。

この方向で、行動、選択やリスクの負担についての研究をできるかぎり進めていくのが方法論的個人主義の公準であり、それらの構成《コンポジション》、凝集《アグレガシオン》や創発性《エメルジャンス》を追跡する。このような公準にしたがうと、社会的コンフリクトに関してまったく別の認識論的態度へと導かれることになる。生成論的構造主義は社会空間が階級にどう配分されているかを対象とし、さまざまな階級に属する行為者による差別化の戦略を問題とするものであり、また動態的社会学は社会の変動（すなわち「歴史形成作用《イストリシテ》」）と、投資をコントロールするための支配階級と被支配階級間の一般的な対立をテーマにしている。他方、方法論的個人主義はこれらのアプローチを原理上否定するが、それは個人の行動とこの種のコンフリクトが出現する過程についての前提となる問いかけをそれらに対置するためである。

つまりこの考察の出発点にあるのは、この点で個人主義的なパラダイムに対置できる「コンフリクト論的」と呼びうるようなモデルに対する批判なのである。

『**社会学の批判的事典**』のなかで、R・ブードンとF・ブリコーは、社会学のある大きな伝統においてコンフリクトが重視されすぎてきたことに疑問を投げかけている。まさにコンフリクトの歴史的重要性とそれがもたらす魅惑のせいで、そしてまたそれらが喚起するイメージのせいで、多くの社会学の研究においてコンフリクトが氾濫しているのであるが、なぜコンフリクトがこれほど氾濫しているかは十分に批判検討されないままである。(1)

この根源的な批判は、行為の単位すなわち分析の単位と誤ってみなされている実体に対する原則的な批判を再度取り上げたものである。「凝集体《アグレガ》」を分析の基礎単位と考えるすべての社会学理論に対して当初から批判がなされているわけであるが（第四章参照のこと）、とくにここで批判の対象となっているのは、これらの凝集体（階級、集団、国家）を、戦略や共通の意志をもつ行動的な主体に変容し、その行動によってコンフリクトの展開が説明できるとするような諸理論である。とくに論難されているのは、階級闘争を歴史の動因とするマルクス主義の聖典である。このような考えかたは、二つの誤謬に基くと言えよう。第一に、歴史に階級の置き換えという現象が起こるにしても、この階級の入れ替えのプロセスはいつも闘争という形態をとるわけではない。(2) さらに、対立の現象が起こる場合でも、コンフリクトは直接的な対立という性質をとらない。(3)

二つの実体に引き裂かれた社会的全体の存在を想定するようなこういった考えかたは、ホーリスティックな（あるいは全体論的な）ビジョンへの批判をくらう典型である。それは状況や構造が行為者を完全に決定付け、行動を条件の機械的な結果とする因果律の図式を打ち立てる立場である。この見かたから想定されるのは、行為者は知識もなく意思決定も下さない存在であり、構造が彼らを操り人形のように操作していることである。

しかしながら、この批判的立場は、集合的な決定を下すことのできる組織や制度の存在を認めないものではない。そのような場合においては、集団を一人の個人にシミュレートすることが正当化できる。

> 「……ある集団を、一人の個人とみなすことは、その集団が組織化されていて集合的な意思決定を下すことを可能にするような制度をはっきりと備えている場合のみに正当である。[4]」

それは、たとえば政治‐軍事的なコンフリクトにおいて、ある国民国家が一つの意思決定をするというような場合である。このとき、個人の行為者ではなくて多くの人物から成る一つの行為者が、政府という一つの意思決定の手段を持つと考えられる。この場合、そのような行為者がある特定の状況においていかに一つの戦略に訴えるのかを理解するという問題が残る。

方法論的個人主義は、社会的コンフリクトに関する諸問題を再度定式化しているが、その際三種類の問いかけを区別することができる。まず第一に、個人の行動の検討を起点に、創発性を説明できるプロセスを問いながらコンフリクトの生成を考えること。そして第二に、関係の諸形態や行為者が関与している相互作用のシステムについてこだわること。第三には、この相互作用のシステム内での諸行為者の戦略を考えることである。

1　コンフリクトの生成を研究することは、集合的な行為の発現の問題を再考することである。それは、コンフリクトの決定論に対する批判をもう一度やり直すことでもある。ここでもまた、コンフリクトを決定するのは経済的要因だという一般的な解釈に疑義がはさまれることになる。マルクス主義の聖典は、社会的コンフリクトは経済的利害の不一致から機械的に生じるという幻想をくり返した。この図式によると、利害関心の対立は必然的な激化によるかのように社会的コンフリクトを引き起こすということになる。しかしそれはまったく事実ではない。つまり、同じ経済的困難を抱え、これを改善するために共に行動することを望んでいる人々がいたとしても、そのような行為を組織することができないという事実から、この主張を却下せざるをえない。Ｒ・ブードンはここで、Ｍ・オルソンによる批判を再びとりあげ、決定論的な性格を帯びたこの公式化に対する模範的な反論だとしている。(5)

したがってコンフリクトの生成の問題は、個人の行動という言葉で問い直されるだろう。あるコンフリクト的な関係の成立を説明するには、行為者の態度、表象、ふるまいを問題にするべきだということになる。

第一次世界大戦直後の、黒人に対するアメリカ人労働者の人種差別に関するロバート・Ｋ・マートンの研究が、このことを説明するための適切な例として挙げられる。この係争《コンフリクト》は、白人労働者たちの目から見ると、資格に乏しく伝統的な労働組合の規律にも馴染んでいない南部出身の黒人労働者たちが、労組の圧力に対抗したい雇用主の格好の餌食になっている、という事実によって、引き起こされたように映る。黒人労働者はスト破り要員なのであるから労組から排斥しなければならない。したがってこのコンフリクトは経済的な性質を帯びており、自分の生活水準を当然守りたい組合加盟労働者と、スト破り要員である侵入者の間に発生したと考えられるだろう。(6)

ところが、個人の行動という観点からこのコンフリクトの生成を分析すると、これとはまったく異なる結論が導き出される。この黒人労働者たちは、合衆国南部地域で仕事を見つけられなかったので職を求めて北部の工業地域に来た、という事実から分析は始められる。このような状況で、必要な場合にはスト破り要員を呼び集めたい雇用主にとって、彼ら黒人労働者は予備軍を構成した。この脅威に直面した労組は、自分たちの規律と団結を守るために、彼らスト破り要員を排斥した。それ以来、労組を追われた黒人労働者は、必要な仕事を見つけるためにスト破り要員になっていったのである。こうして、黒人は組合員として悪質だから労組から排除する必要がある、という白人労働者の意見は強化されたのである。

こうして、黒人に対する労組の「人種差別」は以下のように分析される。

「白人労働者の人種差別は、サイバネティックス研究者らがよく知る構造、つまり、逸脱を増幅させるシステムの結果だとマートンは分析した……。ある白人たちの抱いていた偏見によって、黒人たちは、ある意思決定を下すように導かれ、それが白人の偏見を強め、その偏見に本当の〝根拠〟を与えることになったのである。[7]」

この例では、特異な事実（一九一四～一八年の戦争直後のアメリカ人労働者の人種差別）が検討され、その生成がフォローされた。白人労働者の利害関心は、黒人労働者の利害関心と対立し、社会的コンフリクトはその利害関心のコンフリクトを倍増させたにすぎないとシンプルに答えたい誘惑に駆られる。しかし、個人の行動のロジックを理解しようとすると、もっと説明力のある図式を提案することができる。とくに、敵意ある態度は説明原理として不十分であると言えるのだ。ニューディールに結びついた制度的な変化によって、雇用主はスト参加者の首を勝手にすげ替えることを禁じられたが、それが関係のシステムに変化をもたらした。それで黒人たちは、スト破り要員としてふるまう特別な傾向はもたないということを示すことのできる立場に立てるようになった。[8]

2　このアメリカの労組組合員の人種差別の例においては、「相互作用のシステムの構造」の重要性と、社会的コンフリクトが変形したり消滅したりするには、その構造が変容することが重要であるということが強調される。つまり、ある一つの社会的コンフリクトを分析するには、その中でコンフリクトが展開する相互作用のシステムを分析することが想定される。説明すべき諸現象の背後にある相互作用のシステムの諸特性を示すようなモデルを構成することで説明がなされる。この相互作用のモデルを構成することが、説明作業の一般的な目的であると言えるだろう。

R・ブードンは、二つのタイプのコンフリクトをもたらす、機能システムと相互依存システムという二つのシステムを区別するべきだと言う。たとえば企業内で仕事の関係のなかに生じるコンフリクトは、機能システムの特徴をなすと言える。これに対し、制度的な規則の外部にいる個人や集団間に起こるコンフリクトは、相互依存システムに特徴的である。これら二種のシステムは具体的な事例においていつも明瞭に区別されるものではなく、理念型として考えられるべきものである。(9)

機能システムの分析では、役割の概念が強調されねばならない。このような相互作用においては、行為者は、役割によってお互いに結合され、「結び付け」られる。

「……行為者は、外部から（少なくとも部分的に）定義された役割によって相互に結び付けられており、この役割は本人たち自身によって所与のものと考えられている。(10)」

このようにして、企業内の仕事の関係において、行為者は定義された場所を占め、正確な機能を果たさなくてはいけない。彼らは役割関係のシステムに入っていくのである。これらの役割は、たとえば官僚制的組織においてのように外部から強く定義されていることがありうるし、たとえば若者の仲間集団のリーダーの役割のように内部から定義されることもありうる。しかしどちらの場合においても、つまり役割が外部から（規定によって）定義されていようとも、内生的に内部から定義されていようとも、役割の概念は「分析に不可欠である」。

「分析の諸単位について考えるなら、このことはただちに理解できる。社長、副社長、仲間集団のリーダー、これらの語によってただちにわかるのは、分析の諸要素を構成する個人は、分業システムのなかに、あるいは、機能システムという語を使うほうがいいかもしれないが、その中に位置を占めているということだ。(11)」

これらの行為者が一つの役割システムによって結び付けられているという事実は、そこにコンフリクトが現れるということを排除しない。しかしこれらのコンフリクトや緊張は、そのシステム内で展開されるはずであり、そのことから独特な性質を帯びることになるだろう。

R・ブードンによるM・クロジエの（『**官僚制的現象**』において示された）分析の紹介においては、とりわけ機能システムに特有な相互作用の概念のなかで強調される点は何かがよく示されている。

ここでは工場長と監査役の関係が例にとられる。監査役は理論的には工場長の配下にいる（前章を参照のこと）のだが、会計の責任者として、彼は工場長が下すすべての重要な決定に副署しなければならない。しかし形式的な役割がどうであれ、この二人の行為者にはある程度の「裁量の余地」が与えられている。二人はそれぞれ相手に対して、「協調的」にも「攻撃的」にもふるまうことができる。工場長は、監査役の発言に対して形式的に対応することもできるし（「攻撃的態度」）、逆に、監査役に対して助言を求め、その助言を自分の下す決定に生かすこともできる（「協調的態度」）。監査役の側も、「細かいことにうるさく干渉的」（攻撃的態度）にふるまうこともできるし、「従順な部下」としての態度をとることもできる。これらは極端で単純化されてはいるが、その間で行為者の自由裁量の余地が決まってくるその両極を示していると言える。

つまり、権力の配分の周囲にはコンフリクトがあり、そこに賭金がある。しかし、もしこの状況をゲーム理論の言語で定式化するとすれば、役割の分散《ヴァリアンス》というまさにその理由でしか賭金は存在しないのである。緊張とコンフリクトによって明らかになるのは、居合わせている行為者たちが、自分の利害関心にもっとも適したように自分の役割を解釈するために、自分が自由にできる裁量の余地を利用しようとしているということである。公式的な規則によって押し付けられた相互作用の構造は以上のようであるから、行為者たちはある程度の解釈の余地を持ち、さまざまな個人的な戦略の間で選択することになるだろう。

3　第二のタイプの相互作用である相互依存システムを検討することによって、コンフリクトと社会的緊張に関するまた別のタイプの分析へと導かれる。

機能システムと相互依存システムの違いは、相互依存システムにおいては個人間の関係が役割関係の形態を取らないという事実にとくに基づいている。[12] ある資格試験の受験者たちはたしかに互いに関係付けられているが、それぞれが何らかの役割を果たしているわけではない。彼らは競争関係において対立しているのである。同様に、軍事的なコンフリクトにおいて、参加者たちは自分が属している軍事組織内である役割を果たすことが可能だが、敵との役割関係に参入したわけではない。R・マートンが分析したアメリカの白人労働者による人種差別は、また別の例を提供している。白人労働者と黒人労働者は相互的な役割関係にはないが、しかし相互依存システムに参入しており、このシステムによって、多数の黒人労働者はスト破り要員としてふるまうことを課せられた。

相互依存システム内でのコンフリクトを研究することによって、行為者が相互的な役割関係にない場合にコンフリクトがどのように展開するかを検討することができる。

コンフリクトの展開を再考するためにR・ブードンは再び方法論的個人主義の原則を持ち出して、行為者の自律性を仮定し行為者の行動から説明をしようとする。

ここで理解を助けるために、一九一四年の戦争の前夜に英国政府が行なった意思決定という歴史的エピソードについて考えてみよう。英国の内閣が二つの趨勢に分かれていたことは知られている。

「意思決定を行なうに際してグループ内では二つの趨勢が対立していた。一方は、ドイツが同盟国フランスを攻撃した場合には、イギリス政府が断固としてフランスに軍事的支援をするということをドイツに納得させようとする外交的な動きにコミットするべきだとした。エドワード・グレイ卿〔外相〕によって主に代表されていたもう一方は、反対に、このようなタイプの動きは開戦の可能性を減らさないばかりか、交渉の扉を閉ざすものであると考えた。最終的に、グレイは交渉の道を選んだのである。[13]」

このようなエピソードを考えるには、その場にいる行為者がかかわっている相互依存システムの検討から始めることができる。このシステムは、単純な相互作用の諸構造の組み合わせとして考えることができ、そのなかで行為者たちが多数の戦略から自分の戦略を選ぶ。

二人の行為者の各々は、攻撃性と友好的態度のどちらか（「攻撃的」か「協調的」か）を選択できる。そして、二つの戦略から一つを選ぶことのできる二行為者が同時にゲームに参加するので、相互依存システムは、二人の行為者の戦略の選択にしたがって、四つの可能な状況のいずれかを決定する。

このシステムにおいて脅迫的態度ではなく協調的態度を選んだ英国内閣の選択の理由を考えることができる。グレイ卿は、ドイツは協調を選択するだろうと考えたのである。だから彼の目には、強硬な態度をとるのは望ましくなかった。英国政府が攻撃的な行動を採用すれば、ドイツ政府に同様に攻撃的な行動をとらせるというリスクを冒すだろう。ゆえに、強硬な政策をとるのは得策ではなかったのである。

この例から明らかになるのは、コンフリクトの展開を分析したり、とりわけこの種の相互依存システム内でのコンフリクト的な戦略を分析する際に、ゲーム理論から引かれたモデルを使うことの有用性である。たしかに、行為者たちは、目の前に限られた数ではあるが複数の戦略を可能性として手中にしていて、最も好ましい状況を創出するためにそのなかの一つを選択しようとしている。他方、方法論的個人主義の一般的な原理が応用されていることもみてとることができる。というのも、この英国外交のエピソードは、まさに個人の行動と選択から解釈されているからである。

さらに、イギリス政府の戦略的な選択を理解するには、行為者たちが状況をいかに解釈しているかということも重視される必要がある。たとえばグレイ卿の選択は、彼がその状況に対してどんな表象を抱いたか、そして正確には彼がドイツ政府の態度と懸念をいかに解釈したかということによって説明できるのである。そして同様に、ドイツ政府は英国の選択を、グレイ卿の期待とちょうど逆に、つまり和解のサインとしてではなく、弱気の証拠として解釈したということに留意する必要がある。状況をまったく異なったように表象し、敵についてまったく異なったように受けとめたドイツ政府は、英国の選択を事実とは違ったかたちで解釈したのである。

「現実には、ドイツは英国の動きを和解の精神の表れとしてではなく弱気の証拠だと解釈したのである。英国側の意図と、ドイツ側の受けとめかたのあいだのこのズレはいかにして起こったのだろうか。誤解は、ドイツ人のなんだか知らない尊大さのせいではなく、ドイツにはグレイが想定していたような選好の構造が存在していなかったために起こったのだ。[14]」

つまり、相互依存システム内でのコンフリクトの展開を説明するには、行為者たちが自分の敵に対して行なう表象を解釈を無視しないほうがよい、ということになる。

相互依存システムを検討すると、また方法論的個人主義にとっての本質的な問題に戻ってくる。すなわち、個人の行動の「凝集」や集合的現象の生成という問題である。もはや古典的になった金融パニックの例は、「凝集効果」と「創発効果」の両者と、緊張つまりパニックの状況の発生についてうまく説明してくれる。

「増幅効果の古典的な例とは、三〇年代の大恐慌時に進行した金融パニックの例である。いくつかの銀行が支払い不能になるかもしれないといううわさがひろがった。そこで顧客たちは、おのおの、銀行が破産する前に自分の財産を引き出しておこうと窓口に出向いた。もちろんこの個々の行為は凝集して、銀行は実際に支払い不能におちいってしまった。うわさが真実だと信じることで、うわさは実現してしまった。もちろん、この個々の行為者の誰もこのような結果を期待していたわけではない。[15]」

コンフリクトとその解釈の問題に応用されると、この創発の理論からさまざまなタイプの創発が導かれる。つまり、このような個人の行動の凝集は、非常に多様な予期せぬ「結果」をもたらし、コンフリクトはその一つのケースである。金融パニックの例では、個人の行動の凝集からアノミー的な状況が「創発」した。しかし他にも多くの典型例が

歴史学と社会学

歴史学と社会学が制度的に区別されているからといって、歴史学と社会学の間に絶えることなく打ち立てられている多様なつながりと交錯を忘れることはできない。このような状況は、社会学の創生期以来確立されてきた。社会学の創始者であるマルクスやウェーバーは、歴史についてたえず考え、歴史研究から得た知見で自らの研究を豊かなものにしていたのである。

しかしこれらの関係のありかたは、歴史学的か社会学的かという問題意識のタイプの違いによって異なってくる。

たとえば偉人の生涯といった個別の事象の復元をめざす伝統的なタイプの歴史研究においては、社会学的な問題設定などお呼びでなかったり、また社会学を援用することは避ける。反対に、個別事象よりも「長期持続」の社会史に関心を抱いたアナール学派（一九二九年にリュシアン・フェーヴルとマルク・ブロックによって創始された）は、社会学的な問題を取り扱うことを選んだのである。同様に、社会運動《ムーブマン》の研究（Le Roy Ladurie, 1979）、文化伝播の研究（Mandrou, 1985）、心性《マンタリテ》とその変化（Vovelle, 1982）といった歴史研究が、社会学の問題提起から区別されるのは、研究対象（過去）によるのであって、方法論によるのではないことが多い。

ひとつの研究が、歴史学と社会学という二つの学問分野の境界を完全に超越する例として、歴史人口学の例が挙げられる。これは人口学的方法と古文書調査の両方に同程度に立脚するものである。またノルベルト・エリアスによるルイ十四世の宮廷の研究（Elias, 1974）や、セオドア・ゼルディンによるフランス人の感情についての研究（Zeldin, 1978-1981）などは、二つの学問分野を実り多いやり方で結び合わせる可能性を例証するものだといえよう。

現代の社会学においては、歴史研究の援用のしかたは、問題関心によってさまざまである。それぞれに独特な結びつきが生まれるのである。構造と機能に注意が向けられる組織社会学では、いま現在に位置付けられる現象が中心的に扱われるので、わざわざ歴史学へと回り道をしてみてもあまり得るものはないだろう。これに対し、階層や社会的再生産を対象にする社会学であれば、現在を解釈するために、過去の変化を考慮し、観察の領野を現代史にまで拡大するだろう。そして行為の社会学であれば、まさに行為者の行動、選択、意思決定を分析している歴史研究を多数活用して、あらゆる歴史的状況を検討することができよう。

つまり、歴史学と社会学の二つの学問分野間で交流が起こっているというよりは、各専門分野の関心に応じていろいろな歴史学といろいろな社会学の間で交流が起こっているのだ。


観察されるだろう。

すでに引いた、一九三〇年代のアメリカ白人労働者による「人種差別」の例は、増幅のプロセス、すなわち緊張状態が強化されるプロセスをうまく説明する。ロバート・K・マートンの分析によると、白人労働者には、黒人を労働市場から排斥しようという意図はなかったし、人種差別の強化に貢献したいという気持ちもなかったのである。

「ただ、白人労働者は、黒人が労組的な忠誠心を示すことができると考えていなかったので、労働組合の利害のために、黒人を受け入れることを嫌った。白人労働者たちは、組合の利害を不当なものと考えることはできなかったし、それがよく理解されていないものとも思っていなかった。このとき相互依存システムは行きすぎ効果を生んでしまったのである。つまり、個人の行為がもたらした局地的な効果は、行為者たちとの相互依存によって全体レベルに増幅されてしまったのである[16]。」

この事例においては、さまざまな行為者（白人労働者、労働組合の責任者、黒人労働者、雇用者）の行動の凝集が、強化効果、警戒から人種差別への緩慢な移行、どの行為者も望んでいなかった、らせん効果を引き出したのである。

しかし別の事例においては、創発のプロセスはまったく異なる現象、つまり協調とか、コンフリクトの中止といった現象として表れる。多くの例が示しているのは、コンフリクトの激化とその展開が行為者たちの相互依存的状況のために最初のコンフリクトの中止となって表れるという、この特別なタイプの効果なのである。

コンフリクトからその中止へのこういった移行は、暗黙のまたは公式化された協調が打ち立てられることで明らかになる。これはしばしば、労組組織のイニシアティブの展開が、生産性の向上をもたらすような労働組合闘争の場合にあてはまる。外部の観察者の目には、労組側と経営側の間に了解がなされているように見えるが、労組組織は賃金の増額とか労働条件の改善というような自分たちの目的を追求しているのである……。

こういった、コンフリクトからさまざまな様態の協調への移行は、労働組合闘争の歴史により一般的に見られるものである。闘争を通じての相互依存システムの樹立が、段階的にコンフリクトの制度化に取って代られた。この場合、創発効果は、安定化の効果の形態をとったのであった[17]。

いろいろな論文や著書で、レイモン・ブードンはこれらの分析を、社会変動とさまざまな変動の理論に関するさらに一般的な考察のレベルにまで拡大することを提案してきた[18]。

たとえば、集合的暴力の現象に関して、集合的な不満と集合的な暴力行為の発現の間に「条件法則」が存在しているのは明白であるかのように見える。

「たとえば、集合的な不満が大きいと、集合的暴力がそれだけ頻繁に起こるはずだということは〝自明〟ではなかろうか[19]？」

ところが、D・スナイドとC・ティリーがフランスの一三〇年間の歴史（一八三〇～一九六〇年）を対象に行なった、生活条件の厳しさを計測するための、客観的な変数に訴えた研究結果を信じるならば、予想に反してこの期間中、集合的暴力は生活条件の劣悪さと関連していないということが証明される。つまりこの研究からは、不満の原因と不満の表明の間に継起の法則を打ち立てることはできないのである。

つまり、不満と不満の表現は、集合レベルで関連していないということだ。集合的な不満は、個人の不満の総和ではないからである。

「……集合的な不満は、個々人の不満の単なる総和ではない[20]。」

集合的な暴力が生じるためには、不満が激しいだけでは十分ではない。これに加えてさらに多くの他の条件が満たされる必要がある。オーガナイザーたちが、抗議行動の指揮をとるのは自分の政治的な信用にとって有益であると判断することが必要である。または、そこに参加する可能性のある個人は、参加のコストが自分に耐えられるものだと見積もることが必要である、などの条件が。

方法論的個人主義の原則によれば、ある一つのコンフリクトの分析をするには、行為者をとりまく状況全体、行為者たちの動機そして彼らが迫られている選択を分析しなければならない。そうすることによって社会的コンフリクトの生成が理解され説明されるのだ。

したがって、コンフリクトや例えば階級闘争を、ある種の歴史法則とみなすことはまったくの幻想である。多くの社会変動が階級闘争なしに起きており、また実際に起こってきた。一方で、多くの条件が重なって一つのコンフリクトが発生するように見えることがありうるし、何か理解可能な理由のためにコンフリクトが起こらないこともある。したがって、歴史における暴力の役割を体系的に過大に言いたてる必要はないということになるだろう。[21]

第Ⅲ部　象徴的なものについての再考

一九四五年から一九九〇年にかけてのフランス社会学のオリジナリティーを強調しようとするならば、当時のフランス社会学が、最も広い意味で理解される象徴システムに関わるあらゆるものを再考することをとりわけ目指していたと言うことができるであろう。それ以前よりもなおいっそう、当時の社会学は、言語、表象システム、記号、信仰、イデオロギーといったものに関わるあらゆる事柄に関心を寄せていたのである。

確かに、マルクス、ウェーバー、あるいはデュルケームに見られるように、こうした関心は社会学の伝統のなかに存在していなかったわけではない。しかし、こうした伝統のなかで取り上げられていた要素が、まさしく象徴的なもの《ル・サンボリック》についての分析に関わるものであったことは特徴的である。すなわち、たとえば、構造主義的マルクス主義は、資本主義の経済的分析には十分な関心を向けることはなく、もっぱらイデオロギーについてや科学の生産の知的条件についてのマルクスによる主張に関心を寄せていたのである。象徴システムに与えられたこの重要性は、言語学、記号学、精神分析といったさまざまな分野においても明白な、大きな知的な動きを反映したものであった。

象徴システムに関わるあらゆるものに向けられたこの特別な関心は、コミュニケーションの手段や、情報ならびに知識の生産の大規模な拡大、すなわちメッセージと記号のさまざまな影響の大規模な拡大と同時期に生まれたものであったということもまた強調できる。ここで検討する社会学的な諸理論は、この点に関する同一の認識から出発しているが、これら同一の問題に対する大いに異なったアプローチと解釈のあり方を提示するのである。

第九章　象徴の場

ピエール・ブルデューの業績の大きな部分は、文化の社会学、より正確には象徴的実践《プラティック》の分析に向けられている。学生に関するものであれ、芸術的実践に関するものであれ、差異化《ディスタンクシオン》に関するものであれ、あるいは大学に関するものであれ、その著作でとりわけ研究されているのは、まさしく多様な次元における文化的実践なのである。

象徴的実践に与えられた中心的な重要性は、これら著作の全体を貫く根本的な直観に対応したものであると言うことができる。それは何よりもまず、階級関係は単に経済的関係であるばかりではなく、同時に力の関係や感覚の関係でもあるという直観である。

この中心的な直観は、社会階級についてのマルクス主義的な概念に対する批判をまさに含んでいる。階級関係についてのあらゆる分析の出発点において、この関係が同時に力と感覚の関係でもあるということを見定めることによって、P・ブルデューは、経済的なものとイデオロギー的なものというマルクス主義的な二項対立からも、また常に経済主義に導きかねない「最終審級」をめぐる正統的な問題設定からも、距離を置いている。社会階級が経済的基盤を有するということは確かに認められるにしても、社会階級は経済的関係の総体へと還元されるわけではないということがはっきりと前提されている。階級関係の構造的な分析は、経済的関係と文化的実践とが密接に結びついたものであるということと、外在性の内面化の形態と主観性の外在化の形態とが絶えず再生産されるということとを前提としながら、経済的関係と文化的実践とを同時に研究しようとする。

この根本的な直観には、その系も加えられなければならない。この系にしたがえば、象徴的関係、たとえば象徴的交換についての分析は、階級関係の再生産の構成物である関係性を出現させるのである。とりわけ、「教え込むこと」と差異化的な実践とは、不平等と権威の維持の一翼を担うということが明らかとなる。こうした分析の重要な点の一つは、象徴的暴力のさまざまな形態についての分析によって構成されるであろう。

最後に、付随的な困難がつけ加えられるが、それは行為者が自らの実践の意味について持ち得る意識に関わるものである。階級構造は、各人が社会空間を自らの位置から、自らの観点から感知するようにと導き、そうして社会関係についての限定的で歪んだ見方をとるようにと導くのである。したがって、社会学のまさに原理であり、行動と表現の非意識的な決定を公準として前提する、「非＝意識《ノン＝コンシャンス》」の公準を提示することは有益である。

これはまた、方法論的な観点からすると、意見あるいは判断を記述することは、研究のある要因（行為者の思い込みを認めるならば、時に誤りをもたらすものでもある）を構成するものでしかないということでもある。全く反対に、社会関係の主観性と客観性との間の関係を再構成することが必要なのである。

「……客観化された主観性を記述することは、客観性の内面化を記述することへと導かれる」[2]……

一　「象徴資本」

伝統的なカビリアの文化についてのＰ・ブルデューの研究は、象徴的実践に関する彼の問題設定を創出する導入として理解することができる。

この農村社会は、儀礼的表出（祝祭、祭礼、贈与や訪問や挨拶や婚姻の交換）の豊かさによって、また表敬の規範の複雑さと農作業の儀礼化によって、観察者たちの注意をまさに引いてきた。この社会システムについての純粋に客観的で構造主義的な描写は、研究上の有用な段階をなすが、その日常的な働きを理解するには至らないであろう。同様に、儀礼についての純粋に現象学的な描写は、その豊かさを叙述することは可能にするが、しかし行為者の主観的な表象と彼らの客観的な関係との間の関連を分析することはできないであろう。民族学的な主観主義は、呪術的な社会の神秘的なイメージを描くことにしかならないおそれがある。

社会的実践を真に理解するためには、客観主義と主観主義のいずれをも乗り越えたところへと導き、客観性の一部をなす儀礼的実践ならびに知覚と行為の社会的カテゴリーを十分に考慮に入れた、二重の動きが必要であるとP・ブルデューは強調する。贈与の交換や表敬の倫理には実際的な有効性があり、その点において、カビリア人の現実の一部をなしている。祝祭と祭礼の再生産は集団の維持に役立っており、集団の存立にとって、経済的基盤の再生産に劣らず不可欠である。

この例によって、「象徴資本」の概念の意味を明確にすることが可能となる。事実、表敬の規則によって外見上統御されているこの社会においては、親族関係や社会関係の拡大、あるいは土地の取得による威信の蓄積はまた、経済関係を構成する部分でもある。尊敬と敬意を集める有徳の人は、集団内での経済的取引において利用することの可能な、真の信用を所有している。祝祭や祭礼を通じて数多くの社会関係を結んだ家族は、収穫に追われる時期にこの関係によって助力を求めることができる。(3) 獲得された威信や家族の集団的な名誉はこうして、財の流通においても生産においても価値を有する。

表敬の規範と立派な振舞いの規準の多様な表われは、社会統制からの要求であるばかりでなく、現実の結果をもたらす社会的な利点を構成するものでもある。「象徴資本」の概念はしたがって、このことを意味するものとして理解されなければならない。だからこうした威信財を、それ自体のためにと同時に、そこから得られる利益のために、集めることが重要である。

経済資本と象徴資本が相対的に区別して認知されている西洋社会においては、象徴財は特別な生産の対象となっており、その特徴を引き出すことが重要である。

二　象徴的生産の場の分析

象徴財の生産者の見解やイデオロギーから逃れることを可能にする客観化の手続きの一つは、象徴財の生産の場を再構成することである。「象徴的生産の場《シャン》」とは、P・ブルデューによれば、地位や関係や競争について相対的に自律的なシステムのなかに置かれ、威信や権威の獲得のための同一の競争に加わっている、生産者（例えば、芸術財の場においては芸術家や作家）の全体を意味している。

例えば芸術の分野においては、このような生産の場は、ルネサンス期以降、芸術の分野に外在的な、宗教的あるいは政治的な従来の結びつきが弱まるにつれて徐々に自律化していった。芸術のための芸術というロマン主義の理論は、この自律性を大いに確かなものとしたのであり、それは、物質的な財の生産者に対する、また「俗物」[4]としてとらえられた芸術庇護者あるいはブルジョワに対する、芸術家の断固たる独立性を言明することによってなされた。このロマン主義的イデオロギーは、外部の権威に対するこの生産の場の独立性を主張するために、また固有の正当化の審級を打ち立てるために、とりわけ有効であった。

象徴財（絵画、小説、戯曲）は、確かに経済財であるにしても、現実には「二つの顔」[5]を有している。つまり、商品であると同時に意味でもあって、その商品としての価値と象徴的な価値とが相対的に独立しているのである。こうして、芸術財の生産は、経済市場の法則のみにもっぱら従うということはない。

芸術のような限定的な生産の場は、非＝生産者の排除、内的な差別化の弁証法、固有の正当性の生産といった、相対的に自律的な場の特性を大いに有している。そこでは、「芸術家」として、正当な生産者の一員である生産者として認知されるための、絶え間のない闘争が行なわれている。競争は、同業者からの威信を獲得すべく、生産者たちを絶えず対立させる。同様にそこでは、たとえ転移の戦略によって地位の優位性が他の場へと移され得るとしても（例えば経済的な地位を獲得する芸術家）、場の内部における権威を有する正当な権威が構成されている。

象徴的な生産の場に関するこうした素描は、これとは異なる特性を有する、大量生産の場、大量消費の場についての考察によって補完されなければならない。この大量生産の場は、象徴的な創造の場とは異なる構造的な制約に従っている。実際、大量の経済資本を必要とするこの生産には、創作者に対する統制と検閲の権力を導き入れる、収益性への関心が介入している。

収益性の要求は、幅広い顧客を求めるようにと、したがって「平均的な」消費者に届くようにと導く。この生産の社会的条件は、一般大衆がすぐさま理解できるような技術的手法と美的効果を選ぶようにと後押しする。そして、論争を招来しかねなかったり、大衆のしかじかの部分にショックを与えかねないような、すべてのテーマを遠ざけるように仕向ける。この生産の論理は、紋切り型や、楽天的で型にはまった象徴や主題を重視するよう導く。産業的で官僚主義的な大企業による大量生産の組織は、自己検閲と、最も幅広い一般大衆に向けられた「中間芸術」の生産に向かう一般的傾向を生み出す(6)。

にもかかわらずこの傾向は、最大限の収益性のために、文化的生産のある種の多様性によって分割された市場に応えるという要求によって、真っ向から反対を受ける。

拡大し相対的に多様化したこの市場には、限定的な場におけると同様に、ただし全く異なった仕方で、正当化と是認とが介入する。限定的な生産の場における正当化には統一性へと向かう傾向があるのに対して、拡大した象徴的な場の正当化の審級は、多様化し、競合する傾向がある。限定的な場と大量生産の場との境界には、特定の出版社や雑誌や文芸誌あるいは芸術誌を中心としてまとまった結社《セナークル》や批評サークルやサロンや小団体《グルピュスキュル》といった、程度の差はあれ制度化された審級が存在する。[7] さらに、その選択と象徴的な裁定によってある種の作品や「あるタイプの教養人[8]」を神聖化する、アカデミーや美術・博物館や学会といった、いっそう制度化された審級も存在する。

しかし、典型的な神聖化の審級はまさしく、学校、全体としての教育システム、そしてとりわけ大学制度である。

三　学校と象徴的暴力

P・ブルデューの業績のなかで、教育システムの批判的検討は中心的な位置を占めている。実際、この教育システムは、科学的な知識の伝達の場、社会的に中立な伝達の場としてではなく、正当な文化の伝達の場として考察されている。したがって教育システムを検討することによって、すぐれて文化的な神聖化の場、文化的な専断が強制される場、さらにまた文化的で不平等な性向が生産され、したがってそのことを通じて、既存の秩序が再生産される場の研究へと導かれる。

『再生産』という著書は、教育における関係のなかでのコミュニケーションの概念に対する批判を、この分析の出発点としている。このコミュニケーションは知識の単純な伝達に限定されるという、教育における幻想に反して、P・ブルデューが強調するのは、あらゆる教育的働きかけ《アクシオン・ペダゴジック》は同時に、必然的に恣意的な、ある文化を強制することでもあるという事実である。あらゆる文化は実際、普遍的ではない意味を選別している。

> 「象徴体系としての一集団または一階級の文化を客観的に規定することになる意味の選択は、恣意的になされる。というのも、この文化の構造と諸機能はどんな普遍的、物理的、生物的または精神的な原理からもみちびかれないからであり、どんな類いの内的関係によっても〝事物の本性〟とか〝人間の本性〟にはむすびつけられないからである。[9]」

教育における関係とはしたがって、支配階級の文化秩序に合致してもいるこの文化的な恣意性を強制しあるいは教え込む行為なのである。（またそのようなものであることを逃れることはできない。）

同様に、さらには、長期にわたる教え込みの働きは、持続的で移し換えの可能なハビトゥスというかたちによって文化的恣意の原則を内面化することになる、ということを予見することが可能である。[10]

教育システムの社会的機能についてのこの解釈は、学校はまさしく機会の平等の場であるという、フランスにおいて教員の大多数が有する平等主義的なイデオロギーに根本的に対立する。このイデオロギーによれば学校とは、すべての生徒にこの平等性を保証し、必要があれば学校外での不平等を矯正する役割を担った、特別な社会的な場とされるのである。

ところで、社会秩序に対する教育的権威の独立性を主張するこのイデオロギーは、教育システムの機能上の要求にまさしく合致している。実際、そのすべての効力を行使するためには、教育的権威は、独立的で、少なくとも相対的な自律性を有したものとして立ち現われなければならない。

> 「教育的働きかけは、必然的に、教育的権威と、その行使の任を託された審級の相対的自律性とを、行使のための社会的条件としている。[11]」

しかし、形式的な公平というプチ・ブルジョワジーの理想に応える機会の平等のイデオロギーは、力関係によって機能的に押しつけられ、隠されたままでしか行使され得ない恣意性を教え込むことを可能にする。

社会的再生産における教育システムのこの特権的な地位は、このシステムが具体化する肯定的また否定的な選抜のなかに明瞭に現われる。言語資本はブルジョワジーの言葉から大衆的な言葉まで社会階級に応じて異なるので、学校によって強制される言語手段を所有する人々、したがって大半がブルジョワ言語を所有するということになる人々に有利なかたちで、彼らを利する選抜が行なわれることとなる。[12]

ブルジョワ言語は、言語に対するある種の関係、抽象化や形式主義や知性主義や節度ある婉曲語法へのある種の傾向を伝達する。これらすべての特徴が、学校の言語規範の一部をなしている。大衆的な言語は反対に、個々の事例を過大評価する傾向、からかいや卑猥さへのある種の傾向によって特徴づけられるが、これらは学校によって要求される象徴的な言語操作とはほとんど合致しない。こうして、言語の獲得と使用についての社会的条件によって、学校の言語的規範に疎遠な人々に対する、排除のメカニズムが否定的な形で作動する。

ここには、Ｐ・ブルデューが象徴的暴力という語によって指し示す、この隠された暴力の見事な例が見出される。この象徴的暴力は、伝統的な社会においては、信頼や、個人的な忠誠や、もてなしや、贈与や、憐憫のあらゆるネットワークによって、また名誉の道徳が褒めたたえるあらゆる美徳によって、支配関係を穏やかなかたちで、そのようなものとは意識されないままに、維持している。そこでは象徴的暴力は、社会的関係つまり村落や家族の関係の狭い輪のなかに刻み込まれている。(13)

伝統社会におけるこの象徴的暴力と、いわゆる先進社会における象徴的暴力とを、逐一比較することは困難である。学校によって行使される象徴的暴力は、限定された範囲のなかで展開するどころか、すべての社会階級と、それら相互の間の関係に関与する。しかしそこには、部分的に比較可能な特徴と効力も存在する。

教育的働きかけは、権威的な権力によって文化的恣意を押しつけるという意味において、暴力として規定され得る。

「あらゆる教育的働きかけは、恣意的な力による文化的恣意《アルビトレール》の押しつけとして、客観的には、一つの象徴的暴力をなすものである。(14)」

教育システムは、支配的な集団あるいは階級の文化に従って、ある意味を選択し、他の意味を排除し、こうして、この象徴的暴力によって、現存の力関係を強固にする。象徴的暴力の権力は、それに固有の力を、現存する力関係にこうして加えるのである。

L・アルチュセールと社会科学

マルクスの著作についての数多くの研究は、その歴史哲学、政治的な意味、あるいはもっぱら経済理論について強調してきた。こうしたさまざまな読解との関係を断ち切りながら、ルイ・アルチュセールは、マルクスの著作の本質的に科学的な特徴を明らかにし、その認識論的な射程を強調することに専心した。この方向で彼は、マルクスの青年期の著作（一八四二年、一八四三年、一八四四年の『草稿』）と『資本論』の問題設定との間の隔たりを非常にはっきりと指し示すこととなった。『ドイツ・イデオロギー』（一八四五年）が、青年期の「人間学的な」著作と弁証法的唯物論の確立との間の断絶を画するのである。

こうした考証を出発点として、L・アルチュセールは、ヘーゲル的な弁証法から厳密に切り離されたものとして『資本論』のなかで適用された弁証法について再考することを提起した。唯物論の根本的な諸要素（矛盾や、否定や、決定の理論）を再び取り上げながら、アルチュセールは、マルクスの認識論は観念論とばかりでなくヘーゲルの歴史主義とも断絶していることを明らかにした。「有機的全体」としての資本主義システムを研究する『資本論』の目的は、あらゆる社会構成体、あらゆる生産様式についての科学的アプローチを確立するための概念――構造、上部構造、生産関係、重層的決定……――を作り上げることにあったと考えられるのである。

G・バシュラール（「認識論的切断《リュプチュール・エピステモロジック》」の概念）、構造主義、精神分析（J・ラカン）による認識論的貢献を拠り所にしながら、こうしてアルチュセールは『資本論』をマルクスの中心的な著作ととらえると同時に、社会構成体についての真の科学を可能とした著作ととらえるのである。

一九七〇年の論文（『イデオロギーと国家のイデオロギー装置』）は社会科学の研究において大きな反響を呼び、また論争を引き起こさずにはおかなかった。マルクス主義の伝統におけるイデオロギーの概念に拠りながら、アルチュセールは、国家の本質的に抑圧的な役割と、「装置」のイデオロギー的な機能とを区別することを提案する。「AIE」（国家のイデオロギー装置）のリストは、イデオロギーの再生産の機能が伝統的に知られているシステム（教会、法律）を越えて広がることとなる。労働組合、メディア、文化システムそして家族そのものまでが、イデオロギーを再生産するものとして理解されなければならない。

このような概念には、多くの批判も向けられている。ある種の独自の観点から精神分析を援用していることは興味深いが、これは構造主義の機械論的な概念を極限にまで導いてもいる。これは、イデオロギー的な抗争を分析し、主体の行為を認めることを不可能にする。構造主義が主流であった時期以後の、「行為者の復活《ルトゥール》」(Touraine, 1984) は、「主体なき」この哲学のなかに批判の主たる標的を見出した。

四　イデオロギー

隠匿、隠蔽の多様な次元と機能とを明らかにするこれらの分析は、イデオロギーの分析の大きな部分をなしている。この主題に関してP・ブルデューは、マルクスの教説に立ち戻っている。ブルデューによれば、マルクスは次の点について問題を提起している。それは、

「……社会関係は力関係であるという客観的真理を認識しないことが、当の社会関係において果たす機能」(15)についてである。

イデオロギーはこうして、歪曲化された社会関係の表象の全体として定義され、ある集団あるいはある階級によって生み出されるのであり、その集団あるいは階級の実践をはっきりと正当化する。象徴財《ビアン・サンボリック》の生産者の例について先に見たように、ある種のイデオロギーは主体に対して、社会的再生産に必要な実践に満足感を覚えるような関係をもたらす。イデオロギーはこのような主体を強固にし、彼らの社会的実践を、他の集団あるいは階級に対抗する正当な実践へと仕立て上げる傾向がある。そして、実践に対する自覚的な関係は社会的実践の重要な次元であるから、イデオロギーの構築は重要であり、またイデオロギー的な対立は、正当性をめぐる闘争に関わる、まさに現実の対立なのである。

こうして芸術家あるいは知識人の独自性の肯定を支える創造のイデオロギーは、確かに象徴財の市場の客観性を覆い隠すが、しかしこのイデオロギーは芸術家をその利害においても創造においても強固にする。芸術家は自分の仕事を、「創作物」をその創造者に結びつける独特である種の魔法のような関係と思わせてくれる、実践についての満足すべき表象に容易に喜びを見出す。天賦の才という恩寵のおかげで自らの仕事にすべてを捧げる飢えに悩む芸術家というイメージはまさに、芸術の繊細さに鈍感な「ブルジョワ」に対して芸術家たちが主張するこのイデオロギーを強化する。

この例にしたがうと、イデオロギーはその広がりにおいて力関係と結びつき、また他方では、固有の象徴的な場とも結びついていることがわかる。私心のない創作者というカリスマ的なイデオロギーは、ロマンティックな仕方で、市場の法則ならびに経済的な力関係との結びつきを断っている。私心のない創作者と自ら任じることによって、芸術家は、ブルジョワ的支配と市場に対する絶対的な距離を明確にする。

しかし、他方では、創造のイデオロギーは芸術家を、従来の作品とは異なる作品を作り出すようにと、そしてそのことによって、象徴財の創作という相対的に自律的な場を組織し構造化するこの競争へ参入するようにと至らしめる。

この二重のアプローチは、政治的な場にも、したがって政治的イデオロギーにも当てはまる。実際、政治的な場は、さまざまな党派から成る全体、政治権力の獲得と行使を目指す専門家から成る全体として構成され得る。この場は、

「政治的に能動的な行為者」を集め、これを「政治的に受動的な行為者」から区別するのである。(16)

この「政治的な舞台《テアトル・ポリティック》」は、社会および階級構造の昇華された「表象《ルプレザンタシオン》」であり、この意味において政治的イデオロギーはその全体において、政治的形態に移し替えられた社会的闘争を「表象」せずにはおかない。

しかしこの政治的な場はまた、差異と距離から成る、相対的に専門化され、相対的に自律的なシステムでもある。それぞれの行為者、それぞれの集団は、固有の地位のこのシステムのなかで、自らの位置を定めなければならない。このシステムにおいて、それぞれの集団は絶えず自己定義をしなければならない。政治的な言い回しがまさにはっきりと述べているように、意見を表明するというのは「場所を占める＝立場を明らかにする」ということなのであり、そしてこうした態度表明は、文書によるものであれ口頭によるものであれ、そのいずれもがこの競合的なシステムのなかで自らの位置を定める行為なのである。この意味において、政治を職業とする者にとって、「言うこと、それは為すことである」(17)と言うことができる。語ることはこの意味において、所属や同盟や近縁関係や紛争の社会的ネットワークのなかにその語りが関与していく、そういう行為なのである。

政治的な場《シャン・ポリティック》は、行為者のシステムであると同時に意味のシステムでもあり、さらに意味を帯びた競合的な地位のシステムでもある。同時にこの場は、まさしく表現の場――社会関係の歪曲化された視覚化の場――であるとともに、政治的な正当化に不可欠な、絶え間のない創造、発信、呼びかけの場でもある。職業政治家は、自らの地位と権力を保持するために、演説に力を与える「動員力のある信念」を作り出さなければならない。

政治的イデオロギーはしたがって、選挙人の利害や社会構造を貫通する力関係との間に歪曲的な関係を維持せざるを得ないが、しかしまた政治的な場における集団間の個別的な紛争とも関係を有さずにはおかない。こうして、政治的イデオロギーは言わば二つの二枚舌を使っていると言うことができる。政治的イデオロギーは階級関係を歪曲しながら「表象」し、階級関係を隠蔽する。他方で政治的イデオロギーは、政治的な舞台における個別の紛争や、プロとしての政治家に固有の利害に関与するのである。

第十章　想像力《イマジネール》の産物のダイナミズム

アフリカ社会、その伝統的な社会構造、また植民地支配下、さらに植民地解放後の時期におけるその変容を対象とする研究において、ジョルジュ・バランディエはシステムおよび象徴的実践について詳しく論じている。

象徴システム（神話や、神話を表す儀礼的実践——宗教や宗教的実践……）は何よりもまず、観察の事実として示され、したがって観察者が再構成し解釈すべき素材の一部をなしている。しかし、動的な社会学《ソシオロジー・ディナミック》は、こうしたシステムや実践を、構造主義が提起するのとは全く異なった仕方で考察するようにと導き、また社会的な想像力《イマジネール》の産物のダイナミックな次元を強調するようにと導いている。象徴的なもの全体の構造についての単なる考察に代えて、この問題設定は、象徴システムに固有のあらゆる特徴やあらゆる関係、象徴システムの変化や効果の複雑性に対する関心を示す。そうして、共通の意味、表現、想像上の内容が、その形態において分類される。また同様に、状況と象徴化のあいだ、物質的な実践と象徴的な実践のあいだのあらゆる関係が、描写と考察の対象とされるのである。

さらに、こうした問題は、急激な変容を遂げつつある社会に関して当初提示されている。このような社会では、伝統的な信念と近代化の表象が対立しており、また、伝統的なものと近代的なものとが予見できない多様な組み合わせにしたがって構成され対立することとなる。こうした状況は、社会的な想像力《イマジネール》の産物を生み出すのにまさにふさわしく、また競合的な想像力《イマジネール》の産物のあいだの対立や融合を、他のものよりもいっそう明らかにする。

動的な社会学は、とりわけ、象徴的な構成が何をもって具体的な状況に応えるのか、具体的な状況に意味を与えながらいかにこれを表現するのか、そして象徴的な効力を象徴的な構成がいかに含み持っているかということを強調することに取り組むであろう。この象徴的な効力については、その繊細さを分析しなければならない。

とりわけ適切な例として、性の区別が挙げられる。これは、「自然に」与えられたものであり、社会的な想像力の産物を大いに生み出すのである。ジョルジュ・バランディエは、次のような言葉で問題を提示する。

「性の区別は、いかにして社会システムと文化の全体に影響を及ぼすのだろうか？　性にもとづいた二元性はいかに表現されるのだろうか？……問題となるのは、女性ならびに男性の固有の地位というよりも、彼らの関係、その関係が象徴的また〝実践的〟に定義される方法なのである。[1]……」

こうした問いは、神話や表象のなかに両性間の関係がいかに表現され、象徴されるのか、こうした両性間の関係がこの文脈のなかでいかに直接的に重要なものとされ、規範化され、規範を形成するものとされるのか、という点が研究対象となるということを示している。

こうして、男性／女性の関係は、アフリカの数多くの神話のなかで根本的な関係として立ち現れ、それをめぐって神話の語りが構成される。この関係は、子どもをつくる様式にもとづく創造の語りを生み出している。数多くの神話が、男性的要素と女性的要素の結合を、根本的な関係として繰り返し語っており、そこから世界の出現が由来するのである。[2]

さらに、いくつかの文化においては、あらゆる本質的な意味づけは、性にもとづくこの二元性をめぐって組織される。世界の秩序はこのモデルにしたがって思考され、また文明化の最初の成果や人間存在の構成も同様である。マリのバンバラ族の文化においてこの事例が見出される。

「性にもとづく二元性は、バンバラ族の神話的思考が事物の秩序と人間の秩序を解釈する、あらゆる二元性の基本モデル《パラダイム》となる。〝世界〟、社会、そして社会に存在の手段と意味とを与える文化は、一方での男性性のしるしを帯びた要素と、他方での女性性のしるしを帯びた要素とのあいだの多様な関係からしか生じ得ない。(3)」

こうして、事物と人間のあらゆる組織が性の二元性に基づいて解釈され、またこうしてバンバラ族の文化は、想像のレベルにおいて、あらゆる解釈を性的な差異の様式に基づいて組織するのである。

アフリカの伝統的な数多くの文化において、神話的な語りは女性的な原理の役割について、曖昧で時には否定的な定義を与えている。この主題に関して、G・バランディエは、ウガンダのルグバラ族の文化の事例を引用する。男性的な原理の優越性の様式に基づいてこの二元性を「理論」へと体系化するルグバラ族においては、

「女性は、人間化された風景の側ではなく〝野生の〟自然の側に位置し、人間以前の時間と空間の側に、〝人格〟ではなく〝事物〟の側に、親族関係と家系によって規定される関係を越える姻戚関係の側に、祖先たちに裁定を仰ぐ側ではなく狡猾な侵害の側に、位置している。(4)」

ルグバラ族のこの社会「理論」は、女性を犠牲にしての男性と女性のあいだの不平等という、アフリカの伝統文化の一般的な次元を極限にまで押し進めている。男性に対する劣位ということによって女性の地位がとりわけ特徴づけられている社会においては、表象の全体がこの状況を伴っており、またこれを正当化している。カメルーンのバミレケ族のように、この関係がより複雑な社会においては、女性の従属的な地位は、この状況を説明し正当化する巧みな

システムを提示する、さまざまな社会的なコードや禁忌のなかに表現される。[5] いずれの場合においても、女性の地位は両義性のしるしによって特徴づけられる。労働や再生産の力として評価される一方で、女性は男性権力に従属するにとどまっている。権力とある種の特権とを保持してはいるが、男性によって独占された卓越した機能からは女性は除外されている。

こうしたさまざまな例は、状況と象徴化とのあいだの関係の複雑さと、こうした関係の主要な特徴とを浮き彫りにしている。まず第一に、経済関係が社会的な意味を帯び続けているこのような文化においては、こうした意味の重みと、生産の所作と意味とのあいだの同時性とを、強調してしかるべきである。こうして、バミレケ族の男性／女性関係をめぐって、G・バランディエは生産の経済と記号の経済とのこの同一性に言及するが、この指摘はアフリカのすべての伝統社会にあてはまる。

「仕事の性別配分において、女性はつらい仕事を負担しているが、収穫物の売却から得られる収入の管理において、女性は大きな自律性を享受してもいる。この生産の経済はまた、非常に明白に、記号の経済でもある。最も古くから栽培され、生命の維持に最も不可欠な植物と男性とのあいだに、象徴的で神秘的な関係が確立されている。[6]」

象徴的な関係はここで、人間と自然の構成物とを結びつけ、同一化の結びつきのなかで両者に意味を与えている。さらに、男性／女性の関係の例においてとりわけ明示的であるが、象徴システムはこうした関係を「表現」し、この関係を解釈しながら提示する。ルグバラ族の分類システムは、その象徴的構成において、性の不平等な区分と、女性を劣位的な地位にとどめることとを表現する。

表現はまたこの不平等なシステムの一部分をなしており、これを強化するかたちでこれに直接的に関与している。他性が述べられ、言明され、そしてそれゆえ強化される。

女性は、言語システムのなかで定義される。女性は、危険で敵対的な要素として定義される。女性はしばしば、対抗社会、魔術、魔法、既存の秩序や文化を脅かす力に結びつけられる。このように構成され、言葉や儀礼的実践によって絶えず更新される理論は、不平等のシステムを強化し、その再生産を確固たるものにし続ける。社会的な想像力《イマジネール》の産物は同時に、対立と相補性によって作られた社会関係を表現しており、またこうした関係を規制し規範づけるものでもある。

神話はしたがって、こうした社会関係との関連において、ある種の真実性を有している。こうして、起源に関する神話は、両性間の関係について語りながら、相補性と対立についての社会学的な観察に結びつく。

「……ある種の神話的な語りは、この語りに固有の言葉で、したがって象徴的な形で、社会学的な分析から導き出された主要な教訓を表現している。人々は、開闢、創世の〃説明〃に結びつき、一般的な説明モデルとして用いられる、両性間の関係をそこで把握する。[7]……」

とりわけ、秩序と無秩序のいずれをも潜在的に生み出し得る両性間の関係の両義的な特徴が、神話によって明らかにされ説明されることが認められる。神話は、

「社会と文化を確立するが、しかし神話が引き受けているものを脅かす断絶の力を内に秘めながらこの確立をなすのである。……最初の社会関係である、定められた一組の男女の関係のイメージでとらえられた社会は、その起源においてすでに、傷つきやすくて不確かなものとして認識される。[8]」

こうして、象徴システムは、関係を表現するものであると同時に、これを説明し規範づけるものとしてまさに現れながらこれを啓示するものともなる。

このことはさらにまた、同一の共同体のなかに複数の実践システムが並存する変革期においていっそう明らかとなる。変革期には、複数の文化システムが拮抗して並存することが確認されるが、そればかりでなく、社会的抵抗なら

びに攻撃的あるいは防御的な戦略が、社会的な想像力の産物のなかに表現されることもまた確認される。こうして、異議申し立ては、これを体系化し具体化する想像上の構成物のなかに表現される。

ここで、マダガスカルの東岸の村共同体に関するジェラール・アルタープの著作[9]を例として取り上げてみよう。この著書に寄せた序文において、ジョルジュ・バランディエはまさしく、この共同体の内部における象徴システムの意味を浮き彫りにしている。そこは、伝統的な生産様式と、賃金生活ならびに貨幣経済の束縛の下に従属したプランテーション労働とに分断されている。

生産ならびに社会の組織化の伝統的様式には、祖先に対する信仰や占い師に伺いを立てるといった、伝統的な信仰が対応している。近代的な生産様式には、宣教キリスト教、つまりカトリック、プロテスタント、英国国教会といったキリスト教の文化システムが対応している。前者は衰退しつつある秩序に結びついており、後者は植民地の秩序から生まれたもので、次いで独立の後には、外国人や、自ら農民共同体に対する部外者となった新たな有力者に結びついている。

ここで、トロンバの名で知られる憑依の慣行の全体からなる、第三番目の文化システムが生まれてくる。この第三の文化システムは、想像力の産物のなかで、二重の否定を表現し、またこれを実現する。この文化システムは、旧来の形式のもとでの祖先の信仰を拒否し、また共同体に対して無関係とみなされた近代化の手段も拒絶する。憑依に関するこの信仰は、

「……先行する二つのものの否定を越えたところで構成されることを求める、新たな秩序を表明している。持続的な異議申し立ては、まず最初に文化的な異議申し立てのかたちをとる。[10]」

こうしてベツィミサラカの農民は、ある意味で、いくつかの枠組のなかで暮らしている。内面に関わる事柄については、彼らは伝統的な形式と旧来のヒエラルキーを尊重している。外面に関わる事柄については、なじみのないもの

精神分析と社会学

自律性のなかで人格をとらえるのではなく、他者との関係性のなか、そして何よりもまず家族の連関性のなかにおける主体を理解することを目指したフロイトは、習俗と禁忌《アンテルディ》に関する人類学者の研究に関心を寄せることとなった。ここから彼は、無意識の欲望と社会的規範との関連について、さまざまな社会における禁圧と抑圧の働きについての、一連の結論を引き出した（Freud, 1912）。

フロイトの著作はこうして、環境から生じるトラウマについてのさまざまな指摘ばかりでなく、「精神分析学的社会学」の側面における真の理論化の要素をも含んでいる（Bastide, 1950）。一九二一年の著書『集団心理学と自我の分析』は、幼児期に見られる無意識のメカニズムとしての同一化のあらゆる帰結について分析している。成人はこれを、指導者に対する献身のなかであらためて体験する。教会と軍隊の例にもとづいて、フロイトは、社会的関係を支える共通の「リビドー的構造」の重要性を示している。一九三〇年の著書『文明のなかの不安』は、欲動の抑圧の弁証法を分析している。この弁証法を通じて社会的理想が主体によって内面化され、こうして欲動のコントロールが可能となるのである。

ファシズムの台頭に関するウィルヘルム・ライヒの著作（Reich, 1933）は、経済的抑圧についてのマルクス主義的アプローチと、性的抑圧についてのフロイト的アプローチとの連接を試みている。こうした抑圧の累加によって、ヒトラーのイデオロギーの伸張が説明される。いくつかの研究が、この分析の精神を発展させている（Fromm, 1975）。H・マルクーゼは、消費社会がいかにして、現代的な解放の可能性と矛盾しながら「過剰抑圧」を維持しているのかということを明らかにすることによって、抑圧に関するこの問題を再び取り上げた(Marcuse, 1963)。

こうした問題に対してしばしば示される社会学者のためらいにもかかわらず、社会心理学あるいは社会学の数多くの研究が、社会精神分析学的なアプローチの多産性を明らかにしている。こうして、小集団内における無意識的な関係性のダイナミクスが、このような文脈のもとで分析された(Anzieu, 1975 ; Bion, 1965 ; Kaës, 1976)。C・カストリアディスは、政治的な制度化の研究における社会分析的なアプローチの利点を明らかにした(Castoriadis, 1975)。A・アクン、E・アンリケ、P・ルジャンドルはこの問題設定を、社会的な幻想とあらゆる次元における権力関係にまで押し拡げた(Akoun, 1989 ; Enriquez, 1983 ; Legendre, 1974)。

社会精神分析学的なアプローチは、感情的な交換(宗教的および政治的なイデオロギー)のなかに主体を強固に引き入れる社会関係が問われるとき、そして個人的、集合的な感性が明らかに作用している過程が検討されるとき、実り多いものであることが証明される(Ansart, 1977, 1983)。

と実際には感じられているモデルにしたがって、社会関係が作り出されている。

反対に、革新的で異議を申し立てる信仰である憑依の信仰は、祖先の信仰を正当なものと認めず、そしてその点で、伝統的形式を拒絶する。この憑依の信仰はまた、近代化の手段と、この手段を支持する宗教をも拒否する。こうしてトロンバは、第三の象徴システム、革新的な実践を構成する。この革新的な実践を通じて農民たちは、彼らが被っている矛盾に対する解決策を夢見てさまざまな束縛を象徴的に逃れるのである。こうしてトロンバは、矛盾を転位し解決を創出する過程を明らかにする。

> 「トロンバは、共同体が実際に解決するにはいまだ至っていない問題に対する解答を、社会的な想像力《イマジネール》の産物ならびに本質的に象徴的な実践の次元へと転移《トランスフェール》することを示している。こうした〝閉塞した《ヴェルイエ》〟社会は、まず最初に神話や想像の次元において、現実にはそうなることの出来ない社会を作り出す。……こうした社会は距離をとりつつ、実現を期待しながらこの計画を〝夢見る〟。こうしてこのような社会は、要求と希望として生きられた宗教的なものの領域に、この計画を位置づける。[11]」

こうしてジョルジュ・バランディエは、想像力の産物とこれに結びついた儀礼的な実践の生成過程についての考察の道程を描き出し、また、象徴的次元へのこの「転移」が、表現、探究、創出、そしておそらく納得といったさまざまな機能を同時に果たしていることも示唆する。

この考察は、ある意味において、現代社会における政治的な想像力《イマジネール》の産物についての考察へと道を開く。なぜならば、現代の政治活動が、こうした農民共同体が示し得る様相といかにかけ離れていようとも、注意深い読解を通じて、こうした象徴的な転移と現代国家における政治的な想像力の産物のさまざまな作用とのあいだの連続性をはっきりと認識することができるからである。

『**舞台の上の権力**』で提示された政治的なドラマツルギーの例は、政治的な想像力の産物のこうした豊かさや、その多様性や、またその多機能性を、見事に例証している[12]。

ここでジョルジュ・バランディエは、政治的なドラマ化の多様な形態、権力によって用いられるドラマ化の多様な手法を分析し、こうした手段が権力の維持と行使にどれほど関わっているかということを冒頭から強調している。

> 「ただ力のみの上に、あるいは馴化されない暴力の上にうちたてられた権力は、常にその存続を脅かされるであろう。また理性の光のみに照らし出された権力は、ほとんど信頼を得られないであろう。権力はむき出

しの支配によっても、合理的な正当化によっても、保持され得るものではない。転位、イメージの産出、象徴の操作、儀式的枠内での象徴の組織化のみが権力を作り、保持するのである。[13]」

権力は、イメージおよびドラマ化の産出によって自らを正当化し、強化する。神権政治の国家においては、政治的なドラマツルギーは宗教的なドラマツルギーと一体化している。ヒエラルキーは神聖なものとして出現し、君主は神聖性のなかに現われる。君主が英雄として現れる体制においては、政治的な演劇性《テアトラリテ》によってこの英雄に真の演劇的な力が与えられる。英雄はある状況のなかに登場し、行動し、同意を喚起する。

「英雄は、その演劇的な力《フォース・ドラマティック》によって認知される。演劇的な力という資格は、生まれとか教育とかから来るのではない。英雄は出現し、行動し、人々の同意を喚起し、権力を受けとるのである。思いがけない出来事、行動、成功、これが英雄を英雄とするドラマの三法則である。さらに彼は統治者としてもこの三つの法則を遵守し、自らの役割を忠実に果たし、万人の利益のために幸運を自分の伴侶としていることを示さなければならない。[14]」

全体主義体制における祝典の挙行は、この政治的なドラマツルギーの見本である。統一性の神話が、このドラマ化を支配し、祝典において上演される「シナリオ」となる。

「想像力のなかの社会、支配的イデオロギーに合致した社会が、束の間、目に見える、生きられるものとして与えられる。[15]」

ジョルジュ・バランディエによって示された、象徴的な構造についてのこのダイナミックな概念は、現代社会に関するアラン・トゥレーヌの理論の中心にも存在する。この現代社会は、自らを絶えず作り出し、自らを絶えず変容し、自らの変化と創造性を絶えず管理する社会である。

彼の理論的著作である『**社会の自己産出《プロデュクシオン》**』の冒頭の頁においてすでに、アラン・トゥレーヌは、社会が自らに対して行なう行為、自らの固有の作用を変革し乗り越えるためにこの作用に対して行なう行為について考察している。「社会は自らを生み出す」[16]のであり、社会は「自らに固有の社会的および文化的分野、自らに固有の歴史的領域を生み出す」能力、言い換えれば自らの歴史性を生み出す能力を有している。

この歴史性《イストリシテ》について再検討するために、蓄積、知識の様式、「文化モデル」という、三つの構成要素を区別するのが適当であろう。蓄積は、統治階級のコントロールの下で行なわれる、労働の産物の徴収を意味する。知識の様式は、知識のシステムの全体、例えば科学を意味する。そして、「文化モデル」は、社会が自らの創造性に関して有するイメージを意味する。

これら巻頭の定義は、最初からすでに、この理論が象徴システムに対して認めている重要性と、この理論が脱工業社会に関してこれら象徴システムに対して与えている意味がどのようなものであるのかということとを明らかにしている。

蓄積が、歴史性の脆弱な社会においては脆弱で、脱工業社会において重要となる、経済的な過程であるとすれば、この蓄積はそれ自体、統治階級が創造性に関して自らなす表象にしたがって、また自らの利害にしたがって、統治階級によって方向づけられる[17]。すなわち、経済的な投資は、権力ならびに統治階級の選択を除外して、また統治階級の表象システムを除外して、考えることは困難なのである。経済的なものを社会的なものから切り離して考える制度的な先入見とは反対に、アラン・トゥレーヌはここで、経済的な選択と投資の方向づけは、統治階級に固有の表象システムにもまた従属しているという事実を強調している。

第二の構成要素（「知識の様式」）もまた、現代社会における、多様な知識の重要性を強調している。その多様な知識とは、自然科学、技術に関する知識、社会および経営に関する知識といったものである。この構成要素は常に存在するものであるとはいえ、情報がかつてないほど発展し、また重要性を獲得した脱工業社会においては、全く特別の意味合いを有することとなる。

いかなる社会も、その言語によって、その世界を秩序づけ、自らに固有の状況を作り出す。しかし、プログラム化された社会においては、知識や情報の生産は労働を支配し、技術を組織し、活動の主要な目的となる。[18] このような社会においては、科学はもはや単なる文化モデルにとどまらず、同時に、知識の様式、文化モデル、そして蓄積の道具となる。[19]

社会的なダイナミズムの第三の構成要素である「文化モデル」は、象徴システムに認められるこの重要性を極限にまで押し進めるのであり、しかもこのシステムの社会的性格を強調しながらこれを行なう。アラン・トゥレーヌは、次のような言葉で「文化モデル」を定義する。

「創造性の作用とイメージについて、歴史性を離れたところで社会によって把握されたもの。[20]」

この文化モデルはしたがって、単なる価値システムとして理解されてはならないし、はっきりと明示的な表象モデルに還元されてもならない。この文化モデルは、社会の文化的な分野を定義する。こうして、脱工業社会は、「創造性の現代的形式」として科学を認知する。すなわち異論のない価値としてではなく、まさに社会的な創造性の形式として科学を認知する。文化モデルは、歴史的な行為の方向性を定義するのである。

ところで、全体としての社会を特徴づけるこの文化モデルは、にもかかわらず統治階級によって管理されている。こうして、「文化モデル」と「イデオロギー」という二つの概念の間に主要な区別が導入される。イデオロギーの概念を社会的行為者の表象システムとしてとらえ、行為者の立場の特殊性と結びつけながら、この二つの概念を明確に区別することが提案される。イデオロギーの概念はしたがって次のように定義される。

「ある行為者の観点からなされた、社会関係のあらゆる定義。より限定的な意味では、歴史的行為のシステムである階級関係の争点を念頭に置くことなく、階級的行為者によってなされた、階級関係についての把握。[21]」

統治階級による管理はしたがって、本質的にあいまいなものとなる。なぜならば、この階級は、全体としての社会に固有のものである文化モデルを管理すると同時に、占有のさまざまな程度に応じて、自らの個別的な利害関心にしたがってこの管理を組織する傾向があるからである。

「……歴史性が統治階級によって最も完全にコントロールされる時においてさえも、文化モデルは支配的イデオロギーに還元することはできない。イデオロギーは個々の行為者に属する。一方、文化モデルはある種の全体としての社会に属する。[22]」

すなわちこれは、イデオロギーと文化モデルとの間のこうした関係が、社会的争点となり得るということでもある。歴史的に見て、統治階級《クラス・ディリジャント》が自らの利益のために社会管理を強化し、文化モデルを自らに固有のイデオロギーと混同する、言い換えれば本質的に支配階級《クラス・ドミナント》となろうとする状況についての見当はつく。この場合、イデオロギーが文化モデルに優越するということができる。例えば、ソ連における社会主義の歴史の事例はこれにあたる。そこでは、ボルシェヴィキ革命の最初の数年間は文化モデルであったものが、次第に新たな支配階級のイデオロギーとなっていったのである。

一九六八年の「五月革命」を対象とする研究[23]において、アラン・トゥレーヌは、まさしく文化的な反抗の意味と影響力について、そしてユートピアについての議論を多く示している。

この事例において、あるユートピアの創造と反復といったこうした象徴的実践は、意味を有さないわけではなく、また効力を欠いているわけでもないことが立証される。またこうした象徴的実践は、被支配集団のみに固有のものというわけでもない。社会の管理者や支配者もまた、社会的、政治的な問題は管理や近代化に還元されるのだと理解させながら、彼ら自身が「支配的ユートピア」を創造したのである。[24] この支配的ユートピアに対して、五月革命は、絶対自由主義、共同体主義、自発性信奉主義の精神によって特徴づけられる「対抗ユートピア」を創造した。これは、動員を可能にし、意味や感情や共同体主義的な行動を創造するユートピア、小集団やセクト、そして通常はほとんど組織されていない大衆を場合によってはつき動かし得るユートピアである。このようなユートピアはまた、運動の方向転換や、想像力の産物のなかへの運動の閉じ込めにも関与し得るが、しかし実効的で大いに意義深い実践の全体をまさに構成しもする。同様に、文化的反抗は、文化的なものでしかなくとも、それでもやはり実効的でないわけではなく、重要な実践を創造し、この反抗がユートピア的な次元をもたらす運動との直接的な関係を有している。

もし以上のようであるならば、「介入」を求めた社会的行為者のもとで「介入」を組織するこの社会学者の仕事は、とりわけ、陥穽を避けるためにイデオロギーとユートピアを考慮に入れるというところに存することとなる。[25] このような介入を行なう研究プログラムを作成しながら、アラン・トゥレーヌは、社会学者はイデオロギーとユートピアというこれら二種類の集合的な生成物に向き合うことを決意しなければならないと主張する。

> 「運動はイデオロギーを、すなわちその社会関係の表象を生み出す。運動はまた、ユートピアを生み出す。このユートピアによって、運動は、自らを闘争の争点と一体化させ、歴史性そのものへと一体化させる。しかしながら、運動は、このイデオロギーとユートピアとを統合することはできない。というのも、両者の統合は、行為者の観点ではなく、社会関係の観点に身をおく場合にしか可能ではないからである。[26]」

イデオロギーは、運動が組織として構造化されればされるほど、また運動が自発的な結社のなかに場を占めれば占めるほど、いっそう抵抗力を有することとなる。

> 「組織が強固な時には、そして運動が自発的な結社の内部に完全に位置する時には、分析に対するイデオロ

ギーの抵抗は、大変強固なものとなる。〔その場合には〕イデオロギーの抵抗は、乗り越え不可能な場合がある。[27]」

例えば、労働者階級の場合には、彼らのイデオロギーはまさしく、闘争、経営者に対抗しての動員、幹部による闘争の組織化というものである。[28] 労働者階級のユートピアとはまさしく、労働者による社会において実現された社会主義のユートピアである。

社会的行為者のなかで行動するために介入すべく要請された社会学者は、社会運動それ自体と関係をとり結ぼうとする。彼はイデオロギー的な観念や主張を研究するだけで満足することはできず、運動それ自体を再発見し鼓舞するためにこうした観念や主張を描き出すことがまさしく彼の目的となる。社会学者はしたがって、活動家の言説と一体化することは避けなければならず、一体化してしまった場合には彼自身がもはやイデオローグでしかなくなってしまう。

「もし研究者が自己を活動家と同一視すれば、彼はイデオローグ、あるいはむしろ教条主義者以外の何者でもなくなってしまう。なぜなら、彼はイデオロギーをもとにして言説を作り上げることになるからである。[29]」

反対に、自らの介入を通じての社会学者の目的は、対話者に対して彼らが参加している社会運動についてはっきりと自覚するように導くことであり、その際、アイデンティティの原則、対立の原則、そして全体性の争点あるいは原則という、社会運動の三つの構成要素が明らかにされる。

そして、こうした介入を展開するために想像された方法がまさに、解釈を出現させ、対話者とのあいだに対決を引き起こし、ここに関わる行為者の自己分析を社会学者による分析によって促進するために言語の手段を動員することなのである。

「集団は、まず最初に、その行為の内包する諸々の意味が露わにされるのを眼のあたりにする。次いで、中心的な理論的解釈の方向へと何段も登ってゆく。この行為のなかに社会運動が存在するとすれば、それはどのようなものか(30)？」

ここにおいてまさしく、集団においてなされ、意味を生産することによって進められる研究が関わってくる。「社会運動」をはっきり自覚させることを目指しながら、この社会学者の介入が象徴的なものの操作を通じてなされるのである。

第十一章　組織における想像力《イマジネール》の産物

表象システムについてのミッシェル・クロジエの分析を取り上げるにあたって、抗争《コンフリクト》の問題に着目することによってすでに示したことをもう一度述べておこう。そして問題関心と観察領域とがどれほど多様であるかを強調しておこう。ピエール・ブルデューは、異なる社会階級の表象システムについて、支配階級あるいは庶民階級に固有の文化システムについて、外見的には個人的で自発的に思える選択を通じて展開される差異化の闘争について研究している。そして、例えば、イデオロギーの概念が取り上げられる時、この概念が再考され定義されるのは、階級イデオロギーの文脈においてなのである。

組織や官僚制の現象についてのミッシェル・クロジエの研究は、象徴システムについてのまったく異なる方向性と概念へと導く。ここで問われているのは、組織のなかの行為者によって示される表象と態度、こうした表象の内容、それらの決定およびそれらから起り得る結果である。

したがって研究は、行為者の知識や表象にではなく、官僚制の機能と機能不全に、官僚制とそこで展開される戦略とに内在する紛争に、焦点を当てる。この観点において、さまざまな行為者によってなされる評価や判断に特別の注意が向けられる。行為者の戦略がとりわけ強調されるのに応じて、彼らの駆け引きの幅や、選択や、自らの利害から作り出す表象もまた取り上げられる。

さらに、ミッシェル・クロジエが、フランス社会の「停滞」と、それについての有効な批判を行なうための手段を問うとき、文化や集合的イデオロギーや文化システムに関わる問題もより一般的なレベルで再び見出される。

官僚制の作用の分析に至るために用いられる方法は、行為者が自らの組織について表明する判断や意見を重視する。その方法はすなわち、調査の対象となった女性従業員に対して、勤務する組織についての全体的な判断を語らせることを目指した、個別的インタビューという方法である。質問（例えば、「この組織における女性従業員の状態をどのように判断しますか[1]？」）は、組織の他の部門や階層《カテゴリー》、組織の働きについての、好意的あるいは非好意的なコメントや判断を表明させようとする。半指示的なインタビューというこの方法の選択は、理論的な手続き全体にとって重要である。ミッシェル・クロジエは『**行為者とシステム**』のなかで、「戦略的分析」においてインタビューを用いることを強調しながら、この点について再び述べている。

「……その手続きの論理は、戦略的な分析が、調査対象者の体験に第一義的な重要性を与えるようにと、そしてそれをもとにして、情報収集の手段としてのインタビューの技術に特別の価値を置くようにと導いている。[2]」

研究者が次のような一定数の目標を目指すために、部分的に指示的なインタビューがなされる。研究者は、行為者の日常的な体験を通じて、組織の機能のなかで暗黙的な事柄を発見しようと努める。そして、調査の最初のステップは、こうした回答の内容を分析し比較することから始められる。収集された証言は日常的な経験の主観的な現実を反映したものにしか過ぎず、組織の客観的な現実を反映してはいないという通俗的な反論は、ここで提起された理論においては当てはまらない。なぜなら、まさしく問われているのは、行為者の状況、その状況のなかでの、彼らの実際の行動や、彼らが行なう、あるいは行なわない選択だからである。(3)

こうしたタイプの調査において予想され得るように、得られた回答は、インタビューを受けた人々の自らの部門《カテゴリー》や階層に対する帰属意識によって大いに特徴づけられ、またそのようなものとして分析される。官僚制的な特徴を持つ公的機関について行なわれたこの調査において、まず第一に明らかとなるのはまさに、インタビューを受けた女性従業員において、自分たちの組織についての非好意的な意見の比率が極めて高いことである。

「われわれは、インタビューを受けた人々に対して、自らの組織についてのいくつかの月並みな質問を行なった。彼女たちのうちの六〇%は常に非好意的な回答を寄せ、また本当に好意的な仕方で意見を述べたのはわずか七人に一人にしか過ぎない。(4)」

フランスやアメリカ合衆国の似通った企業において収集された判断と比較すると、これらの判断は、組織に対する一般的な判断としても、帰属感情あるいは参加の意志の表現としても、並はずれて非好意的である。労働条件や管理職の行動についてのコメントも、同様の否定的な態度を示している。反対に、これら女性従業員たちは、直属の上司に対する反発は示していない。

〔財務省管轄下の〕パリ会計局についてのこうした結果を集約すると、調査は四つの暫定的な結論に導かれる。

一　「従業員たちは、組織の目標にまったく協力していない……」
二　女性従業員たちは、「無気力的で不平的と形容する」ことのできる適応様式を示している
三　「女性従業員たちは極度に孤立しているように思われる。彼女たちの間には、インフォーマルな安定したグループは存在しない」

四　「ヒエラルキー的な関係は、対面的な関係のレベルにおいて、重大な感情的な軋轢や問題を引き起こしているようには思われない」(5)

個々人の違いにもかかわらず、これら女性従業員たちはしたがって、自らの部門や階層《カテゴリー》と状況に固有の態度や判断を示している。またこうして、これら判断や態度がどのように決定されるのかという問題が提示される。

『**官僚制的現象**』で語られた調査から『**行為者とシステム**』で示された機能的で戦略的な理論に至るまで、ミッシェル・クロジエは、行為者の決定ならびに選択の幅について、そして組織のなかでの彼らの戦略についての考察を進めており、『**行為者とシステム**』では行為者の戦略という、この後者の次元が強調される。

実際、パリ会計局の女性従業員の事例で明らかとなるのは、まさに束縛の重さであり、組織のシステムがどれほどこうした判断と態度を引き出しているように見えるかということである。こうして、先ほど指摘した態度の四つの次元が、ここで考察されている組織に固有の特徴によって説明される。

一　組織の目標に女性従業員たちがまったく協力していないことは、ある意味で、全面的に中央集権的な組織の構造からの必然的な帰結である。決定の権力が執行部の掌中に集中しているために、女性従業員たちが会計局の目標に関わる選択や決定に関与することは決してない。彼女たちは自らの意見を伝える可能性を、労働組合を通じてさえ持っていない(6)。

二　無気力として特徴づけられる適応様式を女性従業員たちが示している事実は、外部にある決定部局によって彼女たちの仕事が完全に定められるという、彼女たちに強いられている状況に対応している。しかし同時に、彼女たちの状況は、彼女たちの安全を確保し、場合によっては生じ得る執行部の専断から彼女たちを守る、公式の規則の全体によって保護されている。無責任と保護というこの地位は、不平を述べるだけの無気力さという態度を結果としてもたらす。

三　同様に、非常に狭い職場グループにおいてはそうでないにしても、これら女性従業員たちが相対的な孤立を示

伝記的アプローチ

社会学における伝記的アプローチは、さまざまな資料によって個人史を再構成し、そうした遍歴を彼らの社会関係の文脈のなかで解釈することを目的としている。一九二〇年代におけるポーランド移民の合衆国への適応を研究することを試みたW・I・トマスとF・ズナニエツキは、個人文書と私的な書簡とともに、農民出身のかなりの数の移民の伝記を分析した。かれらはまた、移民が自らの軌跡を再構成し、そして自らの認識、価値、解釈を表明するようにと導かれる、自伝的な語りも提示した（Thomas et Znaniecki, 1918-1920）。

伝記的アプローチはこうして、方法論的ないくつかの形態をとることができる。純粋に自伝的な形態をとったり（Lewis, 1964）、個人の語りを社会学者が外在的な情報で裏づけたり、あるいはまた社会学者が統計あるいは質問紙調査のような情報源を通じてある一定数の社会的行為者の軌跡を再構成しようとしたりするのである。

こうしたライフヒストリーから引き出し得る教えは数多くあり、また伝記的アプローチは異なった問題群のなかに位置を占めることが可能である。伝記的アプローチの豊饒さを強調したD・ベルトーは、ライフヒストリーの統計的検討が、ある世代から次の世代に至る社会階級の構造がフランスにおいていかに永続的なものであるかということを明らかにしていると評価する。こうして、個人の運命の検討は、さまざまな階級と社会的地位へと個人を振り分け、配分する、「人類法則学的な」過程の研究へと導くこととなる（Bertraux, 1976-1977）。ケベックの社会学者たちは、個人の経験（「体験《ヴェキュ》」）の多様性とその矛盾とを再構成することに配慮しながら、数多くのライフヒストリーを通じて、ケベックにおける「静かな革命」について研究した（Dumont et Gagnon, 1973）。V・ド・ゴールジャックは、同じ方法を用いながら、庶民階層出身の管理職や経営者が克服しなければならない心理的な不安を分析した（Gaulejac, 1987）。
　伝記的アプローチはこうして、とりわけ実りの多い方法であることが証明される。このアプローチは数量的アプローチに必ずしも対立するものではなく、実証主義的傾向の限界を乗り越えることを可能とし、社会的行為者の体験を再考するようにと導くのである。

しているという事実は、官僚主義的なこのような組織における集団の性格に対応している。部門や階層《カテゴリー》は、強固に統合された第一次集団という意味での真の統一体をなしてはおらず、とりわけ給与の平等性ということによって特徴づけられる相対的に抽象的な集団をなしているのである。このように抽象的な部門や階層《カテゴリー》の内部において、行為者は、安定的で統合されたインフォーマルな集団を形成することはできない。
　四　最後に、女性従業員たちが対面的な関係に際して活発な感情をほとんど表さないとすれば、それはまさに、このような対面的な関係が正確には存在していないからである。個人や上下関係《ヒエラルキー》の各レベルがあまりによそよそしいので、普通は権力関係に付随する感情的な問題が生じないか、あるいは非常に微弱なのである。官僚制のもたらす距離によって、直接的な接触から生じる感情が避けられている(7)。
　これらの指標しか考慮しないならば、調査は、官僚制組織のなかにいる行為者にのしかかる決定の範囲の狭さを明らかにすることにしか至らないであろう。これらの指標は無視されてはならず、この例に示される状況においてこれらの指標は、行為者にのしかかる束縛について大いに強調しているが、しかしながらこれらの指標は、労働条件のある一側面を強調しているに過ぎない。

行為者、選択の幅、戦略に対するこの関心は、**『官僚制的現象』**における調査から**『行為者とシステム』**において示された一般理論に至るまでずっと増大してきているということを、われわれは先に強調した。そしてこれと相関的に、行為者の知識、企図、評価もまたしたがって強調されるのである。

『行為者とシステム』においてミッシェル・クロジエが強調しているように、インタビューは、組織についての好意的あるいは非好意的な判断を述べてもらうことだけを目指しているのではなく、追求されている目標や、どの程度自由の余地があると考えているかについて語ってもらうことをも目指している。これらのインタビューを通じて、クロジエは、

> 「……自らの状況と束縛に対処するために各人がいかに行動し得るのか――そして現実に行動するのか――ということ、いかなる目的を追求し、自分が知っている構造のなかでそうした目的に到達する可能性についていかなる認識と予測を行なっているのかということ、すなわちいかなる資源を有し、どれくらい自由の余地を持ち、そしてどのような仕方で、どういう条件において、またいかなる限界のもとでそれらを利用し得るのかということ、これらを具体的にそして実際的に知ること[8]」

を目指しているのである。

『官僚制的現象』で示された調査において、行為者の行動は「限定的な合理性[9]」という用語ですでに解釈されており、また、「自由で合理的な」この行動は幹部においてばかりでなく組織のなかのどの行為者にも見られることが強調されていた。研究者の役割は、組織の客観的な条件と、「自由な各行為者の主観的な合理性[10]」とを同時に研究することにまさにあった。**『行為者とシステム』**において、この次元は、「社会的構築物」としての組織の一般理論のなかで展開され、またここに位置づけられている。そこでは組織は、権力、影響力、計算、駆け引きの場として考えられてお

り、そこにおいては各人は、

「……また、そして何よりもまず頭脳、すなわち自由、あるいはいっそう具体的な表現を用いれば、計算と操作ができ、状況および相手の動きに応じて適応し創案する、自律的な行為者なのである。(11)」

客観的なデータの圧力がどのようなものであろうとも、行為者の行動は受動的な従属や服従に還元されることは決してなく、システムの束縛のなかで行為者が行なう選択を常に表現しているのであり、それゆえに行為者の行動には常に自分の側からの偶然性が含まれているのである。

行為者の選択、知識、自らの可能性についての評価、これらに関するこの考察は、行為者の「文化的」な文脈を強調し、また選択の方向性を定めるのに必ず関与する文化についての新たな考察を行なうようにと導く。しかし、その前に、行為者の「体験」から切り離すことの困難な、反応と表現との情動的な次元に立ち戻るのが適切である。何度か繰り返される定句に従えば、テイラー主義的な図式が言うように人間を「手として」だけとらえることはできず、また人間関係論の理論家たちが主張したように「手と心として」だけとらえることもできない。人間は、行為と情動性と熟慮された選択とを同時に兼ね備えているのである。

官僚制的な特徴を有する二つの組織において進められた調査の報告が明瞭に示しているように、表現は実際、情動性を非常に強く帯びている。しかし、情動的なこうした行動は部門《カテゴリー》や階層ごとに異なっており、またこうした対立は個人間および集団間のあらゆる関係に絶えず影響を及ぼすこととなる。

こうして、パリ会計局の女性従業員たちの仕事に対する態度は、無気力と孤立ということによって並外れて特徴づけられているのである。自らが勤務する組織についての判断を求められた時、これら女性従業員たちは大部分が非好意的な判断を表明している。彼女たちは、仕事の負担、建物の整備、職場の「冷ややかで不快な雰囲気」について「不満を述べている」[12]。いくつかのコメントは、経営陣から無視されているという失望を表明する「ある種の感情的な恨み」と、「幹部に対する広く行き渡った反感」とを浮かび上がらせている。ある女性従業員が述べているように、

「彼らはそれでもずっと多くしようと思えばできるが、しかし彼らは知ろうとはしない。それは彼らの関心事ではない。彼らは執務室に閉じこもっている人々であり、彼らには何も伝わらない[13]。」

さらに、女性従業員たちの間には、仲間意識はほとんど存在しない。反対に、会計局に対する、また時に労働組合に対する、「消極的な連帯」は立ち現われるが、しかし「建設的な観点」の形をとることは決してない。組織の底辺から頂点に至るまでの、これら行為者たちの表現は、どれほど組織が愛着や敵意の対象となり得るか、個人間また集団間の関係が肯定的あるいは否定的な感情をどれほど帯び得るのか、さらにまた行為者が自らについての評価を高めたりあるいは低めたりする諸イメージをそこから引き出すことがどれほど可能であるかということを、かなり示している。これらの表現はまた、組織のなかを支配する「雰囲気」の重要性と、こうした感情が機能あるいは機能不全にどれほど関与しているのかということとを想起させる。

「不安」、「混乱」、「欲求不満」、あるいは「満足」についてのこうした言明は、事実を述べているだけではない。これらの言明は、組織の作用の次元と、そこで展開される戦略のある種の側面とを明らかにしている。

ミッシェル・クロジエは第一に、権力関係に見られる感情の強さを強調している。各行為者は、各部門《カテゴリー》や階層と同様に、こうした関係のなかで自らを勝者あるいは敗者と感じており、常にアイデンティティをおびやかされており、したがってこうした関係を激しさや、満足や、あるいは欲求不満とともに生きている。このことは、攻撃性が遠く離れた権威へと向かう女性従業員たちに明らかである。

こうして、非個人的な規則の体系を課しながら権力関係および対面的関係を避けようとする、官僚制の働きの本質的な次元に到達することとなる。しかし、その時点から、効率の規則、「利用手段としてのとらえ方」は弱まり、感情

的関係が強まってくる。

「個人的なすべての判断において利用手段としてのとらえ方が非常に顕著に衰退することと、これに対応して情動性が増大することとが観察される。したがって、至るところで優勢となっていくのは、より情動的な面をもった人間関係の働きである。[14]」

官僚制的な悪循環の効果によって、情動的な性格を持った衝突を避けようとするための手続きは、逆に衝突を助長し続ける。しかし、手段的なものを犠牲にして情動性が確かに強まるとしても、情動性の次元つまり愛着や敵意は官僚制の悪循環の一部をなし、そしてある意味で戦略的に方向づけられていることを記憶にとどめておかなければならない。攻撃的になるのは自らを守るためであり、攻撃される危険を感じて、あるカテゴリーの人々に罪を負わせようとするのである。社会的情動性は、それ自体戦略的である。

官僚制的現象とこの行為モデルの相対的な首尾一貫性とについてのこうした考察によって、このモデルの一般性とその文化的な背景とを問う視点が導かれる。この問題は、『**官僚制的現象**』と『**行為者とシステム**』において、いくらか異なる表現によって、二度取り上げられる。『**官僚制的現象**』においてミッシェル・クロジエは、詳述された調査に現われた行動の特徴と関係性のモデルは、フランス社会に恒常的なものなのではないかという問題を本質的に提起している。そして彼はこの問題に対して、肯定的に答えようとしている。

個人間および集団間の関係については、個人および集団の相対的な孤立という主要な特徴が、この調査のなかに現われている。

「……個人の孤立、非公式の活動に対する公式の活動の優越、各職務階層の孤立、自らの特権を求めてのすべての職務階層間での闘争（……）。とりわけ各職務階層の孤立は、このモデルの主要な要素の一つをなしてきた。[15]」

報告された二つの調査において、友情関係のネットワークと非公式な集団の脆弱性や、異なる部門《カテゴリー》や階層に属する行為者を集める派閥あるいは仲間グループが存在しないということが確認された。職務階層は強固に分離され、そしてこの事実のために、個人は自らが所属する公式で抽象的な集団に結びついている。上位の職務階層によって脅かされることがないために、強固な非公式の集団による保護は必要とはならない。

フランスにおいて行なわれた民族学的な特徴を持つさまざまな調査をもとに、ミッシェル・クロジエはこの官僚制的な孤立を、集団の自発的な活動の弱さと、非公式的な枠組みのなかで協力することについて一般的にフランス人が体験する困難さとに関係づけようと試みている。ここで彼は、この主題についてすでにアレクシス・ド・トクヴィルが行なった指摘を再び見出している。[16]

そして同様に、権威についての緊要の問題について、ミッシェル・クロジエは、この官僚制モデルの特徴、つまり紛争に直面することが不得手であり、あらゆる依存関係を拒絶するということは、権力関係をめぐるフランス文化の特徴を再現したものであると示唆している。

「対面的な権威の関係は、フランス文化の文脈においては、非常に耐えがたいものである。とはいえ、支配的なものであり続けている権威の概念は、常に普遍的で絶対的なものである。この概念は、絶対王政の政治的伝統の何らかのものを、合理性と専制とを混ぜ合わせたものとして保持している。[17]」

こうして、フランスの官僚制システムは、これらの矛盾に適応した対応としてとらえることができるであろう。普遍的で絶対的な権威が協同的なあらゆる行為の成功にとって必要であると判断しながらも、これに敵意を抱くフランス人は、官僚制のなかに、矛盾する二つの要求に応える有効な手段を見出すであろう。その要求とは、個人の独立性を最大限に保証することと、にもかかわらず集合的行為の合理性と成功とを確保することである。

組織の分析から出発して、組織とそれを構成する行為者とが関与する文化的背景について考察するようにと導くこの思考の動きは、**『行為者とシステム』**において提示された分析によって一新される。ここで提起された観点は、組織の特徴を、行為者が相互に損ない合うことなく共通の目的を実現するために「社会的に構成されたもの」として、人間の創案したものとして、作用として強調するが、この観点のなかでは組織に関わる現象は、「政治的また文化的に構成されたもの」として、単なる技術＝経済的な単一の論理のみには還元できない「人間関係の組織」として立ち現われる。[18]

> 「作用の構成されたものとして組織をこのように概念化することは……組織された全体というものの生命と制御についての一つの主要な要素を私たちに教えている。それは、組織された全体というものの自律性の基盤である、文化的な要素である[19]……。」

行為者の戦略を強調するこの観点においては、行為者自身の「関係的能力」を指し示すこの文化的次元はとりわけ重要となろう。このように理解されるならば、文化は価値の固定した世界ではなくなる。

> 「心理的、精神的な生命の諸要素の全体と、その情動的、認知的、知的、関係的な構成要素から成る文化は、個人が獲得し、利用し、変容する道具であり、能力である。こうした獲得や、利用や、変容は、個人が他者との関係や交流を作り上げ、またそれを生きるなかでなされる[20]。」

こうした指摘からは、他者との関係を組織する能力として理解された、行為者の文化について考察する道が開かれる。その能力は、家庭内での習得、次いで社会での習得を通じて獲得されたと考えることができる。

フランスの組織の事例においては、家族および社会における習得によって、権力関係を回避の様式にしたがって生きるように行為者が導かれると考えるべき理由がある。このやり方が、官僚制的作用のなかで再発見し繰り返されるのだ。それゆえ、こうしたシステムの自己＝維持のプロセスが立ち現われる。孤立、コミュニケーションの不在、規則の背後で自分の殻に閉じ込もること、こうしたことが、望ましい結果をもたらす戦略をなしている。行為者はその準備ができているし、システムもその後押しをする。このレベルにおいて、新たな悪循環が構成され、システムが有効で環境に適応していたまさにその時点を越えてこのシステムが存続することが可能となる。

第十二章　相互行為とイデオロギー

象徴システムについての社会学的な分析の問題は、方法論的個人主義にとって、逆説的な仕方で提示され、また根本的な問題を再提起する。実際、社会的行為者と社会的行為を研究の対象とし、行為者は選択をしなければならない状況のなかにあると前提するこの観点においては、選択の根拠、行為者の表象、行為者の信念や知識が強調される。このような理論はしたがって、社会的行為が分析の中心に置かれるに応じて、「観念」の役割を大きくとらえることになる。そして、この意味において、社会的表象について、社会的行動における知識の役割について、分析し続けてきた社会学的伝統（マックス・ウェーバー、デュルケームなど）が再び見出されるのである。

しかし同時に、この伝統においては、象徴システムを「現実」とする傾向を持つあらゆる立場、このシステムを現実的な観点から解釈しようとするあらゆる立場が非難されることとなる。こうして、デュルケームの著作においては、社会制度としての象徴システムについての記述がなされるが、しかし象徴的構造にロボットのように従う受動的な

「社会学的人間《ホモ・ソシオロジクス》」のイメージを流布しかねない「集合意識」といった概念が批判される。

個人はいかにして選択へと導かれるのであろうか？　デュルケームの問題関心においては初発のものとはなり難いこうした問いは、方法論的個人主義の観点において提起されなければならない。

「たとえ社会学の文献のなかではっきりと描かれていなくとも、社会学的人間《ホモ・ソシオロジクス》は確かに存在すると主張できる十分な理由がある……。社会学的分析を進めるために、社会的行為者に与えなければならない根本的な特性についての一定程度の合意が、社会学者の間には存在する。(1)」

こうした特性は、経済学者によって経済人《ホモ・エコノミクス》に対して認められる特性との比較や対立によって与えられることとなろう。選択の観念を強調する経済人《ホモ・エコノミクス》の概念によれば、個人は、所有する資源や情報に応じて、自らの必要性や選好の観点からできるだけ最良の選択を行なおうとする。パレートによる批判にしたがえば、社会学的人間《ホモ・ソシオロジクス》は経済人《ホモ・エコノミクス》の「止揚」としてとらえられなければならない。多くの場合、経済学的行動モデルに補足と修正を加えることが適当であり、また経済モデルはいくつかの可能な行動モデルの一つでしかないだろう。

このレベルにおいて、日常生活の経験から引き出された考察が、多様な面から引き合いに出され得る。ある時には選択は明らかに合理的な熟考に由来し、またある時には他の多くの理由に由来する。

「ある選択に直面して、〝社会的〟行為者あるいは社会学的人間《ホモ・ソシオロジクス》は、ある種の場合には、自らが好むことではなく、〝慣習〟や、自らが〝内面化〟した〝価値〟、そしてより一般的にはさまざまな条件づけ（倫理的、認知的、所作的等々の）が彼に命じることを行ない得る。(2)」

その上、多くの状況は曖昧であり、一般に経済システムの中でとらえられる最良の選択という観念は、そこでは適切に定義されない。(3)利点や不都合を評価することが困難であり、結果が不確実であり、リスクを負うことが必要であるような多くの事例はこうした状況にある。さらには、選択の条件は、社会的行為者自身の行為によっても変容され得る。彼は、新たな行動によって例えばその周囲の人々の行動を変えてしまうのである。

すなわち、行為者が自らの状況に関して有する知識や情報は、彼の選択の恒常的な次元をなすが、しかし社会学的人間《ホモ・ソシオロジクス》を、諸条件の明晰な評価の後においてしか選択を行なわない合理的な行為者にするわけではない。

したがって、分析の出発点に個人的行為をおくパレートの根本的な直観にしたがいながらも、手段と目的との間の客観的ならびに主観的な一致によって特徴づけられる「論理的行為《アクシオン・ロジック》」と、実験に基づく論理を逃れ、パレートによれば社会学の対象それ自体を構成する「非論理的行為《アクシオン・ノン・ロジック》」との間に彼が認めた明確な区別は設けない方が良いであろう。この区別の根拠の弱さは主として、非論理的な行為という概念の曖昧さにある。実際、日常的な実験から引き出される数多くの例は、

> 「……合理性と非合理性の間、あるいはこちらの言い方の方が好ましければ〝論理性〟と〝非論理性〟との間に明確な境界を引くことの困難さを示し得る。ある行為は、当座は合理的であり得ても、望ましからぬ結果を事後にもたらすことがあり得る。ある行為は、各個人にとっては合理的であり得ても、各人が合理的に行動し始めるその瞬間から非合理的なものとなり得る。[4]」

論理的行為と非論理的行為との間にパレート流の区別は設けないにしても、しかしながらその根本的な意図を受け容れて、社会生活を分析するために「複雑な」タイプの行為への関心を強調しておくのがよいだろう。それは、

> 「……すなわち観察者に対して、行為者が不条理な原理を拠りどころにしている……、あるいは自らが望んでいない目的を行為者が追い求めている……という印象を与える行為[5]」

である。

したがって、個人的行為を検討するに際して、行動の合理性を基準にした分類を押しつけるのではなく、行為の種類の多様性を認めることが必要である。すなわち、マックス・ウェーバー的な意味における儀礼的、伝統的、あるいは合理的な行為もあれば、慣習や価値や感情によって、あるいは反対に到達すべき目的の明確なイメージによって動機づけられた行為もある。

個人的行為を観察の「原子」としてとらえるこのレベルの分析においては、したがって、状況の大きな多様性、それゆえ個人的選択の理由の大きな多様性を認めることが適切であろう。それらについて形式上の類型を提示することは可能であろうが、しかし、個別の状況の検討のみが、そこでいかに選択がなされ、また、信念、社会的に正当なあるいは逸脱した価値、評価、イデオロギーといった象徴システムのうちのどれを拠りどころとして選択がなされているのかということを明らかにする。それぞれの選択、それぞれの決定において、事実判断と価値判断がまざり合いながら、さまざまなタイプの判断が働いている。この複雑さを可能な限り解きほぐすのは、観察者がなすべきこととなろう。

したがって、相互行為の分析のレベルにおいて、象徴システムの解釈の原則が打ち立てられ得ることが望ましく、それが実現した時には、信念がどれほど大きな「社会的有用性」を有することとなるか、相互行為の展開と刷新に関与する象徴的機能を有することとなるかということが明らかにされる。

レイモン・ブードンは、スペンサーおよびデュルケームによってすでに示されている、人形《ポリシネル》で子どもが親と遊ぶ例にあらためて注目するよう提案する(6)。子どもはあたかも人間と遊んでいるかのように人形と遊ぶというのは知られている通りであり、そして子どもは母親に人形の行動の証人となってもらうのである。

「子どもは、あたかも人形が生きているかのように振舞い、母親はその遊びをすることを引き受ける。したがって、子どもが母親の前で、人形が生きているものであるかのように扱うことができるように社会的条件が整えられる。しかし、自分の子どもが人形を本当の子どものように扱わないことを望んでいるらしいと、子ども自身が何となく気づいている父親がやってくると、遊びは突然中断され、人形はその現実の姿である布切れの取るに足りない寄せ集めとして、部屋の隅へ追いやられる。[7]」

些細なものであろうとも、この例は「あらゆる信念の現象の説明に関する根本的な原理のいくつか[8]」を含んでいる。実際、信念はそれが現れる相互行為のシステムの構造を通じてこそいかによく理解されるのか、また相互行為システムの作用のなかで信念がいかなる本質的な役割を果たしているのか、ということが、この例を通じて強調される。同時に、この例は信念の変化という事実も示している。母親との相互行為において子どもは、人形が単なる布切れの寄せ集めではないことを知っている。人形は母親のある種の反応を定義づける手段であり、また例えば、母親が子どもに向ける気配りを持続させる手段なのである。父親との相互行為においては、人形はこの機能を果たすことはできない。そしてまた、子どもは自らの信念に対して距離をとった位置に置かれるのである。

「人形で遊ぶ子どもは、自らの信念に対して一歩引いたような状況に置かれる。一方での子どもと母親との間での相互行為システム、他方での子どもと父親との間での相互行為システムは、人形に対して対照的な地位を与えるのである。[9]」

この例は、信念がどれほど相互行為に依存したものであるのか、信念が相互行為のなかでいかなる機能的な役割を果たすのか、信念が行為者たちに対していかなる効用を有しているのか、ということを同時に示してくれる。機能的システムと相互依存システムとの間に提起される区別が、知識システムの果たす異なった機能を明らかにするために、ここで再び取り上げられる。

例えば行政や企業といった機能的システムは、行為者に対して、一連の任務や、このシステムによって遂行される

相互作用論

個人間、集団間の相互作用についての研究は、社会科学の最初の時期から始まっている。マックス・ウェーバーは、行為者間の関係を理解し、その関係の展開を説明することを、社会学の目的とした。デュルケーム学派においては、マルセル・モースの著作『贈与論』（一九二四年）が、人類学的な相互作用、贈与と返贈という形をとった交換についての、典型的な研究としてとらえることができる。この著作においてマルセル・モースは、非常に数多くの実践と表現を対照しながら、こうした種類の交換——ならびに相互作用——がいかに普遍的な性格を有したものであるかということを明らかにした。

アルフレッド・シュッツの著作は、この点においてマックス・ウェーバーの指摘を敷衍しながら、日常生活のさまざまな領域における、相互作用と間主観関係の分析に有効な概念的なモデルの一群を展開した(Schütz,1971)。とはいえ、相互作用に関する研究を深め、個人間の相互作用（象徴的相互作用）から集団内および集団間の相互作用にまで至る多様な様態をそこから明らかにしたのは、社会心理学の諸研究である。研究分野と実験的な分析は大きな広がりを持っており、これは、相互作用における個人の行動についての研究に関しても（Doise et Palmonari, 1984)、集団間の相互作用のダイナミックス（競争、対立、類別化、投影、同一化……）についての研究に関してもそうなのである。

こうした数多くの研究を越えたところに、相互作用を社会科学の中心的な対象とし、これらの研究で用いられた方法を根本的な方法論としてとらえる、社会科学の一般的な概念が立ち現れる。

この意味で、相互作用主義は、社会科学における一パラダイムを構成しており、これは客観主義的で、全体論的なパラダイムからは非常に隔たっている。このパラダイムは、選択、自発性、戦略を示し得る行為者としての主体を考察の対象として措定する。そして、個人としての行為者を分析の単位とする。したがってここにおいて相互作用は、状況のなかで相互に影響を及ぼしあう行為者による結果としてとらえられる。またここで、行為者の認知的特性、能力と成果、彼らの知識、期待、彼らが自らの役割についてなす管理がとりわけ強調されよう（Padioleau, 1986）。これらの原則を出発点として、研究のさまざまな方向を考えることができ、例えば相互作用の認知的側面を強調したり、あるいはその契約的次元を強調することが挙げられる。

精神病院での生活や社会的儀礼に関するアーヴィング・ゴフマンの研究（Goffman, 1961, 1974）は、相互作用のパラダイムを用いて豊かな成果をあげた、見事な例をなしている。

機能と結びついた役割を果たすことを求める。こうしたそれぞれの役割に、一定の知識の全体が対応し、任務の遂行は要求されたプログラムについての知識を前提としている。こうした機能的役割は、実行者に対して束縛として押しつけられる。そして、そこでもまた、「客観主義的な」誘惑は、こうした役割やそれらに対応した知識を、実行者へと変容された社会的行為者に課された拘束的な与件としてとらえるように仕向ける。

こうした客観主義的概念に対する、方法論的個人主義によって展開された批判は、ここでもまた、社会的行為者は強制されたプログラムの単なる実行者ではないということを強調する傾向にある。この批判は、論理の上で作り上げられた役割と、行為者の現実の行動との間のさまざまな隔たりを強調することとなろう。したがって、行為者の現実の行動を理解し説明するためには、行為者に強制された役割と、個人としての行為者の表象や選択や選好との双方を、同時に考慮しなければならない。役割はたいてい、人々が期待するほどはっきりしたものではないという事実が考慮されなければならない。役割は順を追って学んでいくべきものであり、そしてしばしば、役割を定義づける規範についての情報は把握が困難である。役割とは、単純な使用法といったものではなく、即座に理解可能なかたちでまとめられているわけでもない(10)。一つの役割には非常にしばしば、いくつもの下位役割が含まれており、行為者は、それらの下位役割の間で選択を行ない、それぞれにどれほどのエネルギーを注ぐのか判断しなければならない。それはまた、日々の生活の中で果たすさまざまな社会的役割の間で選択を行なわなければならないのと同様である。

すなわち、さまざまな役割に結びついた知識システムは、機能的システムの中で、実行者に対して「物」として押しつけられるのではなく、行為者が習得し、距離をとり、選択する対象となるのである。こうしたシステムの中での現実の行動は、事実や価値に関して行為者によってなされる判断、行為者による表象、行為者の目的や利害関心、行為者にのしかかる束縛に関して行為者が生み出す表象、行為者の限界といったものに大いに依存している。

相互依存のシステムとともに、行為者間の距離が増大する。なぜなら、このような場合、行為はもはや役割との関係を失い、行為者は競合的あるいは対立的な状態に置かれるからである。知識と表象は行為者による行為に関与し、行為を可能とするが、しかし異なった結果をもたらす。先に見たように、対立が進行するところでは(11)、敵ならびに敵の計画に関して行為者が有し得るイメージによって、ある種の決定へと導かれることとなる。行為者は二つの戦略の間で選択を行なうことができ、その選択は、行為者が敵の計画(平和的あるいは好戦的)について決定期間内に抱く表象によって決定づけられる。もちろん、なされた決定が成功かあるいは失敗かということによって行為者による表象は修正され、情報を受け取るに応じて行為者は自らの行動をあらためて方向づける。

したがって、こうした相互依存システムに関する分析を行なうことによって、次のようないくつかの論理を対照するようにと導かれる。すなわち一方には、行為者や、行為者の計画や表象の論理があり、他方には、行為者たちが(自発的にであるか否かを問わず)関与する相互依存システムの論理がある。相互依存システムには、それ自体の論理、効果、展開、そして創発的な諸効果が含まれる。場合によって生じるこの矛盾において、行為者の期待や希望は、まったく予期していなかった成功からまったくの失望まで、対照的なあらゆる結果に導かれ得る。表象ならびに知識は、行為に絶えず関与し、部分的に行為を説明づけるが、しかし相互依存の展開に応じて、原動力にも障害にもなるあらゆる機能を果たす。

したがって、いくつかの表象だけでも明白な結果をもたらし得るし、またある種の場合には、金融パニックの例が見事に示しているような重大な結果をもたらすこともある。これについての単純化された説明はよく知られている。銀行が支払不能に陥るかもしれないといううわさが広まると、不安に駆られた顧客は、銀行が破産する前に預金を引き出そうとする。その結果、銀行は本当に支払不能に陥るというわけである。

すなわち、この例においては、ある表象とその広がりが極めて重要である。信念のみが、言わば、現実を引き起こすのである。

> 「うわさが真実だという信念が、結果としてそれを現実のものとする……。いくつかのケースでは、信じることによってまさしく山が持ち上げられることがある。[12]」

「創発的な現象」が、表象の拡散だけから生じる効果となることがある。

社会構造と知識

個人の行動と相互行為を越えたところにおいて、象徴主義の一般的な問題は、全体としての社会のレベルに置かれる。そして、この議論において、デュルケームに帰せられる象徴主義の「客観性」と、マルクスによって定式化された社会構造による決定という、社会学の伝統に由来する二つの命題がとりわけ批判の対象となる。このように要約されるこれら二つの命題は、方法論的個人主義によって拒絶されるのみである。とはいえ、これらの命題は議論せずに退けるにはあまりに多くの問題を提起している。

『社会学の批判的事典』の「社会的象徴主義」の項目において、批判はとりわけ、象徴主義における「客観性」の曖昧さと定義の不明瞭さに向けられている。デュルケームからの影響を受けた社会学に、三つの命題が帰せられている。

「彼らの著作から、三つの命題が引き出される。彼らにとって、社会的象徴主義は、社会の成員の間に真の共同性をもたらすという意味で客観的と規定し得る種類の現象（実践上また信念上の）を構成する。この最初の命題から、次のような逆命題が演繹される。それは、いかなる社会も象徴的共同体として構成されるに至らない限り、確立されることも存続することもないという命題である。これら二つの命題に、第三の命題がつけ加えられなければならない。社会的象徴主義はコミュニケーションの過程と不可分であるのだから、社会的象徴主義はコミュニケーションの過程それ自体の形式と内容に応じて変化するという命題である。[13]」

こうした説明の曖昧さは、とりわけ、「合理性、客観性、社会[14]」を混同しているところから生じていると言うことができよう。かくして、「集合表象」の理論によってデュルケームは、われわれが社会を思い描くのを助けるという意味でこうした集合表象は社会を象徴しているということ、また他方では、社会の成員がお互いの間で意思を伝えることを可能にするがゆえにこうした集合表象は自らの存在を維持し続けるであろうことを示唆している。こうして、理想や価値に、経験によっては立証されないある種の現実性や客観性が与えられるのである。

こうして、決定ということがどのように理解されるのであるにせよ、社会構造によって象徴システムが決定されるという仮説を採るべきかどうかを考察するという一般的な問題が提起される。これは、とりわけデュルケームによって例証された、社会学的伝統の根本的な直観の一つをそこに再び見出すことでもある。この観点においては、社会学の任務は、「社会構造」が個人の行動や感情や表象をいかに方向づけるかということを説明する点にある。[15]

『社会学の批判的事典』の「知識」の項目によれば、これが知識社会学の目的となろう。

「……知識、とりわけ科学的知識の社会的〝決定因〟に関する研究を目的とする、問いならびに方法論的方向づけの全体。より広い意味では——とても広い意味なので、研究領域がこの場合明確なものであり続けるかと問うことも可能である——、知識に関する社会学は、知識の〝決定因〟ばかりでなく、信念やイデオロギーの〝決定因〟をもその対象とすることを要求する。(16)」

これが、デュルケームが『宗教生活の原初形態』のなかで展開した仮説である。そこで彼は、科学の根本的概念（例えば力の概念のような）とある種の操作的手続き（例えば分類の手続きのような）とは社会的経験から直接的に生まれてくると主張した。

「社会構造」によって知識が厳格に決定されるという仮説は、方法論的個人主義の認識論によって拒否されざるを得ないにしても、ここで提起されている批判は、次の二つのアプローチを区別する。すなわち一方は、社会-歴史的な文脈と科学モデルとの間の関係を認めざるを得ない歴史的アプローチであり、他方は、決定論的な特徴を持つ主張の適用範囲を限定しようとする科学的生産の条件についてのより厳密なアプローチである。

トマス・クーンは、科学は共同体のなかで、したがって社会的条件のなかで、発展し、歯止めにぶつかる、ということを示している。とはいえ、こうした指摘には限界も認められ、科学的理論が「文化的恣意性」に従属するということがここから結論づけられるわけでもない。社会的条件は全体的な方向性を指し示すが、科学に求められる客観性の要求に取って代わるわけではない。

「……〝集合的経験〟は知識の活動に対して、非常に一般的な方向性を示すことしかできない(17)……。」

こうした指摘は、人文科学、社会科学にもまた当てはまる。そこでもまた、社会的条件や「社会的な制度や構造が、パラダイムの誕生と衰退とを支配している(18)」のである。

「……デュルケームは、個人の社会への統合という――イデオロギー的と言おうと思えばそう言える――関心にもしもとらえられていなかったならば、『自殺論』へと至る研究に取り組むことはなかったであろう。[19]」

しかし、『自殺論』が古典となったのは、もちろん、この著作が、受け入れ可能な仮説を出発点として、いくつかの事実を説明することができたからである。

この議論の結論はしたがって、自然に関わる科学であれ人間に関わる科学であれ、科学モデルが社会的に決定されるという仮説を完全に否定するということに導かれるのではなく、科学研究の手続きを考慮に入れながら、その仮説の範囲を限定づけるということになる。

「……仮にこうした命題から、科学理論は社会的争点のみを反映するのだという大胆な一般化を引き出すとしたら、科学とイデオロギーと妄想とを区別する可能性を失うこととなる。[20]」

イデオロギー

イデオロギーについての古典的な社会学における伝統的な問題は、方法論的個人主義にとって、批判の格好の標的となり、またある意味でいらだちの場ともなっている。この伝統は実際、信念や感情や表象のこうしたシステムが、ある社会集団（社会階層、階級、あるいは党派）との関係において定義づけられるということ、またこの集団の利害関心と無関係ではないということを、さまざまな方向性を通じて仮定してきた。これは、この新たな例において、社会構造によって知識が決定されるという仮説をあらためて見出すことであり、この命題は個人主義的アプローチを問題として俎上にのせるのである。

その上、伝統的な概念は、個人の選択や振舞いや愛着に対して、ほとんど本人が知らない間に、共通の信念が決定を下す、あるいは少なくとも影響を及ぼす、という主題を導入している。こうして、マルクス主義の伝統は、「虚偽意識」の主題を必ずしも再び取り上げなくとも、ある社会階級の成員は階級への自らの帰属によって、固有の視点にしたがって社会的「現実」を知覚するようにと導かれる、したがってこうした「現実」のあるものを、他の見地を犠牲にして特別に優先するようにと導かれるという、一般的な考えを認めている。この命題は、その根本において、個人主義的原則を大いに限界づけることとなるであろう。この個人主義的原則は、文脈や束縛のない自由という抽象的な観念を主張することはなくとも、にもかかわらずそれぞれの社会的行為者における本質的に自由な選択の存在を仮定しているのである。

最後に、社会学的伝統は、さまざまな形のもとで、こうしたイデオロギー（道徳的、宗教的、政治的な）にある種の客観性を与え、それらに対して発展と標定可能な歴史と、個人に対する影響力とを認める。反対に分析の単位を個人ならびに全体としての相互行為と仮定する個人主義的アプローチは、イデオロギーの社会‐歴史的な分析のこの伝統のなかに、自らの公準の反対命題しか見出すことができない。個人主義的アプローチはしたがって、議論の用語を逆転させることを提案する。イデオロギーを、もはや行為者に強制された象徴的なシステムあるいは構造としてではなく、全く正反対のものとしてとらえること、そして行為者の選択を出発点としながら、なぜ行為者があるイデオロギーに愛着をもつことができるのかを明らかにすることを提案するのである。

イデオロギーの定義、あるいはより正確に言えば、明らかに多義的なこの呼称によって把握される現象の定義は、本質的にこうした歩みのなかにある。ここで選ばれた観点は、「社会通念」への愛着を特別視するために、宗教的あるいは政治的なイデオロギーとしての象徴システムの研究を脇に追いやる。「虚偽観念」への愛着は方法論的個人主義の原則によってもまた分析され得るということを明らかにすることが、まさに考察の目的となろう。(21)

愛着の性質を考察の観点としながら、いかなる選択にも合理性があるということを仮定しつつ、いかにして選択が「虚偽観念」にも向けられ得るかということを研究することが課題となろう。この虚偽性の規準は、本質的にイデオロ

イデオロギー

デステュット・ド・トラシーによって作られた語を用いて、ナポレオン一世が自らの体制に反対する自由主義者たちを「イデオローグ」と呼んで以来、イデオロギーについての省察は研究と論争を引き起こし続けてきた。マルクスは、哲学的、宗教的、法的なイデオロギーの批判的分析をもって社会分析の出発点とし（Marx, 1845）、同時に生産の社会的関係をもとにしてイデオロギーの生成を研究した。この意味において、イデオロギーは搾取の体制に固有の幻想という性質を帯びており、共産主義社会における透明性のなかで消滅すべく方向づけられている。K・マンハイムによって提示された定義（1929）は、イデオロギーの概念の意味を拡大し、これを、ある集団や階級あるいは民族に固有で、社会組織や正当化された目的やその目的を実現する手段に関わる、あらゆる表象システムに適用することを可能とした（Ansart, 1974）。

ヒトラーならびにスターリンによる全体主義体制は、政治的な独占状況においてイデオロギーが帯び得る重要性と、いかにしてイデオロギーが動員と社会的抑圧の本質的な道具となるかということを、悲劇的に例証している（Lefort, 1976）。同様に、宗教も主要な象徴的指示対象を構成し、統合と社会統制の手段として働き得る。こうした状況において、政治的、宗教的なイデオロギーの客観的分析は、これがイデオロギーの歴史的、抑圧的な性格を明らかにするという点において、既存の権力および公安によって厳格に排斥された。

多元的な民主主義体制においては、表現の自由、政党の複数制、教条主義の後退と市民の相対的な脱政治化によって、多くの者がイデオロギーの衰退、さらには「イデオロギーの終焉」という印象さえ受けることとなった。しかしながら、権力を獲得するための政党間の闘争や、言説とイメージのあらゆる手段を用いて有権者を説得する必要性のために、各政治団体は、相対的に首尾一貫した象徴システムを創出し、障害や失敗に応じてそれを修正し、個別の利害を覆い隠したり、あるいは具体的な問題を解決する能力を持ち合わせていないことを隠してくれる巧みな技法を考案しなければならない（Ansart, 1977）。

多元的な民主主義におけるマス・コミュニケーション手段の発達は、政治的な意味とイメージの多様な生産源の出現を可能にし、そしてそのことによって意味の大量の流布を可能にした。国営メディアは、最大多数の視聴を目指すので、あまりに多くの視聴者の反感を集めるようなことは避けなければならず、あらゆる感性に配慮しようとする。国営メディアは、政治的な争いの場における両極端を厳格に明らかにして、公正な観察者を自任しながら、未解決の局面において合意的なイデオロギーを再生産する。民間メディアは、反対に、組合的、民族的、あるいは宗教的に特定の聴衆を対象とするので、かれらの象徴とかれらに特有の言語を用いながら、彼らに固有のイデオロギーを再生産する。

ギーに対して向けられる。

この虚偽性は、真理との関係においてしか意味を持たないから、したがって、科学的であると誤って思われている、あるいは科学によって正当化されていると自ら主張するイデオロギーの領域において、例が選ばれ、そしてイデオロギーが定義されることとなる。したがってイデオロギーというこの言葉によって、社会秩序と政治的行為を科学的分析の上に基礎づけると主張する観念ならびに表象の全体が意味される。したがって、イデオロギーは次のように定義されるであろう。

「……科学的な理論の上に根拠をおくが、しかし誤ったあるいは疑わしい理論、あるいは不当に解釈された理論の上に根拠をおく教義であり、そこには分不相応の信頼性が与えられている。[22]」

提起される問題はしたがって、社会的行為者がなぜ、またいかにして、このような誤った解釈をなし得るかということを知る点にある。そしてこの問題に対する答えは、行為者の置かれた状況、すなわち行為者が誤った理論に——彼らにとっては合理性をもって——同意するようにと導かれる状況を考察するところから得られるであろう。ここで、三種類の効果を考慮に入れておこう。

社会的行為者は、絶対的で外在的な観点に基づいて現実をとらえるのではなく、自らの置かれた立場をもとに、歪曲されたあるいは断片的な仕方で現実を知覚するということを認めなければならない。これは例えば、マルクスが商品の盲目的崇拝に関する分析において強調したことである。自らの立場や自らの日々の経験を踏まえて、商人は、需要が多量にある時には商品は高い価格をつけ、また顧客がわずかな時には商品は価値を失いがちであるということを確かなものとして知る。こうして彼らは、価値は市場に従属し、また価値に関する真の法則はまさしく、確かに需要と供給の法則であると考えるに至る。

同様に、社会的行為者が自らに固有の準拠図式あるいは精神的習慣に応じて現象を知覚するようにと導かれる、そしてそれゆえに現象を間違って解釈するようにと導かれる事実を指し示すために、「性向の効果」を語ることも可能である。マックス・ウェーバーは、魔術の行ないを眼前にした現代の観察者の驚きを分析するに際して、この見事な例を示している。この観察者は、雨を降らせようとする人の行ないを考察するに際して、自らの文化のゆえに、こうした行動を前にして驚き、またこうした行動を理解不能で非合理なものとしてとらえる性向がある。マックス・ウェーバーが示唆するように、魔術をめぐる問題はここでは観察者の精神のなかに見出されるのであって、魔術師の非合理的な心性のなかに見出されるのではない。

こうした地位の効果ならびに性向の効果に、R・ブードンは、彼が「コミュニケーション」の効果と呼ぶものをさらにつけ加える。これによって、コミュニケーション、さらには非‐コミュニケーションに関わるすべての効果が意味される。ある観念あるいは知識を受容するという状況において、社会的行為者が、多くの場合、その内容が真実であるかどうかを検討する傾向を示すことはほとんどなく、むしろそうした観念や知識を表明する者の権威を信頼する傾向があるという事実が、とりわけ引き合いに出される。[23] 透明性ならびに完全なコミュニケーションというユートピアに反して、社会的行為者は、自らの地位および限定された知識のゆえに、観念を「ブラックボックスのように」扱い、専門家に委ねてしまう傾向が非常にしばしばある。コミュニケーションのより込み入ったレベルにおいて、ある理論は例えば社会的行為者や知的サークルの関心を、科学的な理由以外のさまざまな理由のために集めるということが強調されるべきである。社会的、政治的な性格を有する理論（例えば、開発主義的理論、第三世界主義、不平等発展論といった理論）に対しては、科学者たちはためらいがちであったり、あるいは賛意を表明することに躊躇したりするであろうが、しかしこうした理論は、そこに自らの立場の正当化を見出す政治ジャーナリストのグループを引きつけ、その「関心を集める」であろう。コミュニケーションの構造はここで、社会的行為者の大部分が、専門家の意見や評価を聞くことができずに、非専門家によって示された正当化のみを聞くという状況を生み出すことになる。

したがって、地位、性向、コミュニケーションに関わるこうした効果を考慮に入れさえすれば、虚偽観念への愛着が確認されても、行為者の行動の「合理性」の一般的原則をあらためて主張することには矛盾は見出されないであろう。また、「関心」の複雑性を考慮に入れることも重要である。社会的行為者が理論に「関心を抱く」のは、そこに彼が見出す真理の内容のためばかりでなく、その理論が彼にもたらし得る有用性のためでもある。そしてこの有用性の認識は、それ自体が、複雑なものとなり得る。

「ある理論に対して社会的行為者が関心を寄せるのは、それが行為のための認知的な基礎を与えるという理由からばかりでなく、自らの役割を遂行するなかで当然遭遇する倫理上あるいは職業倫理上の問題の解決を可能にするという理由からでもある。[24]」

これはまた、こうした「関心をひく」観念は、社会的行為者における受動的な黙考の対象ではないということでもある。知識は、まさに能動的なプロセスとして解釈されるべきであり、そして知識は、行為者、すなわち自らの行為を強固にし得る観念あるいは理論に注目してこれに関心を寄せる活動的な行為主体にふさわしいものである。

コミュニケーションの特定の構造のなかに位置づけられ、そのなかで性向を示し、そしてそこに関与する社会的行為者はしたがって、実際、誤った観念や理論に関心を持ち得るのである。

非常に一般的な問題として、観念、信念、理論が、行為ならびに相互行為の推移のなかで重要なものであるのか否かを知るということが、最後の問題として提起され得る。いかに平凡なものであろうとも、この問題は行為の理論にとってささいなものにはとどまらず、また示される回答は行動の「合理性」についての重要な解釈を示すこととなろう。ところで、この一般的問題に対して、レイモン・ブードンは対象となる事例の特殊性のみを強調して回答する。「観念や価値の役割は、考えられているよりも時にいっそう重要なものとなる[25]」し、また反対に、「時には、考えられているほどには重要ではない。[26]」

ある種の状況においては、あいまいさと複雑さは、提起された解決策を正当化するのに役立つ理論を必然的に状況が作り上げるほどに顕著となる。こうした解決策は、これを具体化し得る社会集団の社会的与件、情勢、この集団に有利な地位を同時に考慮に入れたものとなる。しかし、このように作り上げられる期間が過ぎると、こうした構築物は科学理論の運命と同様の運命をたどり、これが作り上げられた条件を越えて存続することとなる。この意味で、理論的構築物は行為者の行動において確かに役割を果たし、そして独立変数として扱うことが可能である。

しかし、他の多くの場合、観察者あるいは理論家は、観念に対して、イデオロギーに対してと同様に、それが現実に果たす影響よりもずっと大きな役割を認めるように導かれてきた。こうして多くの理論が、社会変動における観念や価値の直接的な影響を認める仮説を導入してきた。『プロテスタンティズムの倫理』に関する周知の解釈は、カルヴィニズムが資本主義の発展の「原因」の一つ（唯一つの原因ではないにしても）であったとする仮説をマックス・ウェーバーのものとして示している。しかし、この主題に関してなされた数多くの研究が、カルヴィニズムが確かに十六世紀の経済エリートを引きつけたとしても、資本主義の発展は他のさまざまな経済的、社会的、政治的条件によって支えられたものであったことをまさに明らかにしている。そして、分析すべき多くの状況において、観念やイデオロギーは従属変数として取り扱われるのが適切なのである。

事例の独自性に対するこの着目は突飛なものではなく、実際、方法論的個人主義の前提のなかにすでに表明されている。個人の行動と個別の相互作用の検討のなかに絶えずその出発点に立ち返りながら、この社会学は、一般的な法則や決定主義によって個別性を消し去ってしまうことを目的としてはいない。もしこの社会学が、研究対象とする現象の背後にある相互作用システムを明らかにしようとするならば、個別のものに関する分析を行なうこと、したがって事例の無限の多様性を明らかにすることが、この社会学のまさに課題となるのである。

第Ⅳ部　街に下りた社会学

これまで見てきた四つの社会学は、それぞれに社会のグローバルなイメージを提示し、全体についての表象を描き出しており、そこから一般的な特徴をいくつか引き出すことが可能であると思われる。細部にわたる検討や分析をこえてそれらの社会学は、いわゆる「社会観」を構築しており、これまでわれわれがたどって来た遍歴の果てに引き出すことができるであろう。

こうした「社会観」は、また再び触れる機会をもつであろうが、互いに厳しく対立しあっているものの、共通点をもたないということはないし、共通するいくつかの明らかな点を強調しておく必要がやはりあるだろう。

重要な分岐点の一つは、主体の概念によって形作られていると思われる。実際のところ生成論的構造主義の中で、あるいは個人的行為に関する戦略的概念の中で、主体とはどのようなものであろうか？　まさしくそこに明らかな対立点が存しており、それぞれの社会学が同一の問題に出くわしながら、反対のやり方で答えようとするポイントである。しかしここでもう少し考えてみると、これらの対立は前提の中に見られるのか、結論にあるのか、どちらであろうか？

これら多様な概念は、さながら社会科学の中におけるミニ-パラダイムをなしており、同時にまたそれぞれが自らについてのある種の表象を彫琢していると期待される。すなわち社会科学とは何か、その科学性とは何か、どうあらねばならないかといった概念である。周知のように、こうした問題は社会科学そのものの成立とともに投げかけられ、自らの科学性についての論理的規準を探し求めたのは、自然諸科学や歴史諸学のなかであったり、はたまた逆に、他の科学モデルを体系的に拒否するということもあった。まさしくここに本質的な問題があり、それに対する回答がきわめて重要な意味をもつのである。

最後に、社会生活の中での社会諸学の役割という伝統的な問題は、サン゠シモン以来マルクス、ウェーバーそしてデュルケームに至るまで社会学の偉人たちが答えようとしてきたものであり、明確な答えが得られていない以上、ずっと自問され続けている。躊躇する人々を尻目に、この問題は政治の世界における社会科学という伝統的な問題にどうしても連ならざるをえない。

第十三章　再生産と戦略

ピエール・ブルデューの初期の著作にいくつかざっと目を通せば、社会についての彼の概念全般が社会の客観性をとくに強調し、「再生産」と階級関係の更新とが重視されていることがわかる。すべての議論はまさにこの単純化された解釈をめぐって展開されてきた。このような概念は決定論的だとか、マルクス主義的、デュルケーム的、あるいは構造主義的だと非難されてきた。入念に引用箇所を選んでみれば、確かにこうした単純化が議論の多いものだということはできる。だが私たちはここで反対に、彼の一般的な概念をありのままの複雑さでもって、さらに可能ならありのままのニュアンスを込めて、もう一度見直してみたい。

まず強調しておかなければならないのは、ピエール・ブルデューの著作に見られる社会についてのこのグローバルなイメージが、抽象的な社会であるとか、現代社会一般にすら関わるものではなく、経験的調査の対象となったいくつかの社会を具体的にさしている、ということである。すなわちまずカビリアの古き社会がそれであり、もう一つがフランス社会そのものである。社会学の一つの理論を打ち立てようという野心は、これから検討するように、社会学的分析の原理と概念に関わっている。

エスタブリッシュされた秩序

ブルデューによれば、経済的関係に還元できない社会的な諸関係が存在するということ、それはある特別な認識の対象となりうること、それらの原理は言わば証明する必要がないほど明白で、ただ分析を行なうことで明らかにすればよいこと。しかし同時に、こうした簡単な主張が問題を引き起こす。というのも研究の「対象」つまりこれらの社会関係が、現実の装いをまさに呈しているとしても、例えば統計資料だけで説明のつくような計測可能な現実であるのみならず、複雑なプロセスや規制作用を含んだ勢力関係であり意味関係であって、この関係が更新されていくよう請け負う人々にとってさえわからないほど複雑なプロセスなのだ。

社会関係という一般的な概念の出発点として、意義深いイントロともなっているのが、高等教育システムについてのブルデューの研究である(1)。これらの研究は実際に、社会的実践の中で力や意味を伴った関係をはっきり見分けるべきだということを強調している。それらはこの領域の中で教化《アンキュルカシオン》と支配《ドミナシオン》という形態をとっている。家族が子どもたちに対して行なうものにせよ、教育を専門の仕事とするスタッフによるにせよ、教育行為はまさに、一つの権力による文化的恣意の強要である(2)。

ここには、文字をもつ社会と文字をもたない社会を対置する必要がない。確かに教育の担当者や教化の行なわれる場所は異なるだろうが、教化という事実そのものは同等に見られる。つまりそれが象徴的権力の行使だ。

象徴的な強制というこのような理論は、社会的諸関係全般の概念を考察するにあたっての導入部の位置を占めている。なぜなら、社会関係の本質的な特徴である権力関係、勢力関係、そしてとくに象徴的権力の関係を、まさしくこの理論が明らかにするからである。

したがってさまざまな社会関係は問題となっている財の性格に応じた不平等によって、もっと正確に言えば、そのような複数の不平等によって特徴づけられる。われわれのような社会では、支配的であるとされる不平等とは経済的資本に関するもので、しかも他の形態のいろいろな資本を獲得する可能性を与えてくれる。しかし不平等はまた、象徴資本、社会的資本そして文化的資本をもつかどうかにも関わる。これらの不平等が互いに重なり合っている場合もあるが、だからといって混同してはいけない。例えば世論、評判、体裁などに基づく象徴資本は最もこわれやすく、ほかの人間に受け渡すのが難しい。反対に、経済的資本を合理的に管理することは最も容易である。(3)

この一般概念から引き出される重要なテーゼとは、既に検討したように、(4) 対象となっている社会の中で、資本の獲得は相互に重なり合い、階級社会を形成するという点だ。この命題がおそらく最も多くの誤解を生んでいる。なぜなら、すぐに「現実主義的《レアリスト》な」解釈を誘って、階級が「結束した明確なリアリティー」だとみなされてしまうからである。勢力関係や意味の関係を研究することは、反対に、社会的空間の研究であり、そこに展開する多様な闘争を考察するものであるのに。

「私は、明確に区切られたグループとしての階級という現実主義的な考えと手を切りたかった。結束しはっきり切り分けられるリアリティーとして現実の中に存在すると考えられるような……。」(5)

ブルデューの分析が注目する一つは、こうした階級関係を通じて作用する支配の実践であり、支配階級と支配される階級という概念自体が、分析上の用語の一部を成している。しかし研究の流れから、さまざまな支配関係を多様なままで考察することにも注意が払われている。例えば経済資本を獲得することに結びついた支配関係が、他の形態の支配関係も手中に収めることにつながるとすれば、経済的な支配を単独で考えることは毛頭できない。かといって、経済的支配と多様な形態の象徴的支配との間に、正確な一致をみるわけにもいかない。したがって、さまざまな支配の組み合わせを前提とした再生産過程から、いわゆる「最終審級《アンスタンス》での」決定因となる支配を分離できると主張するにとどまる。

同じように、支配の行使を階級関係のみに限るのもいけない。ある一つの「領域」、たとえば科学界、政界、文学界のような場のなかで作用する特殊な支配のあり方を測定することも重要だ。例として文学界を考えてみると、そこにも支配する人々と支配される人々がおり、彼らの勢力関係や内部の闘争は、支配関係を変形したり、維持したりすることをめざしている。(6) こうした生産領域における支配の行使は、経済的な諸関係に見られる支配の行使に還元できない性質をもっている。だからわれわれとしては文学界と社会的世界全体との構造的な相同性を検討してみることもできる。しかし同型的だからといって同一ではないし、象徴的支配には、その特殊性に由来する固有の領域をもっている。こうした分析の任務の一つは、それぞれの領域に固有の論理を検討すると同時に、いろいろな支配がどう組合わさっているかを調べることにある。例えば経済的支配と、勢力関係を正当化する象徴的支配の割合がどうなっているか。

こうしてわれわれは、ブルデューの社会関係の概念に含まれるもう一つの注目すべきオリジナリティーに触れることになる。暴力の分析だ。私たちが本書で検討する、他のどの社会学者も、この側面にこれほどの重要性を認めていないし、暴力のさまざまな形式についてこれほど多くの頁を割いてもいない。

教育上の関係が「一つの恣意的権力による一つの文化的恣意性の強制であるという意味で、象徴的暴力」(7)の一形態であるということを既に見てきた。一人の主体がハビトゥスというものに初めて関わるということは、彼(女)が一つの恣意性の強制を受けるという意味で、象徴的な暴力の関係なのだ。初めての教育的作用は家族の中で行なわれるから、家族自体がこの象徴的暴力の関係を帯びていることになる。さらに、学校で確立される強制的関係が、家族内で初めて強要されたハビトゥスと学校システムが強制しようとする諸性向のシステムとの距離に依存している。ある社会集団のまとまり具合でさえ、メンバーに対する特定のハビトゥスの教化という教育的作業の効果がどの程度同一であるかにかかっている。すなわち、一つの適応プロセス全体とふつう見なされている「社会化」が、現実には、学校イデオロギーが否定しようとする暴力の側面を含んでいる。こうした象徴的な暴力は、個人の形成や同調という社会関係の中に刻まれている。

さらにもう一つ、ブルデュー社会学のオリジナリティーを強調しておこう。社会的暴力の形態が多様であることを彼は強調したのである。恣意的なものの強制を通して、どんな社会形成過程にも何らかの本質的な暴力が存在するが、大切なのは、それぞれの領域ごとに暴力が行使され、それぞれの資本が賭や闘いの場となることだ。とりわけ深く検討されている暴力の形態はまさに象徴的な暴力で、ハビトゥスが強制されるやいなや明らかとなり、正統的な文化の強制をめぐるいろいろな闘いの中で追跡されていく。『**ディスタンクシオン**』の対象となっているのは、個人的な好みの領域においてまで、階級間の闘争が行なわれている様子を分析することであり、さまざまな文化的恣意性の間で、象徴的暴力や勢力関係がどのように働いているかを示すことにある。しかもそこでは、とりあえず象徴的暴力のいろいろな形態を分離して見せながら、社会的な暴力がどうやって形成され、どのような関係がそうした暴力の間に見られ、社会の再生産にどう協力し合っているかを示すことが目標となっている。

社会の再生産こそブルデューにおける社会的なものという概念の中軸となっており、他の社会学的分析モデルからは留保や批判の対象とされている。こうした再生産の理論について、再生産に関する機械的で単一原因論的な概念に対するブルデュー自身の批判を振り向けるつもりはない。なぜならブルデューの分析の対象となっているのは、多様な社会的論理の構造的な組み合わせであり、それが再生産を説明すると考えられているからである。

主体とさまざまな決定論

『社会学者のメチエ』に見られる明快な定式がきっぱりと述べているように、決定論という原則を避けて通ることはできず、科学的な分析の公準の一部を成している。つまり「方法論上の決定論」は、「いかなる科学であっても、科学としての自己自身を否定せずに拒否することができない」ような一つの原則である。(8) こうした意味で、社会学における研究の動きは、人々の抱く幻影に対し、行動の中に現れてくるさまざまな規制のあり方を発見し、社会的な働きを支配する隠れた決定論を明らかにすることにある。

だがそうなると、社会的なものについてのこうした概念が、諸構造の作用の中に主体を解消してしまうようなある種の構造主義と混同され、ついには「主体の死」を宣告してしまうようなことにならないかという疑問が頭をもたげる。たしかに再生産という問題は、社会階級とその再生産について考えさせるだけでなく、具体的な主体について考えさせることになり、主体の立場について問い返すよういざなう。

まず重要なことは、問題がどうなっているのかをはっきりさせることだ。それは次のような二重の拒否の中で組み立てられる。まず一方で、絶対的な自由という主観主義的な幻想の拒否。もう一つは、ある種の構造主義によって定式化されてきたような客観主義的決定論の拒否である。『**中間芸術**』（一九六五年）のなかで、二重の拒否がこう述べられていた。

「主観主義的な直観論は生きられる生の直接性の中に意味を追い求めようとするが、客観主義のアリバイとして役立つだけなら、ほんの一瞬も支持する値打ちはあるまい。客観主義の方は規則的な関係をうち立て、統計的な意味を証明することだけに躍起となって、物事の人間的な意味を解読しようとしない。それは科学の歩みにとって必要な時期としてではなく、乗り越えられるべき時期として現れるのでなければ、単に抽象的で形式的な名ばかりのものにとどまり続けるだろう。[9]」

個々人の意志から独立した「客観的な」社会関係があるということを、デュルケーム学派以来はじめて構造主義が明らかにした。しかしそういう時期は、必要であるにせよ、個人の行動が再発見されるためには乗り越えられねばならない。

主体の立場というこの問題に対する一つの答えがあるとすれば、その役割はハビトゥスの概念に委ねられている。実際に、社会的なものという概念の重要な鍵となっている。[10]

ハビトゥスとは、客観的な関係と個人的な行動やプランとを結ぶ媒介項であるということは知られている。客観的な諸条件の内在化を示し、教化と習得の結果である。そして他方ではこの内在化が、身体的であるとともに精神的な諸性向のシステム、すなわち「思考、知覚、行為の無意識的な諸図式」を生み出す。主体はそれらを実践の中で作動させる。

ここで提起すべき疑問は、どのようにこのハビトゥスを解釈すればよいかであり、すでにできあがった関係を再生産するためにだけ役に立つ媒介項なのか、もっと複雑な解釈を必要とすべきものなのか、である。この点についてピエール・ブルデューの考察は、最初の定義がなされて以降、たえずハビトゥスの概念にニュアンスを与え、複雑なものにしてきた。というよりも概念そのものが、最初の正確な練り上げから、状況や問題となっている実践に応じて、ニュアンスや適切な変更にたいし開かれていたということを強調しておきたい。一九七二年の**『実践の理論』**で、ブルデューは実践の特徴をこうのべている。

「実践《プラティック》は、まさに今ここという直接性として問題となっている状況に対し必要であると同時に、相対的に自律してもいる。なぜなら実践は一つの状況と一つのハビトゥスとの弁証法的な関係の産物だからであり、永続的で移し替えのきく諸性向の一つのシステムと考えられ、これまでのすべての経験をまとめあげ、知覚、評価、行為のマトリックスとしてどんな時にも機能する。無限のヴァリエーションをもつ作業をやり遂げられるようにし、同じ形式の諸問題を解決するような、行動図式の類似に基づく移し入れを行ない、行為の得られた結果をたえず修正し、さらにこの結果から弁証法的に生み出される修正をほどこしていく。(11)」

この長々とした定義は、ハビトゥスがまさに社会的な産物であり、外在的なものの内在化と身体化とに対応することを思い出させる。(12) しかしハビトゥスが「内在的なものの外化」を表し、「構造化する構造」として機能するということき、機械的な再生産の源泉なのではなく、反対に、さまざまな戦略や個々の状況への適応をサポートするものとなっ

認識論と諸理論

この世に誕生して以来、社会科学はその歩みや成果が科学的であるかどうかをめぐって、ある種の不信感を見る者に与えがちな議論にさいなまれてきた。こうした議論の方向性を見極めるには、社会科学的研究の非常に多様な側面にそれぞれ関連する議論のレベルを区別することが大切だ。そこで認識論的、理論的、方法論的という、議論の三領域を区別しよう。

1　認識論的批判

これは、どんな科学にとってもそうだが、認識の生産や生産可能性の諸条件の原理に関わっている。集合生活という問題領域の中では、いかなる条件下で科学的認識が可能となるのか。データの確定、客観化、観察者と観察される側との距離の取り方、バイアスやイデオロギーをどう批判するか、といった問題に関する規則はどのようなものか。証明の手続きに関する規則はどうなのか。これらの疑問は多くの学派や社会科学の生みの親たちによって、何度も取り上げられてきた。このレベルの議論では、よく言われる印象とは裏腹に、認識の生産が論理的な要請に基づくということに関して、だいたいの合意ができている（つまり、客観化やデータ批判や証明などのルール作りにおいて）。こうした認識論上の考察は必ず努力を要するものであり、科学的な願望をもった著作を単なるエッセイやイデオロギー的な演説と区別してくれる。

2　理論的な批判

これは、知の可能性の諸条件にもはや関わるのではなく、観察された事実や変化についてなされるいろいろな解釈に関わる。ここでは、理論の一般性の二つの程度に対応した、次のような二つのレベルの議論を区別するのがよいだろう。ひとつは一般理論（マルクス主義、進化論、構造主義など……）で、データ全体を広範に説明しようとする野心をもつ。これらの一般的な理論化あるいは「パラダイム」について、限界がどこにあるか、起こりうる失敗とはどういうものかを理論的な批判が広範に考察する。一方で、現象の限られた一部だけが関わりをもつ「中範囲」の理論（R・K・マートンによる）については、修正や見直しを可能にするような比較や証明のもととなる資料を全て動員することが、もっと容易である。

3　方法論的な批判

これは理論に関わるものではなく、研究や証明の過程で使われる手続きや技術にまさしく関わっている。それは批判作業のうちでも重要な一角を占めている。いっそう専門的な内容なので、この批判はしばしば秘教的な性格をもつ。だからといって、理論上の論争から完全に分離するわけには行かない。なぜなら一つの研究のために選ばれた手続きが、論理的な前提やそれらに意味を与えるさまざまな理論と無関係ではないからである。実際に、今ここで区別した三つの批判は、完全に分離できるものではない。お互いに光を投げかけ、豊かになっていくものである。

ている。戦略や戦略的な選択という問題は、明らかにこの定義の中で取り上げられており、それに続くコメントの中で述べられている。

「再生産の諸戦略」が存在するということをはっきり述べているブルデューのいくつかの著作の中で、この点をきっぱりと証明できよう。この場合に再生産とは、フランスの企業経営者の場合に見られるように、社会的なものの諸局面に分散したいくつかの戦略から成る複雑な組み合わせによって生み出されている。[13] この例では、複数の戦略がいろいろな方向へと展開し、さまざまな正当化の原理を利用しながら、フランス的な経営者権力を再生産したり、変形したりする。

しかも、こうした再生産の戦略よりもさらに、ハビトゥスの概念は、個人や家族が目標の実現をめざす場合にとる戦略を考え直すようにしてくれる。ここで大切なことは、実践を指すのに「規則」という言葉を捨てたことだ。例えば親族関係を考えるとき、構造主義にとってなじみのある「親族関係の規則」という用語を捨てて、「婚姻に関する戦略」とか「親族関係の社会的利用」といった言葉を用いる。[14] 用語を変えることによって、当事者たちに押しつけられた一連の客観的な規則性と見なされがちな再生産の概念と手を切ろうとする意図が読みとれる。それに代わって個人的あるいは集団的な戦略の理論を用いる。この結果、婚姻に関わる戦略は、家族の地位を保とうという目的で単に客観的な規則を実行しているだけ、というものではなくなる。それはまさに多様な実践全体であり、その内のいくつかは基本的な原則と折り合いをつけようとし、また集団的な目的を実現しようとする。

つまりこうしたハビトゥスの概念は、社会的なものが生成するという意味での「構築主義的」な見解へと導いていく。ここで構築主義という言葉は次のように考えられている。

「……私がハビトゥスと呼ぶ知覚・思考・行為の諸図式と、社会構造とりわけ私が場と呼ぶものや集団、すなわち、ふつう社会階級と言われるものとの間で、社会的生成が起きる。[15]」

個人による実践と選択は、こうした社会的な生成の中で、つまり構成する権力の枠内で、改めて考え直さなければならない。そうすれば、おのおのの社会的主体による自由な選択、何ものにも左右されない選択という幻想を認めることはできなくなる。反対に、ハビトゥスの概念は、習得によって可能になったいろいろな戦略が、社会的なゲームをうまく利用する能力のおかげでどうやって実現されるか、を理解するための助けとなるに違いない。

社会科学の概念

こうした反省がめざすのは、特定の社会的な関係や実践を、たえず社会関係全体の中へ入れ直すことによって断片化した研究をのりこえ、個別的な知識へと制度上分断されている状況を克服しようとする。階級がどのように再生産されているかを研究しようと思えば、社会的な知を一度トータルに考えることができると見なす必要がある。なぜなら再生産そのものが、あらゆる権力（経済的、社会的、象徴的、政治的）の行使を通して生み出され、それぞれに対応した戦略の展開によって実現されるからである。このように、いろいろな種類の実践、教育に関する、婚姻に関する、あるいは消費に関する実践について行なわれるそれぞれの研究が、お互いどうしを照らし出し、密接な連携により意味をもつのだ。

一見したところお互いに関係のない諸要素の間に関係（場合によっては数量化できない）を見つけ出すというのは、構造主義のはっきりとした野望である。たとえ告発されたとは言わないまでも、批判を受けたことは確かであるが。それは諸制度間の、あるいは異なる実践の間の強化しあう関係であったり、相同的な関係、偽りの矛盾といった関係で、社会的なものについての細分化されたアプローチでは見えてこない。この野心が完全に徹底したやり方で実現されるとしても、研究の永遠の地平線であり続けることを妨げるものではない。同時にまた、写真にまつわる実践とか美術館訪問といったような、一見するとマイナーな行動にじっくり研究が行なわれてもべつに構わないだろう。こうした局所的な実践も、「全体的人間学」という野心に満ちた構想の中でこそ、十全な意味をもつはずだ。

このような科学の概念は、とくに構造主義、相互作用論、主観主義を標的とした明確な批判を次々と行なうことで姿を明らかにする。

知の新たな概念の出発点が、一九五〇年代にクロード・レヴィ＝ストロースの著作をめぐって定義されたような、構造主義派の中で最初にはっきりと鍛えられたが、この概念のオリジナリティーは、構造主義の限界を批判することによって主張されたのである。構造主義の中から得られたのは、全体性についての分析を行なうというプログラムであり、全体性の諸次元や諸要素の間にある関係、多くの場合行為者の意識から隠れている関係についての分析である。しかし構造主義は、人間の行動を機械仕掛けとみなし、受動的に規則を実現するものに還元したという非難を受ける。

「私は、ある意味で、行為者をもう一度入れたかった。レヴィ＝ストロースや構造主義者たち特にアルチュセールらは、構造の単なる付帯事象と見なして、行為者を廃そうとしたのだ。……行為はある規則をたんに実行に移すことではなく、規則に従うことを意味する。[16]」

当事者たちの実践を否定する「客観主義的な」還元も同時に批判される。勢力関係や、それによって強制される拘束だけを分析しようとするような立場である。

一方、相互行為論に対する批判は、相互作用についての研究という関心を否定するものではないが、相互作用を社会的プロセスの基礎であると考え、当事者たちがまるで何の社会的規定も受けないかのように考える点を批判する。つまり、相互作用に関する研究が非難されているのではなく、これらの相互行為を社会的生成過程から分離し、それらを可能にする条件から切り離す、そうした概念に対する批判である。実際に、例えば階級の同族婚が示すように、相互作用の最も感情的な形に至るまで、ハビトゥスの間の調和を通して、社会的な地位や条件の客観的構造を明らかにできるわけではない。相互作用論による還元に対し、「社会化された当事者」を再導入するのがいいだろう。[17] 相互作用から生じる行為が「凝集する」という考えそのものに問題があるわけではなくて、この凝集作用を可能にしている決定要因を、研究する中で隠してしまうことが問題だ。

「統計のおかげで観察できる規則性は、客観的なもしくは身体に埋め込まれた同一の拘束（ゲームの構造の中に書き込まれた必然性、もしくはルールの中で部分的に客観化される必然性）によって方向付けられている個人行為の凝集された産物である。[18]」

最後に、歴史や規定要因なしの主体という神話を鍛え上げてきた、あらゆる形態の主体の哲学という意味での「主観主義」は、分析の原理そのものから批判を受けている。もっぱら記述的であろうと望む社会学的現象学もそうした批判を受けており、研究の一ステップを成しうるにすぎないことがわかる。

確かにこれらいろいろな還元は限界を非難され、一つの運動と見なすべき研究の中でそれぞれ一定の時期を成している。現象学的記述はこのうち最初の時期を意味していると言うことができる。

「科学的研究の歩みにおける三つの時期を切り離してしまうことはできない。まず、人々の意見を通して直接に把握できる生きられた生、それは客観的な意味を覆い隠すと同時に暴露しており、客観的な条件や意味作用の記述へと立ち帰らせる。つまり、主体間の関係を理解し行動の客観的な意味作用を理解して初めて到達できる記述であり、客観的な諸条件によって生に押しつけられている条件づけを分析する中で初めて達成される。[19]」

当然、問題は次のようになる。分析にあたる者は、このような探し求めた認識に到達することが果たしてできるのか、そのような知に到達するにはどんな方法が必要か？　問題がこれほど重大である以上、方法論を洗練させるだけでは科学的知識に必要な諸条件をすべて手に入れることができるとは思えない。[20]社会学の対象を本当に作り出せると保証できないような技術や方法すべてを、認識論的に批判せざるをえないだろう。社会学の対象を本当に構築しようというのは、より野心的な企てであり、ガストン・バシュラールが描いた運動を引き継ぐことである。つまり対象を「獲得された、構成済みの、はっきりした事実」と見なすことである。[21]

対象をどう構成するかという考察にとって助けとなる批判は、客観化についての考察、どのような客観化作業を行なうかについての考察に関するものだ。だから社会学は、自らの階級所属に由来する無意識的な諸前提を分析する義務がある。

「……自分の社会的出身階級に特徴的な社会との関係を社会学的に検討しない社会学者は、研究対象への科学的な関係の中へ、社会的なものについて自分がなしてきた最初の体験に含まれる、無意識的な諸前提を持ち込む恐れがある。より微妙な言い方をすれば、知識人は自分の経験を再解釈する場合にいくつかの合理化を行なうが、自分が知的領域の中で占める位置につねに幾分か依存するような一定の論理にしたがった説明である、という危険が生じる。(22)」

知識社会学、とりわけ社会学の社会学は、社会学者にとって不可欠であり、認識論的批判になくてはならないものだ。

街に下りた社会学

社会学の社会学は、社会学の理論的生産を取り囲む社会からの需要についてまず自問しなければならない。そうすると、この需要がおもに、あまり科学的とは言えない生産の方向へ向かっていることがわかる。つまり支配階級の諸利害に一致している。それは、経済的管理を促し、支配を正当化するような理論生産にゴーサインを出す。

「正統派社会学の言説のかなりの部分が、支配的な需要にこたえることで、直接の社会的成功を得ている。すなわち、合理的な管理のためのいろいろな道具の需要に応じていることが多く、支配者たちの自生的《スポンタネ》な社会学を〝科学的に〟正当化するという要求に要約できる。(23)」

反対に、支配のメカニズムを科学的に暴き出そうとする人々は、社会学に提供する資金的な裏付けがなく、社会学で生み出される理論を読むこともない。この結果、少なくともたいへん大雑把に言えば、「社会学は社会的基盤をもたない社会科学だ。」[24] だからフランスでは、社会学者のほとんどが国家から支払いを受ける、すなわち公務員であることに、われわれは無関心でいられない。この立場のおかげで彼ら社会学者は、社会的需要に対する一定の自由を保ち、批判的社会学の道を切り開くのだ。

しかしここでさらに、その理論にのしかかるさまざまな条件を考慮に入れる必要がある。特定のタイプの同調主義《コンフォルミスム》を押しつけかねないからだ。例えば社会学における実証主義の特徴である同調主義は、歴史的であり社会学的でもあるような補足的現象に関係している。

> 「経験的社会学がフランスで一九四五年以降再出発したということ、哲学が支配的だった領域で、とくに実存主義が幅を利かせていた時だから、最も経験主義的なアメリカ社会学のある部分を無分別に抱え込むに至った。ヨーロッパ社会学の理論的過去を自ら進んで、あるいは強いられて、否定するという犠牲を払いながら。[25]」

しかも社会学者という仕事が技術的な分業の形で社会的に組織化されると、「官僚主義的自動化《オートマティスム》」が生まれ、理論的なパースペクティブを欠いた研究の断片化が起こった。

社会学の理論的生産はたえず脅迫を受けるため、とくに実証主義へと向かいがちで、ほとんど批判的な方へと向かわない。そうした傾向にはいろいろな障害があって、認識論上の警戒を妨げようとしたり、研究そのものについても障害が待ちかまえている。経験的なものと理論とを緊密に結びつける応用合理主義の運動を再建しようとしても、知識人共同体の中できめ細かな批判を活発にしようとした場合もである。

このように考えてみると社会学の理論生産は、支配的な力からの社会的要請におとなしく従うものではなく、脅しをかけようとする社会的な種々の制約に批判的なので、どうしても既成の秩序にたいし批判をすることになる。社会学が原理上そういう方向性を選ぶということではないが、いろいろな支配や決定論を暴露しようとすると、支配勢力が求めるものにまさしく出会うのである。彼らは実際のところ、ほとんど無意識のプロセスを通してこうした支配を否認すると同時に正当化しようとする。いろいろな形態をとるこの作業を通して、力関係や支配関係の存在そのものを否定しようとし、それらにヴェールをかぶせたり正当化しようとするイデオロギーを生み出す。同様に、社会的決定論をねばり強く守ろうとする分析は、観念論的な哲学から民主主義イデオロギーに至るまで共通にもっているイデオロギー、つまり自由で合理的な主体というものを反論できないほど明らかだとするイデオロギーに出会うことになる。

こうした批判がめざす相手はまず第一に、経済的、象徴的、政治的な支配財をもっている限りでの支配階級であり、人物としての支配階級ではない。この批判の矛先は、中流階級にも向けられる。とくに象徴的な賭において彼らが疎外された形で参加していることに向けられる。したがって、批判を最も受けずに済むのは一見すると庶民階級であるということになるが、現実には、何の咎もないということにはならないだろう。先ほどの分析で示したように、この階級も支配を内面化しており、その行使を正当化しているからである。

この点に関し、批判を和らげるつもりはなく、どんなデマゴギーも拒否するという選択がなされた。無理解や激しい反発を引き起こすと予想されるのは覚悟の上だ。となると、社会的闘争の中で身を守るための知的手段をこれらの分析の中から見つけ出さねばならない人々に対してさえ、攻撃的なスタンスを生み出すこともあるだろう。社会学者は、社会的決定要因の分析をしながら、ある一定の自由を得るための手段を人々に与えているのは自分なんだと考えるかもしれない。

「いろいろな実践の社会的決定要因を取り上げながら、とりわけ知的な実践について社会決定論を論じながら、それら規定要因に対して一定の自由裁量のチャンスを与えるのは社会学者なのだ。こんな分かり切ったことはほかにない。[26]」

だからこの社会学的理論を生み出すことは、政治的な争いに対しきっぱりと距離を置く立場でありながら、もって回った言い方ではなしに、それらの政治的意味合いをズバリと言い当ててしまうことになる。

力関係や支配の関係を暴露しようとなされた作業や立場のまさしく手前で、いっそう緊密で基本的な関係が社会学の仕事と政治とを結びつけてくれる。実際に、社会学の研究は野心的で、社会的な分類の仕方とそれを指し示すのに使われる言葉を調べるに際して、同時に支配のいろいろな形態についても問うているのである。そして社会学の研究は、確かに、分類のいろいろな形態が支配の形態であるということを明らかにしてしまう。この領域では、用語を変えようと称することが、必然的に政治的意味合いを帯びるのだ。

「社会という世界は言葉をめぐる闘いの場である。言葉が重みをもち時に暴力的ともなるのは、たいていの場合、言葉が物を作り出すからである。言葉を言い替えることで、より一般的に言えば表象を取り替えることで、物事がすでに変化している。[27]」

社会的な分類の単純な形態や、それを指すのに使われる言葉を疑問に付すことにより、社会学者は論争の開始を避けて通るわけにはいかなくなる。しかもその論争は実際のところ政治的なものだ。

生成論的な構造主義に関する本章を終える前に、P・ブルデューの著作が集団的な創作の運動に参加していたことを思い出しておこう。ここでは、ごくかいつまんでしか論じることができないのだが。

この研究の運動を再構成するには、P・ブルデューとともに研究に携わった人々の作品を強調しておく必要があるし、われわれがいま検討してきたブルデューの著作の準備や編集に加わった人々をまず強調しておきたい。例えばA・サヤード、J＝C・パスロン、A・ダルベル、J＝P・リヴェ、C・セベル、L・ボルタンスキ、R・カステル、J＝C・シャンボルドン、M・ド・サン＝マルタンである。

同時にまた、『**社会科学研究学報**』の各号の内容も思い起こす必要があろう。一九七五年に創刊された雑誌で、P・ブルデューが編集に当たった。これらにおいて扱われているテーマの多様性は、問題設定の拡張を意味し、社会学の基礎的諸問題すべてを扱いたいという企図を表している。とくに重視されたテーマがあるからといって（社会階級の再生産、学校制度、職業、社会史、芸術実践、政治の領域）、社会心理学の研究や相互行為（アーヴィング・ゴフマン）についての研究から注意をそらすことはない。これらミクロ社会学の研究が、マクロ社会学的アプローチと何がしかの類縁性をもつ限り。

第十四章　秩序と無秩序

ジョルジュ・バランディエが社会的組織に関して提案した概念の中心が、たえず繰り返し問われる問題から引き出されているのは明らかだ。つまり社会的変化、変形、社会の変転の問題である。文字をもたない社会にも現代の社会にも、いつも変化が起きているという証言が、たえずあらわれてくる。初めから、社会学の観察領域が歴史学と密接に結びついている。しかしこの変化という事実から、それがいかなる性質をもつか、どう説明できるかについて一連の疑問が投げかけられてきた。社会関係の動的な理論が引き出されたのは、こうした新たな疑問の中からである。提起され仮説の形をとっているこの問題は、変化という事実そのものよりも、さまざまな変化の背後にある「社会的ダイナミズム」の存在に関わっており、変化を説明しうると考えられている。

社会を「動的に《ダイナミック》」ととらえるというこの概念は次のように考え、証明しようとしている。すなわち社会的および社会政治的諸関係や、当面の諸形式なり構造なりが、それ自身で均衡したりバランスを失ったりして、相補的なものとなったり緊張状態となり、弁証法を生み出す。そしてさまざまな変化を引き起こし、自身もその変化に加わる。例えば、政治的なものと社会的なもの、聖なるものと権力との関係がこれにあたる。それほどはっきりしていない関係にも焦点があてられ、例えば男女の関係なども隠れたダイナミズムの典型とされる。なぜなら、互いに矛盾し合いながら補いあっているという意味で、あらゆる社会にとって基本的なダイナミズムを生み出すからだ。[1] こうした仮説は同時に一つの研究プログラムとなり、いろいろな社会的ダイナミズムの発見および分析を目的とし、またそれらのダイナミズムがどうつながり合い、対立し、混じり合うかを探求することになる。すべてが同じリズムで同時に変化するなどとは決して考えないが、一時的に安定していてもダイナミズムは永続し、固定したものが得られるのは一時的にすぎず、いつも安定が脅かされているという前提がある。

だから社会の形成は、空間的というより時間的なものである。集合生活のこの二つの基本的な次元のうちどちらを取るかと言えば、社会に注がれる視線がまず時間性を明らかにすると言えよう。構造主義に対して当初から表明されたためらいは、ある程度この視点に基づいている。つまり、空間的なものを重視して社会事象の絶えざる運動を無視する傾向のある、すべての概念を疑おうとする視点だ。社会的な空間設定や秩序や構造が存在するとしても、時間とともに自らを生成したり分解していく、そうした秩序にほかならない。あらゆる秩序は時間とともに生まれ、持続の中で構成される。確立されたあらゆる関係は、自己の摩耗に対して自らを守ろうとする。なぜならこの関係が時間によって作られるからである。このような基本的性質を無視するあらゆる視点は、時間を逃れられるのだという永遠の幻想に加わる危険をまさしく冒すことになる。

社会的であるものはすべて時間的だというこの公式は、こうしてあらゆる方向に広がっていく。この力動的な観点は、技術の停滞であれ、親族関係や儀礼や信念の反復であれ、これらを重視するような視点をすべて疑問に付す。問題とするべきなのは、計り知ることのできる連続性の存在を否定することのないようにしながら、逆に、技術の移転、適応、習得について考え、その利用の仕方を変化させるような順応を知ることである。親族関係についての研究は、その諸形態が空間的にどう配置されるかを考えるものではなく、いかなる緊張を解決するのか、いかなるダイナミズムを生み出すかを知るためのものである。儀礼と信念は、それらのもとになるコードの中にどう書き込まれているかが問題となるのではなく、どのような機能をもつか、どのようなダイナミズムを確保するのか、あるいは埋め合わせているのか、という面から考察される。だから構造的な観点は研究のワン・ステップとなっても、決して目的とはならないのだ。

したがって、個人主義や相互作用論の理論家たちが「ホーリスティックな〔個に対して全体を優先する〕」観点に対して行なう批判は、この種のダイナミックな概念にほとんどあてはまらない。たしかにこうした批判は、社会をシステムに還元したり、研究対象である社会全体を説明できる構造の法則に到達するのだと称するような企図を非難する。ダイナミックな概念はこれと反対に、すべての社会組織が未完の状態にあるとする根本的な理由に基づき、社会が一つのシステムに還元できるという考えを否定する。社会に決定的な秩序はなく、秩序には内在的な無秩序がつねにいくらかあって、秩序を脅かしている。「システム」という概念自体が問題的である。なぜならすべての組織は完結しておらず、仮そめであり、いろいろな操作に左右される。こうした保留は、さまざまなレベルで見られる計測可能な組織の存在を否定するものではない。親族関係の中でいつも妥協や調整が見られるという事実は、連続性が観察できることを否定するものでない。社会がはっきりした一つの秩序に還元できるとか、無秩序でしかないという主張をすることが重要なのではなく、社会のさまざまな構成体が無秩序を伴いながら秩序を、そして秩序を伴った無秩序を作り出す際の多様なプロセスを研究することが大切だ。

それゆえ、無秩序が実際にどのようなものであるか、その研究を体系的に行なうことがこの観点からしてたいへん重要となる。一九八八年の著作[2]で提起され展開された研究は、この問題に関しこれまでなされた多くの示唆を確証し、さらに深めたものである。伝統的と言われる諸社会が秩序と反復だけで出来ているということはない。それぞれが無秩序を含んでおり、それ自身の発展に対する脅威がいつも存在している。

それぞれのもつ神話がこのことを豊富なバージョンで示している。ある場合には想像上のカオス的な起源が描かれ、人間はこれに対し備えをしているし、ある場合には過ちを犯す神がいてたえずトラブルをもたらすが、同時に生をもう一度肯定させてくれる。日々の現実の中で、これらの社会は無秩序の断片に向かい合わねばならず、こうした脅威をみずからの一部の中に具現するか、想像の世界の中へ投射してきた。

しかも、こんにちの社会において論理＝実験的な思考が発達し、理論的に制御された形でこの思考を適用する状況が発展すればするほど、無秩序のイメージが拡散し、こうしたイメージを肯定する効果的な状況も同時に広がっている。かつてないほどに無秩序のイメージ体が多様なシンボル生産の中で広がり、文学を始め政治演説にまで及んでいる。現代のイメージ体とは、無秩序の物語やイメージから多くの養分を得ている。しかし実を言えば、表面的に合理化されたこの世界の中で本当の形の無秩序が生じており（機械の故障から通貨危機やテロリズムに至るまで）、無秩序は想像の世界だけのことではないことがわかる。新しい形の無秩序、例えばエイズのような伝染病が現実と恐怖を混ぜ合わせ、事実と幽霊を混ぜてしまう。(3)

ジョルジュ・バランディエは社会科学において、無秩序のプロセスを認識するよう擁護しており、この概念を再評価するよう求めている。ちょうど自然科学や生命科学がカオスの科学、つまりカオロジーを作ったように。(4) 変化に関する社会学がこの方向で考察の道を開き、秩序から無秩序への、そして無秩序から秩序への変化の多様なあり方を示すことになるだろう。

これらの検討からわかるように、社会決定論という構造主義者たちの図式は深いレベルでその有効性を疑われる。秩序から無秩序へ、無秩序から秩序へという移行が可能になるいろいろな道筋について、網羅的に認識したり、完全に予測することはできない。社会法則をすべて認識できるという夢は、法則の存在そのものを認める立場と同様に、世界を知的に支配できるとする合理主義の認識論の一部を成している。近代の諸科学はまさにその行き詰まり状況を示しているのだ。社会生活の中には予見できないことや聞いたことがないものがいくつも含まれ、政治の世界で見られるとおりである。

無秩序について体系立てて考えていくと、決定論と非決定論という伝統的な二律背反を告発することになる。無秩序状態になる時期がいくつかあるとすれば、そういう時期がほかに比べて、法則的な思考つまり法則の認識を逃れるものだと認めるべきである。同じように、一つの社会の中に明るいゾーンと影の領分とがあり、これまでに定式化されたような構造とそのコントロールを逃れるような実践とがあるとしたら、程度はさまざまであるがいくつかの社会的実践がほかよりも決定論を逃れていることを認めなくてはいけない。さらにその場合、昨今の現実からみると、秩序ある現実に内在するものとして示されるある種の無秩序が、実際に、あるいは潜在的に存在していると主張する、昔からよくある神話を肯定することになる。無秩序を認めること、無秩序による説明に訴えることは、決定論と非決定論の二律背反を越えることを可能にし、秩序と無秩序をつなぐ通路を探求するよう求められることになる。

このように、無秩序から秩序が生まれることは、必然性の領域でもなければ純粋な偶然の領域でもないことが理解されよう。例えば無秩序はトラブルと期待を生み、それが新しい秩序の定式化に加わることになる。そうすれば、移行期に見られるダイナミックな要因を明確にすることができよう。しかし、今まで誰も言わなかったようなことがこうした移行期に発生し、選択や行為によりいろいろな道が可能になったり、失敗に帰したりする。

例えば権力や想像上《イマジネール》の世界というような、特別な媒介者たちのことを考えてみなければならない。伝統社会の中でよく見られるように、新しい権力が王座につく前に無秩序と暴力の時期がやってくる。(5) そして新たな権力の到来は、法の回帰と強化をともなうことを意味する。無秩序を想像の世界に移し替えることは、多くの表現をもつ現象である。神話や儀礼の任務は、無秩序に一つの姿を与え「想像空間の中へ」移しそらすことで、無秩序を乗り越えることにある。(6)

どのようなズレによって、決定論という問題設定の中で無秩序の認識がもたらされるのかが理解できる。決定済みと未決定との根元的な対立はもはや存在せず、無秩序的なものが秩序だったものにどう内在しているかを検討することが必要となる。つまり、無秩序がいかにして秩序の創造者となるのか、どのようなダイナミズムによってこの変化がなされるのか。

したがって中心となる問題設定は、種々の社会的決定論に対抗して真っ向から対置されるような主体の問題ではない。ジョルジュ・バランディエの初期の作品はすでに次の事実を強調していた。いろいろな社会や文化は個人に多様な地位を与えており、さまざまな行為の可能性を個人に与えていた。だから個人と社会とを対立させることは多くの場合に幻想である。つまり、社会的な決定に対立させて主体を非決定の場とすることもまた幻想なのだ。もっと広い視野の中で、決定済みのものと決定されていないものとのいろいろな関係を考え直すべきだ。個人に新たなチャンスやリスクや非決定の道を開きまた制限するようなダイナミックな関係の中へ、個人を置き直す方がいいだろう。アラン・トゥレーヌと違って、ジョルジュ・バランディエは「社会的アクター」という問題設定をいち早く取り入れ、個人という形態そのものが、行為者のチャンスを幾通りにも描き出すような社会的ダイナミズムを出発点として、考え直されるべきだとした。

社会諸科学とそれぞれの方法

ダイナミックな要素や社会現象をこのように概念化することで、社会科学の開かれた概念がどうしても必要となり、個々の観察事例を大きくはみ出るものとなる。伝統社会と近代社会を比較し考察することで、時間的にも空間的にも今のヨーロッパの社会を越えて考えることが必要となる。事例研究を並べることが重要ではなく、こうした回り道を通して何か学ぶべきことはないか、つまりこれらの社会が比較可能であり、対置できるものだと想定すること、共通したダイナミズムをそこに見出すことができ、それが社会学者の視線を豊かにするだろうと考えることが大切なのだ。スペンサー流の社会進化論みたいに、典型的な事例を横並びにするのではなく、とてつもなくかけ離れているように見えるそれぞれの社会的ユニバースを突き合わせ、道草をしながら一緒に考え合わせることで、野心的な知を構築するのだ。(7)

社会科学に託された野心とは、それぞれの全体社会のただの比較、つまり対置を越えるべきだ。とくに一九六五年以降はっきりするのだが、バランディエのこうした希望は、ジェネラルな人類学の構築、一般性のある社会学、時間と場所を問わずどんな社会体の中にでも考察の材料を探し出せるような、科学の構築である。その目標は、ジェネラルな人類学の構築であり、学問のあいだの境界線を気にせず、社会的人文的科学の知的枠組みを提供しようというものであった。

だからエスノグラフィー、民族学、社会学の間の境界は、本来的に不要となるに違いない。これまでは、無文字社会の研究とされる民族学のものだと見なされてきたボキャブラリーが社会学でも使われるようになれば、民族学を意図した研究と社会学のための研究との間で線引きされて、乗り越えられない境界線ができるようなことはなくなるだろう。それぞれの特徴を保ちながらこうした境界をなくすことがバランディエの希望であり、それぞれの社会をとらえられる一つの知へと考察を展開し、現在の社会をもっとよく考えることができるようにするのが目的なのだ。

同様に、歴史学と社会科学との間に固定した境界はないだろう。そこでも、「冷たい」社会と歴史社会との古くからある対置を疑問に付すことで、社会学と歴史学との対置もまた疑わしいものとなる。例えば社会学者が、いわゆる伝統的な社会について歴史的な研究を行なうことによって、学問の間の境界をなくすことが大切であると示すことになろう。(8)確かに、人類学的かつ社会学的な野望というまさにその理由から、研究を制限したり貧困なものにしかねない要素は一切受け入れられない。社会的ダイナミズムについて考察し、そのいろいろな面をすべて検討することは、どんな社会であれ、それらすべての兆候や現れを探求することなのだ。

同じ開かれた精神が、方法の選択というレベルでも現れてくる。社会の変転を考察し、それを説明できるようなダイナミズムを発見することは、社会学上の多様な方法や技術に対して開かれた態度で接する立場をとることを意味する。アプリオリにどれかを捨てるというようなことはしない。さらにまた、非常に多様なアプローチ（経済学、人口統計学、精神分析……）から社会のダイナミズムについて補足的な説明が得られるからには、それらアプローチに対し原理上の批判を一切行なわない。歴史の現実に対して形式上の厳密さを脅迫的に置き換えようとする危険のある方法論上の選択に対し、ある種の軽蔑さえすぐにでもあらわにしてみせる。歴史学、社会学、人類学といった研究から生まれたすべての方法がこうして重視されることになり、アプリオリな制限を加えようという意図はまったく見られない。

確かにこのような開かれた比較論的な視野のもとでは、特定の方法やテクニックがより一般的な知的方法や一般化という野心的な作業の下におかれている。ここで目標となっているのは、民族学、歴史学、人口統計学、社会学、政治学が伝統的に陥っているタコつぼ化を乗り越えることだ。だからこの視野に立てば、方法論上の論争は考察の中心テーマになりえない。

街に下りた社会学

いろいろな野心にあふれ、社会の基本的なダイナミズムや対抗しあう社会システム間の世界規模での対立関係を探求することは、今後の変化について一般的な答えが得られ、政治的次元での解釈が生まれることを意味する。同じように、アラン・トゥレーヌの著作でも、社会の「産出」に関する理論を探求し、ラテンアメリカ諸国を比較検討することによって、これら社会の基本的なダイナミズムについて一定の解釈を得ることになる。[9] だからこれらの著作は、政治的に一定の立場をとらざるをえず、しかもある一定の範囲内で、そういう政治的なものとして解釈されることになる。

これらの社会学は、十九世紀の社会学者や政治哲学者たちがもっていた予言者的な意図を厳しく批判する。アラン・トゥレーヌが何度もこのテーマに立ち返っている。今日の社会学者は世界の行く末を予言しようと称したり、自分の世界観を実現せよと人々に呼びかけるようなことはもうできない。新たな行為システムの輪郭とその変化を明らかにするという、いっそう困難な作業を任務としている。

新興国家の変化に関するジョルジュ・バランディエの初期の著作からうかがえるのは、一定の偏った立場ではなく、反植民地主義闘争を認めていこうとする気持ちである。植民地体制について、これらの著作は明確に、植民地支配者側と被支配者側との抗争をベースとした社会体制であると指摘し、消え去る運命にある体制だとした。新しい社会構造、つまり新たな社会層に席を譲るべきものだと考えた。彼はこのような変化を研究するようアピールし、できる限りその変化を助長するよう呼びかけている。したがってこれらの著作は、反植民地主義の戦略に則った知的作品であり、活動家としての側面をもつと言えよう。それらは確かに植民地的秩序に真っ向から反対するものであるにしても、ある種の過度の解放主義的なイデオロギーに対してや、植民地体制のもとでの抑圧をなくすことに余りに躍起になっている新政権に対して、賛同を示したとは言えない。

いわゆる伝統的な社会と近代的な社会を通して考察を行ない、それぞれのダイナミスムを発見するとともに、この迂回という有効な方法によって近代社会のいくつかの側面を明らかにしようとする彼の人類学的な研究は、政治的な意味、もっとよく言えば、脱政治的な意味をもたないわけにはいかなかった。ふつうは進歩主義的なモデルのために隔てられているこれらの社会を横断的に考察し、残存するものを発見しようという試みは、アフリカの社会とその歴史や神話を再評価し、近代的な社会と近い部分が何であるかをすべて明らかにしてみせた。社会的文化的な豊かさを理解し認めることがいかに重要であるかという教訓が繰り返し示されたのである。

バランディエのこうした作品、とくに人類学や一般社会学の著作は、社会の変化やそれに対するわれわれのとるべき態度についてもう一つ別の豊かな教訓を与えてくれる[10]。実際に、社会の変化、ダイナミズム、その意味や結果についてのあらゆる分析が、変化をもっとよく分からせてくれて、ある程度まで変化を知的にコントロールできるようにしてくれる。『**無秩序**』という著作のサブタイトルがきっぱりと示すように、無秩序現象の分析が「社会的な変動への賛辞」となり、変化がもたらす恐怖に対して戦うように導いてくれる。

ジョルジュ・バランディエの分析とアラン・トゥレーヌの分析との間にわれわれが指摘した親近性は、理論を政治的にどう解釈するかと、実社会での社会学者の位置づけという問題に関して大筋で認められる。アラン・トゥレーヌの政治的解釈のもとになっているのは、次のような二つの基本テーマ、すなわち社会的行動と支配の存在とである。社会が生み出され、変化していくダイナミックなプロセスを分析するなかでトゥレーヌは、社会的ダイナミズムについてジョルジュ・バランディエが見出した基本テーマを再発見し、それをしっかり心に刻み込む。そこからトゥレーヌが引き出した結論は、社会学がこうしたダイナミズムに参与し、産業社会からポスト産業社会へという今日の変化に加わらねばならない、というものであった。[11] しかし、近代性というものに積極的に関与するということは、さまざまな支配に対し批判的な明晰さをもつことと切り離せない。すなわち、指導的な立場にある支配階級が自分たちの利益になるよう、こうした変化の動きを管理しようとするような支配に対して、批判的であることが必要である。

この解釈から、二重の社会的批判が導かれる。まず支配的な諸階級に対する永久的な批判、社会組織に関して彼らが行使する支配力への批判である。一つの階級がもつ特定のパースペクティブ、つまり部分的で偏った認識と定義されるイデオロギー、そのような支配階級のイデオロギーはとくに厳しく非難される。しかしまたこの批判は、過去にしがみつこうとする考え方にも向けられる。つまり左翼を自称する組織や政党で、自分たちの綱領や戦略を近代社会が求めるものに適応させられない人々である。とくにこの批判はフランス共産党に向けられており、テクノクラートたちの権力と結びついて、生産力としての国家の支配を広げていこうとしているとの疑惑をもたれている。[12] トゥレーヌの批判はこのように二つの方向へむけられ、右であれ左であれ二つの懐古主義を批判する。

アラン・トゥレーヌは明らかに政治参加を選択しており、政治的及び現実の諸問題について頻繁に立場表明を行なうことで有名である。このいろいろな立場は、今日の社会的変化の分析に対応しているわけだが、同時に、社会科学が新たに担うべき重要性についての意識にも対応している。A・トゥレーヌが確かに強調するように、ポスト産業社会はこれまでのどの時代よりはるかに強く、社会科学が現象を解明することを求めている。この社会では行動や立場表明、妥協がたえず社会関係を生み出し変化させている。まさに生産が変化や決定の中心的な場となっているような産業社会にかわって、管理、決定、コミュニケーションが社会をたえず作り出し変化させるような、ポスト産業社会が生まれている。社会自身による社会の生産においては、社会科学による発言、とりわけ社会学者の声を人々に聞かせられるし、そうすべきである。この声は政治家の耳に届いてほしいといった野心はもたないが、政治の方向性を決める上で何らかの効果をもたらす。例えば、ラテンアメリカでの社会的、政治的抗争について、広範な比較研究を通じて総合的な考察を行なうことは、関係諸国にとって危険と思われる保守的な立場に対する批判に参加することを目的としたものである。[13]

これらの政治参加や立場表明の中心軸となっているのは、被支配階級の擁護にあるのではなく、社会行動や運動に積極的に参加しようとすることだ。伝統的な抗議運動や集団主義に閉じこもりがちな、支配される集団を守ろうというより、政治参加によって、資本主義的あるいはテクノクラート的な剥奪の力と戦うことを目的とする。社会行動や運動を押し進める上での受身の姿勢と闘い、それらが社会的政治的に自己主張できる手助けをする。

中心的な研究課題は、行動の諸形態を明らかにし、問題となっているシステムの中でどれが本当の行為者であるかを示すことだ。構造主義との出会いでなされた批判の一つは、社会の歴史性の中で行為者のイデオロギー的な消滅にまさしく関わっている。今日の社会学は全く反対に、社会生活の中で行為者が占める位置と役割を再発見したことが、特徴であるべきだ。[14]この分析から、社会学者の役割についての一つの考えが導かれる。社会学者の本当の任務とは、一定の社会カテゴリーの人々や一定の階級がどうやって集合行動を行なうことができ、社会の中心的な行為者となるのかを分析する（プルードンやマルクスが一八五〇年代の労働者階級に関して行なおうとした分析のように）だけでなく、これら行為者の出現に自ら参加することにある。

これこそアラン・トゥレーヌと協力者たちが定めた目標であり、社会学的な意味をもつさまざまな「介入」を理論化し、実現することで達成される。ここで定義された社会学者の役割とは、知識人と政治家とをはっきり区別しよう

社会学的介入

社会学の初期の創設者たち（サン＝シモン、コント、マルクス）にとって、社会に関する認識が歴史的進化に直接介入し、その行く手を方向づけるということは疑う余地がなかった。この新しい科学の名前を考え出したオーギュスト・コントは、それの目標を設定する。人類の「実証的な」再組織化であると。マルクスは社会科学にこれほどの効力を認めなかったとしても、革命理論が歴史プロセスにおいて不可欠のガイドの役割を果たすと認めていた。こうした予言者的な野心に反して、デュルケーム学派は社会学の認識作用を強く主張し、同じ頃マックス・ウェーバーは社会学者の責務と政治家のそれとを峻別した。前者は真理の探究に向かい、後者は行動と価値の実現へ向かうとした（Weber, 1919）。にもかかわらずデュルケームと弟子たちは、社会学が幻想や予断を吹き消し、共和主義的で脱宗教的な道徳や政策に役立つと期待していた。二十世紀ヨーロッパの戦争体験は、これらの可能性の大半を疑わしいものにしてしまった。社会学者は、社会プロセスの予言者やエンジニアになれると称することができなくなったように思われる。

社会心理学の発展、とりわけ一九三〇年代からアメリカで始まった発展は、介入の問題をもっとほかの基礎の上に置き直した。つまり政治的基礎ではなく、社会組織という基礎の上にである。一九二四年から三二年にかけて西部電気会社でのエルトン・メイヨーの介入は、社会心理学から生まれた実験に基づく知識が労働組織にどんな効果をもたらすかを見事に示した。それ以来この種の介入が多く見られるようになり、いろいろな形で行なわれ、以降は近代的な組織管理方法の一部となったのである。

この領域において、社会心理学と社会学の境界は乗り越えられないようなものでない。アラン・トゥレーヌ(1978)や協力者たちの著作によると、「社会運動」に対するいくつかの社会学的介入は可能であって、それが効果的となるのは限定されたケースだけであるとしても。

そうは言うものの社会学的認識に基づく介入は、特定のグループや運動の中で社会学者によって組織された行動に限られるものではない。著述や論文を膾炙させることは、たえず何らかの反応を呼び覚まし、意識されるようになって、すべての領域で決定に影響を与えることになる。

しかしこのように膾炙するということは非常に多く見られ、場合によって矛盾することもあり、さまざまな社会的行為者によって異なったやり方で利用されるので、社会科学の影響はあまりにも多様であり、どんな輪郭をもつのかをはっきり見定めることができないほどである。社会科学は民主的な社会のダイナミズムに緊密に参画し、その発展、さまざまな抗争や競合に加わる。

としたウェーバーに対して、社会的な行為を自らに課し、自分自身がある一定の介入を行なうことのできる「行為者」として自己を確立することであった[15]。市井での社会学者の役割とは何かという質問に対するA・トゥレーヌの答えは、明快だ。社会学のもたらす効果を信じ、社会学者が、いくつかの社会的行為の成り行きを変化させられるという可能性を自認する。

そうした介入の方法は、紛争を起こしている集合的な実践に参加している一つのグループのメンバーたちと接触することだ。先頭に立って戦うグループと関係をもつことが大切で、単なるご意見グループとではない。ベースとなる活動家たちに照準を合わせるべきで、自分たちの役割を維持しようとする目的で一定の図式を離さないリーダーやイデオローグたちを相手にするのではない。社会学者たちがこうした活動家と出会い、集会をもつ時の目的は、このグループが自分たち自身を「社会運動」として定義する助けとなることであり、できるならこの闘いを社会運動のレベルへと引き上げることにある。こうした介入の地平にあるのが、「歴史的行為を行なう力[16]」を育て上げるという、本当の目的である。そして最後には、この運動を社会の中心的な行為者のレベルへと引き上げ、社会の方向性や重要とされる賭金を変えることもありうる。社会学者はこのグループに自分を押しつけるのではない。「この集団が自らの内にもっている運動を、生み出す手助けに努める。[17]」社会学者はこのグループを、「自分たちが担うはずの歴史的役割[18]」へと導く。

こうして、特別の社会学的行為が定義される。それは革命的とみなされるような行為ではなく、社会的なさまざまの潜在能力を展開するダイナミックな仕事とされる。

本章を閉じる前に強調しておきたいのは、人類学や歴史学に大きく開かれたこのダイナミックな概念は複雑さや多様な変化に対して注意を怠らないが、多くの研究者が多様な領域でこうした概念を共有しているという点である。この概念は、何らかの押しつけられたノルマに従ってくっきりした境界をもつ一つの学派を形作ることなく、多くの研究者にインスピレーションを与えていて、ここでその名前をリストにできないほどである。

しかしいくつかの例を挙げておこう。

民族学と人類学の領域では以下の研究者の著作である。G・アルターブ、G・ゴセラン、L・V・トマ、C・リヴィエール、M・オジェ、A・グラ。

労働社会学では、C・デュラン、J-D・レイノー、P・トリピエ。

教育社会学では、V・イザンベール=ジャマティ、J-M・ベルテロ、制度や社会政治学に関する社会学ではC・カストリアディス、E・アンリケ、A-M・ギュマール。

文化や想像力《イマジネール》の社会学では、A・アクン、J・デュヴィニョー、P・アンサール、P-H・ションバール・ド・ローヴェ、J・デュマズディエ、G・デュラン、G・ナメール、H－P・ジョディ、J－P・シロノー、P・サンソである。アラン・トゥレーヌの周辺で社会学的介入を実際に行なっているチームを率いるのが、F・デューベ、Z・エジェデュ、M・ヴィエヴィオルカ、J・ストルゼレッキである。

最後に、**『国際社会学評論』**（*Cahiers internationaux de sociologie.* 一九四六年にG・ギュルヴィッチにより創刊され、一九六六年以降G・バランディエが中心となる）の運営理念となっているのは、この理論化作業を現代の諸問題に開かれたものにしようという固い決意であり、具体的な現象の分析を理論的考察に結びつけるという、終始変わらぬ配慮である。

第十五章　閉ざされた社会

社会学のさまざまなパラダイムの間に見られる距離は、それらが同一の問題に答えているわけではないということにも起因している。だから、一つのパラダイムの中で答えを見出せる問題が、他の所では問いかけられていないということが起きる。

社会的なものをどう見るか、すなわちそのビジョンという問題は、すでに検討したように、ジョルジュ・バランディエとアラン・トゥレーヌの著作で十分な答えを得ている。彼らにとっては、伝統的な社会であれ近代的な社会であれ、その本質をなす特徴について総合的な考察を行なう場合に対象となるのが、社会的なものである。こうして彼らは一つの理論的モデルを提起していることがわかる。そのおかげでさまざまな社会を共通の諸特徴という点から考えることができる。

組織について研究する場合には、このタイプの問題を遠ざけておくという選択がされる。つまり大切なことは、前もって答えを用意しないことにより、一つのパラダイムへ向かうことができ、研究領域を奥行きのある多様性をもった一つの建築物として組み立てることになる。ミッシェル・クロジエが研究対象とするのは組織だけであり、観察領域を移しかえて、同時に、社会システムの性質というような一般的な問題を遠くへ追いやっている。

文字のない社会との比較考察はすべて追いやられ、横断的な考察のモデルも追い払われる。時間と空間の点で遠く距たっている社会を近づけることで何か教訓を得ようとするようなモデルが、遠く離されてしまう。

明らかに、組織の社会学は特殊な限定された一つの社会学として定義され、その対象の特殊性と、組織の研究に費やされた著作の範囲の広さのために自立的なものとなった。歴史的に見ると、この組織社会学は、マックス・ウェーバーの官僚制の研究とともに自立性を獲得し始め、第二次大戦後にしっかりと手中に収めたと言えるだろう。だから社会学の一つと考えられており、一般社会学の一つの特定領域とみなされている。

もし組織社会学がそういう特別な用語でしか定義されず、一特定領域に限定されていたなら、その理論化の方法をここで強調する必要はないだろう。もっと一般的な、あるパラダイムの一ケースでしかないからだ。ミッシェル・クロジエの解釈は全くそういうものではない。

『官僚制的現象』についての彼の初期の著作では、組織内の現象が、例えばデュルケームのような古典的な思考図式によって探求されるものではなく、また階級間の対決というようなマルクス主義の思考図式によっても究明されえないことが示唆されている。組織に関する現象が十分に研究されるには、ある特別な問題設定を必要とし、過去のいくつかのモデルを批判的に再利用することも必要だと述べられている。

その後の著作でミッシェル・クロジエは、こうした考えを広げざるをえなくなり、**『行為者とシステム』**[1]では、初めの頃のパラダイムを拡張することにより、一つの一般的な社会学的モデルを定式化したいと考えていた。一九八八年の論文でこのことを次のように回想している。

「新しい教説から得られる結果を現実に適用することで手に入る成功は、限られた理論的射程しかもたないと、長い間考えられてきた。だがここ一〇年ほどで、〝グランド・セオリー〟がまとっていたイリュージョンが後退し、〝組織に関する〟問題が、社会学の中心的なパラダイムの一つとなるということが人々に理解されてきた。[2]」

当初は軍隊や学校、企業、行政機関などの組織に限られると思われた組織の問題が、一般的な課題に対応する社会学の新しいパラダイムへと変化する。

どのパラダイムでもそうだが、この組織のパラダイムも特定の観察領域を操作し、あるタイプの諸問題を強調する。組織問題のパラダイムは、「共同の集合体である企業の中で、自由な個人の行動をどう統合するか？」という伝統的な疑問を一つの新しい問題枠の中でとらえ直し、再考するものだ。[3] 同様に、行為に関して言えば、組織という問題枠の中で中心となるのが、「集合的な行為」という本質的な疑問である。

「政治科学の基本問題である集合的行動をこれまでよりずっと現実的な問題設定の中でとらえ直すには、組織の分析を通さなくてはならない、ということがますます痛感されつつある。[4]」

さらに、組織についての研究から出発することで、研究対象が社会全体そのものへと広がったが、この「社会」という概念が遠ざけられたことは一度もない。確かに、社会生活が大きく広がりを見せ、ますます組織の中で、あるいは組織を通して行なわれるようになると、組織という問題設定が、一社会の基本問題の分析そのものとなるが、驚くほどのことではない。

このように描き出された社会は、その内部の組織を通してとらえられることになり、ある特定の社会、例えば一つの国家がまさにそれにあたる。なぜなら研究の対象となる諸組織そのものが特殊性をもち、必ずや固有のいろいろな特徴をもつからである。例えば「閉ざされた社会」というのは、抽象的なものではなく、まさにフランス社会なのだ。

どのような比較論が可能となるかが定義し直される。つまり以上のような観点から、異なる社会を突き合わせることになる。それらの社会は組織を通して理解されるものとなり、組織上の異なるシステムが比較されることになる。同様にして、開発理論についてのもう一つ別の社会学が示される。比較の基準として経済的および数量的な指標を用いず、まさに組織を基準として、比較される国家の行政組織を問題にする。それらの機能や機能不全を検討することになる。

このような社会学が望むのは、問題となる社会について全体として診断を下すことであり、閉塞状態、機能不全、悪循環など、発展を阻害したり、危機を引き起こしたり、変化をやめさせたり認めたりするような状態を明らかにすることだ。ここで問題となっているのは、産業社会が新しい社会形態へ向かう一般的なダイナミズムについて考えたり、グローバルな動きを理論化することではない。具体的な組織を経験的に調べ、有益な診断を基礎づけることだ。いろいろな組織における決定論の問題と行為者たちの役割が、この社会学の本質的な特徴を明らかにしている。分析の出発点で採用された観点は「複雑な組織のはたらきに内在する必然性」の研究を重視し[5]、考察の中心として決定論の問題、そして行為者の位置の問題を据える。だから、社会決定論か行為者たちの抽象的な自由かというオルターナティブは追い払われる。組織の作用や危機について研究することは、組織をただ機械的に再現してみせることでもなければ、ゲームのルールもなしに行為者たちの自由を主張する手助けでもない。

組織を「人間的構造化」や「社会的構成物」、集合的行為の条件と定義することは、次のような相反する誘惑に陥らないことを意味する。まず組織は人間の相互作用の必然的な結果ではない（「……この点において、運命とか単純な決定論は存在しない[6]」）。また、個人による抽象的な決意から生まれたものでもない。組織とは、「……ラディカルな意味での偶有的《コンティンジェント》な解決策である。つまり広い範囲で未決定であり、したがって恣意に任されている。」[7]

このように組織がもともと偶有的《コンティンジェント》であるからといって、行為者たちにのしかかる拘束がその構造化の途中で現れることはあり得る。官僚制という現象はまさに、いろいろな拘束が現れて非常に強固になる様子を明らかにしている。このタイプの組織の中では、凝固の仕方があまりにひどくて、はっきりした変化は全く生まれず、現場の仕事に携わる人々からも、上層部からも生じない。現場の人たちは管理者たちの拘束的な命令を疑ってかかり、自分たちの相対的な自律性をたえず強めて身を守ろうとする。管理者たちの方も、この非人間的なシステムに閉じこめられ、麻痺してしまう。こうしたシステムの中では、はっきりそれと分かるような本当の決定論が作り出され、悪循環として作用する。つまり下の人々の抵抗が、上層部の決定を生み出す契機となり、今度はその決定が循環的に人々の抵抗を強めるといった具合だ。

そうしたシステムの中の行為者たちは、ある意味で組織の囚人であり、彼らの行為する能力は最小限に下がってしまう。だからといって、彼らには行動の手段が奪われているとか、抑圧的な体制に機械的に依存しているだけだということにはならない。個々の行為者は、果たすべき役割をもった何らかの状況に置かれているものだ。非常に官僚主義化されたシステムの中でさえ、参加している人たちは、機械の歯車のような要素に限定されてはいない。それぞれの性格に応じて各自が行動に移すことのできる、いろいろな可能性の前に立たされている。しかしシステムのさまざまな拘束が強く、イニシアティブをとれる範囲がとても限られているため、各自はそれぞれの役割が求める要請に従う傾向にあり、各職種の圧力に屈してしまいがちである。

『**官僚制的現象**』で行なった分析によれば、個人の行為する能力が極端に制限されることを理解するには、個々のメンバーの文化および彼らが内面化したさまざまな価値を検討せねばならない。フランスでは、組織のメンバーが「安全、調和、独立といった価値」を再生産し、「あからさまな抗争や依存関係を嫌う傾向……」[8]を生み出し続ける限り、彼らは集団を守ろうとする態度を強める傾向にあり、既得の安全性を脅かすような全ての変化をひどく恐れる。

このような官僚制的なタイプの、組織の硬化現象は、メンバーたちが内面化する感情的な態度の浸透にも関連付けられ、とくに面と向かった関係を恐れることが特徴である。各職位カテゴリーが孤立し、その間でコミュニケーションがとれず、組織内の上下レベル間でもコミュニケーションがない状態が続くと、さまざまなメンバーたちがオープンなもめごとや議論、面と向かった関係に対して抱く恐れがいっそう強くなる。たいへん官僚制的な組織のなかでは、本物の自動決定化が進み、それは内部的な必然性を意味している。この組織化様式はこれらの帰結をもたらすべく作られたのではなく、集団全体の目的を満たすために作られたにもかかわらず、恣意的な結果であり、誰も望まなかった結果を生むことになる。

その一方で、官僚制的なモデルは、『**行為者とシステム**』の中で示された組織の一般理論がたいへん強調している組織モデルの一つにすぎない。実際のところは、むしろ、官僚制的なモデルの構造を考察することよりも、M・クロジエとE・フリードバーグが提案しているのは、組織を集合的な行為との関係で考え直すことであり、組織を集合的な行為様式の一つとみなすことである。

「集合的な行為と組織とはそれゆえ、互いに補完的である。それらは同一問題の両面であり、分けることはできない。活動の諸領域が構造化され、その内部で行為がすべて展開していく。[9]」

こうしたパースペクティブにおいては、さまざまな組織モデルが他との違いをくっきりと際立たせることになる。それぞれが行為者に提供する戦略的な行為可能性の範囲に応じて。

原理上は、たとえ最も官僚制的な組織であろうと、いかなる組織も自由裁量の範囲を完全に消し去ることはないということを強調するべきだろう。

「……最も基本的な次のことを十分に繰り返し述べた者はいない。完全に規制されコントロールされた社会システムは存在しないということを。[10]」

つまりすべての行為者は、組織の中でどんなイニシアティブや戦略が可能かという裁量の余地を、程度の違いはあれ、保持している。組織はゲームの規則を設定し、言いかえれば、多少なりとも堅固で定式化された、構造化されたゲームであり、いくつかの勝てそうな戦略を示してくれる。このシステムは行為者に対して、より広い戦略的選択の幅を可能にすることで、よりオープン（柔軟）なものとなり、場合によっては、後で状況が良くなるという希望のもとで一時的に敗北するような戦略をとることを可能にする。

いずれにせよ、いかなる「運命」も再び入り込むことはない。個人のであれ集団のであれ、いかなる行為も一定の不確定、不決定の余地を残して展開する。ある特定の状況下で、一定の不確定さの余地をうまくコントロールできる者こそ、まさに自分の力を広げていくことができる。

組織された行為についての社会学

組織や集団的な行為についての一般的なレベルの考察は、検討する領域を押し広げることを可能にし、一定程度であるが、この社会学そのものを定義し直すことを可能にした。官僚制による機能不全に限定された研究から出発して、考察の範囲は、組織そのものへ、複数のモデルを含んだ組織へと広がり、そのために、集合的行為一般に広がった。あるタイプの組織に当初限定されていた歩みが、組織的な行為についての社会学へと拡張されて、かなり「野心的に」なったのである。

「野心的であるというのは、組織の働きをそのメンバーたちの戦略から説明する、すなわち組織を行為のシステムとして分析し、その各部をなしている個人やグループの、動機をもった行為を通して組み上げられ維持されるものと考えることで、この社会学は当初の研究領域を大きくはみ出すことになり、人々の組織された行為が展開する際の諸条件と、それぞれに固有の制約という領域へ到達した。だから組織の社会学ではなく、組織化された行為の社会学となったのである。[11]」

組織の社会学から集合的行為の社会学への移行が正しいものだと認められるのは、組織についての研究が行為の諸システムについての一般的な研究へと、つまり社会的研究にとっての中心的課題であるとされる、集合的な行為の問題へと導かれることによる。

このような社会学の根本的な概念は、再生産や社会階級、職業といったものではなく、権力関係、ゲーム、戦略、抗争《コンフリクト》……である。あらゆる行為システムはまさに自然の産物ではないがゆえに、そして行為者たちの自立性と一定の不確定性のゾーンを必ず含んでいるがゆえに、各行為を調整し、協働できるようにしている、つまりさまざまな権力関係を作り出している。各種のユートピアや技術上のイメージとは反対に、具体的な行為のシステムとは必然的に権力的諸関係の一つの場であり、影響力、駆け引き、計算の場なのである。一つの行為システムが不可避的に抑圧と支配から成っている、ということを意味するものではない。行為者たちにとって、自己を顕示したり、システムそのものに対し非常に異なったやり方で圧力をかけることも手段なのである。[12]同様に、共同作業のルールを純粋な拘束へと還元してしまい、行為者たちの自由の余地をすべて排除することはできない。ある一定程度に、行為者がこれらのルールを受け入れたり、他の選択を行なう自由が残されているという意味において、まさにゲームが存在する。

このゲームこそ組織された行為の本質的な手段であり、参加者たちが一定の自由の余地を保ちながら権力関係を構造化するやり方なのだ。[13]

行為者たちが積極的な、攻撃的な、そして防衛的な行動に出たり、さまざまな目標、時に変化する目標を追い求めるのは、これらの権力関係とゲームのいろいろな規則の中においてである。一言で言えば、システムの中でいろいろな戦略を持っているのだ。その戦略は必ずしも明確なものではないし、いつも一貫した目標を追求するわけでもないが、にもかかわらず観察によって明らかになるし、行動の規則性を通して現れてくる。(14)

それゆえ抗争《コンフリクト》は避けられないものであり、具体的な行為のシステムに内在する。なぜならこのシステムは、拘束する諸構造に還元されるものではないからだ。行為の諸システムとはまさに力の関係であり、必要に応じて変化し絶え間なく手直しされる関係である。その中で抗争が繰り広げられ、均衡を変化させていく。

よく分かるとおり、これらの概念や定義が目ざすのは分析の道具を生み出すことであり、狭い意味での組織のためだけとか、ただ官僚制的な組織の分析ではなく、あらゆる組織された行為、つまり集合的な行為全般の分析のためである。

これらの概念は、社会科学にとって疎遠な概念体系から借用されたものではなく、M・クロジエは自然科学の用語からそれらにアプローチしようとしたわけではないし、言語科学からというわけでもない。政治科学との間に最も緊密なつながりが見られ、行為の諸システムが権力関係を含んだものとして、つまりその意味できわめて政治的な場として解釈されるからである。(15)

行為システムについてのこうした研究において使用される方法は、組織の中にはめ込まれている状況と無関係な個人の行動の重要性に注目する傾向はなく、そうした行動に関する統計的データに訴えることもほとんどない。このタイプのデータは戦略的アプローチにとって予備的な指標を提供することができるにすぎない。反対に権力関係や行為者たちの戦略を理解しようとすればするほど、行為者たちのなまの体験、この生の表現に多大の注意を払うことになる。だからインタビューに訴えることが、研究の方法の中でかなりのウェートを占めることになる。そうしたインタビューを通して研究者は、それぞれの行為者が各自の状況や拘束にいかに直面しているのかを具体的に知ろうとし、彼らがどんな目標を追求しているのか、どんな利用可能な資源を手にしているのか、どれくらいの裁量範囲をもっているのか、それをどうやって使うのかを理解しようとする。[16] 確かにインタビューだけが、用いられる唯一の方法ではないが、それのおかげで行為システムについての決定論的あるいは実証主義的な見方と手を切ることができるのである。

社会学者の行為

以上のような社会学的パースペクティブに立つと、この組織に対して社会学者がどんな役割を果たすべきかという問題が必然的に投げかけられる。場合によっては、政治的リーダーたちに対し社会学者がどうするのかという問題である。M・クロジエはこの点について十分に説明を行なっている。

タイトル（**『閉ざされた社会』**、**『アメリカ病』**）から来るイメージだけでも十分に、一般的な診断が素描されており、批判が定式化されていることを示している。組織の社会学が行為システム全般についての社会学への道を開くことになればなるほど、一つの社会システムについて全体の判断を下すことが正当化される。フランスの官僚制現象を研究することで、明らかにされた特徴（拘束、無責任、危機による変化……）、つまり組織されたシステムから出発した診断をフランス全体へ一般化することが可能になる。批判的精神が依拠するのは、主観的に選ばれた理想的なイメージではなく、追求されている目標と、それらを実現するために用いられている手段との矛盾を立証する証拠である。この批判は、「錯綜した効果」や「反直感的な効果」の分析に大きく依存している。[17] どのようにして、なぜ、一定の目標をめざすための行為システムが、予告された目的の実現にブレーキをかけるような結果を生むのか、そうした結果を制限したり、手出しできないほどのコストを押し付けるのかを検討することが大切となる。官僚制的な組織の典型的なケースから出発することで、「ブロックされている」とみなされうるのは、フランスの行政システム全体であり、したがってフランス社会そのものである。

この一般的なレベルの診断では、社会学者が全面的な改革を提案すること、あるいは少なくとも科学的に正当とされる改革をいくつか提案する作業に加わることが、根拠に基づいたものであると自ら任じている。ミッシェル・クロ

社会学と政治科学

政治科学と社会学を隔てる制度的分化は、第二次世界大戦後の研究の発展に大きくのしかかってきた。あたかも古典（マルクス、デュルケーム、ウェーバー）の教えに反して、権力関係を態度や表象から切り離すことができ、国家の活動を社会構造から分離できるかのようであった。これら二つの学問の溝を埋めようとする新たな研究の試みが見られたのは一九六五年ごろで、とくにある特定の民族や国家に固有の政治文化、権力構造を支持するあるいは反対するものとしての政治に関するものであった。

この新しい試みは、以下のようないくつもの潮流から生まれてきた。

——民族学の著作から。文化の多様性、権威関係のモデルや政治的な言葉遣いが多様だということを教えてくれる。

——社会史（アナール学派）の著作から。社会的な実践のレベルで権力関係が微妙なものであることと、それがどう進化するかを思い起こさせてくれた（Le Roy Ladurie, 1979 ; Vovelle, 1982）。

——言語学の著作から。たとえば、上下に階層をなす政治システムに結びついた表象システムが普遍的に見られるということを示している（Dumézil, 1977）。

公的な行政機関の構造と働き、社会的政治は、まさに社会‐政治学的なアプローチを必要とするような一つの観察領域を提供している。そこは政治学者と社会学者が必然的に出会う場である（Dupuis et Thœnig, 1983 ; Guillemard, 1986）。

政治文化についての研究は、この中間的な領域のいい例であり、社会学と政治科学との境界線を乗り越えて研究が行なわれている。一方でこれらの分析は、社会言語学から、社会精神分析学までの多様なアプローチを通して行なわれている。

例えば社会言語学によって、日常生活の言葉つまり家族の言葉が、公式の政治イデオロギーとはかけ離れた、権威関係の手本をいかに多く流布させているか、公式イデオロギーの受け入れを難しくしているか、が明らかにされた（Leca, 1983）。民衆のお祭り、音楽、スポーツ、風俗、身振りの研究から明らかになったのは、人々の社交性の形態や日々の儀礼であり、それが特定の権力関係を強め、ある政治形態と矛盾したり共鳴しあうということが明らかになった（Brohm, 1976；Courtine et Haroche, 1988）。社会的に流布する想像性や表象を測定することによって、政治的メッセージやある種の権力上の戦略が成功なのか失敗かをよりいっそう理解することができる。同じように、人々の政治的感性や、集合的な感情を分析することは、部分的に精神分析学からヒントを得ることで、政治的な態度、受容と抵抗のダイナミズムを明らかにすることができる（Ansart, 1983；Legendre, 1974）。

社会的なものと政治的なものとの不変の相互関係は、学問上の亀裂を乗り越えるという問題をわれわれに課している。

ジエとジャン＝クロード・テニグは例えば、公的な責任ある地位にいる人々（選挙で選ばれた人々、社会職業上の責任者たち、国家行政の対外サービス担当の公務員たち）に対するアンケートを一九七三〜七四年に実施し、それをもとにして、自治体、各種団体、行政サービスが県単位や地方レベルで協調関係を欠いており、改革が必要だという結論を出している。[18]

それぞれの活動単位の孤立化を打ち破り、システムの反直感的な効果をひっくり返すためには、「地方分権化の戦略」をとり、県の枠を超えて責任の取れる民主的な単位を創設するよう提起している。社会学的研究と改革のいろいろな提案との関係は、緊密な連携関係として示され、実践的な結論の正当性の根拠となっている。

診断の定式化と一般レベルでの提案という任務をこえて、M・クロジエは組織に対して介入する様式をはっきりと定義し、実行に移している。それはまた、組織からの要請に応えたものである。

具体的に言えば、ある組織のメンバーたちが、自分たちの出会う行き詰まりについて定式化した要求に対し、専門家がどんな答えを出せるか、どんな実践をもたらすことができるかを知ることが大切である。この回答をどんな考えで作るかは、それまでの分析に基づいて描き出され、行為の諸システムについての理論から演繹される。実際に、一つの組織がその環境によってあるいは追求すべき目標によって完全に決定されていると認めなければならないとしたら、行為者たちから何も期待することができないし、彼らの態度が変化するとはまったく期待できないことになる。反対に、組織が社会的構成物であり、その存在がたえず問題を投げかけ、内部の権力関係が行為者の戦略によってたえず組みなおされているという原則から出発するなら、いろいろな介入が可能であり、内部の関係に変化を引き起こすことが可能だということを前提にできる。[19]しかしこれらの原則から次のことが分かる。介入が効果的であるためには、組織の中で、つまりその内部的な関係の中へ介入がなされねばならず、組織に反するようなものではいけないということである。

とくにこのことは、官僚制組織の閉塞状態に対するこの種の介入と比べてみればよく分かる。この場合、改革はシステムのトップで決定され、全体に押し付けられる。すると、内部での調整が作動し、自己防衛的な反応が広がり、権威にのっとった介入が作用しなくなる。もしくは権威に反抗する諸要因をコントロールしようと、権威の及ぶ範囲を広げざるを得なくなる。組織やその調整作用について誤った知識から出発すると、行為システムのダイナミズムに対して疎い、権威的な介入は、利用可能な資源が必然的に限定されていればいるほど、速く枯渇してしまう。

> 「反対に、これらの文脈について十分な知識に基づいた活動であれば、システムに抗してではなく、システムとともに行動することが可能となり、いつも十分にはない資源を倹約したり、成果をもっとたくさん得ることが可能になる。[20]」

M・クロジエは、パリのとある銀行の管理部門で三回続けて行なわれた幹部会議の流れを例にとって、このタイプの介入を描き出している。最初の会合で、部下たちから彼らに対して向けられた厳しい評価が明らかにされ、非常に混乱していた。[21]反対に二回目の会合では、自分たち自身の行動が、ここで関与している上下の地位カテゴリーの間で定められている拘束に従っているということを発見して、幹部たちは発言を再びし始め、これらの決定論に従わない可能性について意識をもつようになる。

> 「最初の会合で自分たちに責任があるとされ打ちひしがれていたが、今後彼らは無罪を主張できるだろう。なぜなら悪いのは彼ら一人一人ではなく、彼ら全員を同じ顔にしてしまうシステムであり、言わば、彼らの意に反して自分をこせこせした監督者になるよう強いるこのシステムだからだ。[22]」

三度目の会合で、勝手に押し付けられた責任の重さを納得し、自分たちでそれを乗り越える可能性を自覚した参加者たちは、参加と自主的な取り組みの意欲を明らかにし、規則を変更し変化を可能なものにするための具体的な提案を行なう。

この場合の介入では、専門家が組織の中で活動し、組織自体についての知識をもたらすというやり方で働きかけているのがわかる。戦略的な分析の用語で語られるこのような知識が、行為者たちに、自分とは異なるランクの人々の戦略を理解させ、同時に彼らが生み出す機能不全、それらを変化させる可能性についてより良く理解させてくれる。

そうなると、交渉がもう一度可能となり、積極的な取り組みがはっきり示され、いろいろな手段が再び動員できるようになる。

この介入が目指すのは、人々を変化させること、行為システムの行為者たちの関係と戦略を変更することで彼らの能力を動員することである。とはいえ、それが成功するかどうかは、諸構造に対する働きかけを伴っているかどうかによる。人間への働きかけと構造への働きかけとが結びつくことで、変化への効果的な作用が発展していく。

介入をこのような概念としてとらえることで、社会学の役割という概念がはっきり規定され、それが現実の政治にどう組み込まれていくかが明確になる。官僚制的な機能不全がとくにはっきり現れているフランスのような社会に対して、これらの研究と社会学的な介入が、より科学的な発展の提案を行ない、新しい権力関係や新しい集合的な能力の出現を促進することが目標である。

市民社会の発展を促すというこのような希望は、いくつかの典型的な官僚制への作戦に限られたものではないし、フランスの官僚制だけに限ったものでもない。一九八八年に組織の社会学の発展の全体像を示したM・クロジエは、研究や介入の多様性と、対象とする領域の広がりを強調した。行政サービスの研究を皮切りに、この社会学は観察領域を中等教育学校や法廷（組織のシステムとして分析された）、病院とくにその基本的なユニットである治療の各チームへと広げていった。同様に、都市部の自治体や、それらが取り組んでいる文化的活動も研究の対象となった。[23]

集合的行為の科学として、社会学はこの集合的行為を発展させるための手段の一つとなり、市民社会の中でこれらの能力を高めていくための手段となっている。

以上の論及を簡便にするため、分析の焦点をM・クロジエの著作に絞り、彼の協力者たち（とくにエラール・フリードバーグ）の貢献のことは述べていない。こうした研究の流れをもっとよく理解するには、M・クロジエが創設した組織社会学センターの枠内で行なわれたいろいろな調査を見るのがいいだろう。また、組織や行政機関についてなされた、これに類する多くの研究も強調しておきたい。例えばO・ジェリニエ、P&C・グレミオン、D・パティー、R・サンソリュー、J–C・テニグ、J–P・ヴォルムスらの著作である。

第十六章　個別者の社会学

私たちがここで再構成しようと試みている社会学内部での理論上の論争において、レイモン・ブードンの著作は、ほかの社会学的パラダイムに対して批判的な位置を占めており、したがって、啓蒙的である。はっきりとした批判的な立場というのはどれでもそうだが、彼の立場は全く他から分岐しており、認識論的なレベルで乗り越えることができないと思えるような不一致の点をいくつも示している。社会学的研究にとって基本的なあらゆる問題についてこのような反対の立場が見られる。例えば社会の全体像、自由と決定論の問題、社会学の概念と現実の中での社会学者の役割などである。

全体論的《ホーリスティック》な概念への批判

ピエール・ブルデュー、ジョルジュ・バランディエ、アラン・トゥレーヌの著作から、社会を全体としてとらえる見方を引き出せるとして、とくにフランス社会についてそのような見方が引き出せるとした場合、レイモン・ブードンの分析ではこうした疑問には何の答えも見つからない。

実際のところ、個人主義的アプローチの原則は、こうした問題の定式化そのものを告発している。「社会」について問うことは、社会というものについての網羅的な知が到達可能であり、社会という概念に、限定されたリアリティーが対応するといった公準を立てることを意味する。方法論的個人主義に固有の批判は、これらの包摂的な用語（「社会」、「社会階級」、「国家」）の使用に対抗して、前もって問いかけること、つまりこれらの抽象概念に本当の知識が対応するかどうかを知るという問いかけを行なうことにある。つまりこれらの概念が、知の幻想を与えるような精神上の構築物にしか対応しておらず、肝心の問題を立てるのを妨げる危険をまさに冒している、といった疑念を投げかけているのだ。「社会」という用語にはこのタイプの使用が行なわれる可能性があるし、ある種の知にとって到達できるような存在論上の一種のリアリティーを指し示していると考える余地を残している。同様に、「社会階級」という言葉は、教条的なマルクス主義が示したように、リアリスティックな解釈を容れる余地があるため、原則上の批判の対象となっている。つまりこの階級という言葉は、彼らの**『社会学の批判的事典』**で分析される概念のリストに入っていない(1)。

本質論に対する疑問は、デュルケームの語彙についても投げかけられており、「社会現象」や「集合意識」などが問題となっている。この「集合意識」という概念は、個人の行動を必然的に規定するような超個人的実体が現実に存在するかのような示唆を含み、個人に押し付けられる客観的な本質となりかねない。デュルケームが分析の中でこれらの用語に、正確にどのような意味を与えたかを調べるには、彼のいろいろな著作の中で体系的な批判的検討を行なわなければならない。そうすると、**『社会学的方法の規準』**での不器用さと、個人の行為や現実の行動にいっそう注意を払った『自殺論』との距離が明らかになるかもしれない。

方法論的個人主義は「社会」というものについて実体的な表象を作り出そうとはせず、そうした用語で問題を立てることを拒否するのは、こうした語が思考を科学的内容のない実体へと向かわせたり、イデオロギーの投影を受けやすい実体へ向かうことに疑問を呈するからである。社会学主義《ソシオロジスム》がもつこうした危険に対し、研究の「原子」として社会的行為者だけを用い、「論理上の分子」として相互行為のシステムだけをとるという方法論上の原則を対置する。(2)この原理は、階級とか「諸社会」といったような抽象的なリアリティーについての表象を生み出すことを禁じ、このような構築物に対して、行為、相互行為、創発性などに関する多様な研究を置きかえる。体系的な観察だけがこれらを分析できるのである。

しかしながら、方法論的個人主義の使命は、社会学的カテゴリーを現実と解釈するあらゆる概念と闘うことにあるとしても、われわれが明らかにできるような集合的な生のある種の概念をこれに対置している。強調されているのが個人、個人の行為、個人の行なう種々の選択である。統計的なレベルで測定されるようなさまざまな規則性がどのようなものであろうと、そこで問題となるのは統計的に集められた凝集体にほかならず、個人の行為や選択を決定する法則ではないということだ。社会的行為者たちはいつもさまざまな状況の中に置かれ、まるで経済的行為者であるかのようにそれを評価する。

決定論と自由

それゆえ決定論の問題は、このような観点からして、決定的に重要な問題であり、方法論的個人主義が他の対抗する社会学理論からはっきり自らを分かつ問題である。

諸他の「決定論的な」社会学との間で繰り広げられる論争の中でレイモン・ブードンは、個人の行動をもっぱら外的および先行的な諸要因から解釈しているという事実によって、それらの社会学を特徴づけている。(3)このようなパラダイムにおいては、行為者の目的性や選好あるいは選択といったものが副次的とみなされ、説明的価値を失っている。

この定義はもっと違うタイプの決定論、つまり過度の機能主義や過度の文化主義、全体論的リアリズムを寄せ集めたものである。[4]

過度の機能主義というパラダイムは、ブードンの批判によるなら、あらゆる行為を一つの役割へ、つまりあらかじめ取り決めた内容へ限定し、「自然状態」という文脈で展開するすべての行為を無視しているとされる。[5] 一方で、このパラダイムが前提とするのは、役割や地位が、矛盾することのない相互補完的な諸要素から構成されているということだ。結局、各自の役割の実践に当たって行為者たちに残された解釈の余地がゼロであり、取るに足らないものだという前提がある。こうした過度の機能主義は、ピエール・ブルデューのいくつかの著作に見られる。[6]

過度の文化主義というパラダイムもまた、行為を、行為に先立つ諸要素からのみ生じるとしている。しかし行動の出現がここでは、各自の内面化する規範や価値から説明される。このように考えられる決定論は、行為主体が新しい環境に置かれるとたいていの場合行動が変化する、ということを忘れている。[7]

過度の文化主義というパラダイムはハイマンの著作にはっきり見ることができ、階級の下位文化の間の違いによって、社会移動率の違いを説明しようとするものだ。[8]

最後に、「全体論的《トータリテール》リアリズム」だが、社会的な構造や条件を個人の選好や行為を完全に決定するものとみなす傾向にあるすべての説明に含まれている。[9] したがって究極的には、個人が社会構造の単なる支え手に還元されてしまうという想像の世界に行き着く。個人の行為の多様性というような変化の事実は理解できないものとされる。

決定論的ないくつかのパラダイムに対するこのような論争は、社会変動についてのいくつかの理論に対しても新たに行なわれている。そうした変動理論がさまざまな理論枠組みの中に、諸事実の複雑性のために証明できないような決定論的図式を導入しているからである。R・ブードンはこの問題について、第二次世界大戦以降にいろいろな社会学派が提案した社会変動の諸理論を吟味し、本質的にどれも誤っているという結論を出している。例えば、普遍的で抗しがたい傾向が存在すると主張したり、決定的な構造を発見すると称するような理論は、事実によって裏切られているとみなされる。[10] それらに共通する弱点は、有効で必然的な決定的「社会的原因」が存在すると誤って想定していることである。
名称はそれぞれ違うものの、このような概念はすべて決定論的な公準を刻印されており、社会的行為者について受動的なイメージを作り出す。つまりホモ・ソシオロジクス〔社会学的人間像〕とは、受動的な主体であり、「ある種の自動人形で、その行動は社会的諸原因がもたらす結果である。[11]」確かに原因という概念が方法論的個人主義によって告発されたことはなく、その目標の一つはまさに、データの経験的分析から出発して因果関係を探求することである。方法論的個人主義は、「原因」や「社会的諸力」、「傾向」や「構造」を、主体を決定する要因としてしまう傾向をもったあらゆる解釈を告発する。まさしくその点で、方法論的個人主義の原則は事実についてのアプローチをひっくり返すよう提案する。つまり「原因」から生じる結果と考えるのではなく、出会いの結果、個人的な行動の凝集の結果とするのである。[12]
したがって、行動が同質的なものであるとアプリオリに仮定することはできなくなる。状況や役割が多様であるという理由そのものから、行動が相互に結びついていて調和的だと想定することももはやできない。反対に、予見できないことや偶然が生み出されていると仮定すべきだ。社会学的方法論は、その解釈モデルの中に、偶然性の認識を取り込まなければならないだろう。
状況が複雑で役割が多様であるということから、観察者は人々の選択を完全に予見することができない。彼らの選択は観察者の目にとって、聞いたことのない、予見しなかったことが含まれている。仮に、行動が、それらを規定する諸構造や諸傾向によって相互に結びつけられていないということを認めるのであれば、A・A・クルノーが「チャンスと蓋然性の理論」（一八四三年）で提起した理論的モデルに従って、偶然性が生み出されているということを理解することになる。確かに、どんな性質のものであれ全体論主義的なモデルや決定論的な理論をやめるなら、それぞれ別個の一連の行為や決定が「独立した事象の系列」として展開することを認めなければならない。それらの出会いが生み出され、こうして偶発的な事象、つまり偶然が作り出される。[13]

一八九五年にレーニンはこう述べた。知識人層の役割は労働者階級の行動に加わり、労働者自身が開始した闘争の中で労働者階級を助けることに限られねばならないと。つまり一八九〇年代当時、ロシアで産業が急速に進展し、多くのストライキが広がっていた。労働者たちは知識人たちに対し控えめで、それ以前の人民主義的運動から見ても控えめであった。そうした状況下でレーニンはこう考えるに至った。労働者の闘争はまさに労働者たちの問題であり、知識人たちは補助的な、手助けの役割しか演じることができないと。[14]

一九〇〇年代に入ると反対に、景気の後退が生じた。労働者たちは集団的な資産を蓄えるための十分な経済的組織もなければ、賃金レベルにもなかったので、政治行動へと向かい、脅かされる自分たちの雇用を守ることにまず躍起となった。さて、

「同じ時期に、しかしこの二つの現象の間には実質的に何のつながりもないのだが、開明的なエリート層が〝階級〟としての行動を、自ら取り始めたのである。[15]」

それまでの景気の拡大のおかげで、学生や知識人層は帝政権力に抵抗し始めており、一連の暴力＝鎮圧というサイクルが始まっていた。以前とは別のこのような状況下でレーニンは一九〇二年に『何をなすべきか？』を著した。その中で彼は意識的な労働者と無意識の人々とを区別し、今後は知識人層や専門家集団に、政治運動を導き組織する任務を帰したのである。

「ここで一連のクルノー効果を理解しなければ、この歴史全体を理解することは……不可能である。……部分的な事実の連鎖を理解することはできるが、それらが出会うということもまた理解可能である。しかしいくつもの連鎖が同時に起きること《シンクロニゼーション》を、厳密な決定論から生み出されるものと解釈することはできないのである。[16]」

社会科学は偶然を考慮に入れねばならず、また、特殊な偶然の諸状況も考慮しなければならない。それらによって一つの事態の出現が理解可能となる。

社会科学はしたがって偶然の存在、無秩序の存在を否定することはできなくなる。反対にそれらの存在を指し示すべきなのだ。[17]

社会学とはリアリズムの拒否である

普遍的な法則に還元不可能のこうした多様性を前にして、社会学は個別的なものの分析に着手せねばならない。しばしば社会学者は歴史学者と競合したり補完的な関係に立つ。たいていの場合、社会学者は一連の個別的な事実を分析するという任務を負う。しかし歴史学者がある一つの時系列をすべての面から、個々の事象すべてにわたって再構成するという目標をもつとすれば、社会学者は独自の視点から、それらの背後にある構造の研究に焦点を絞り、検討すべき個々の現象の背後にある一般的な諸構造を探求する。[18] 社会学者は例えば、戦略的な選択の構造というような、ゲーム理論家たちに周知の構造を引き出そうとする。

社会学的な議論の焦点の一つは、法則という概念、およびその定義にある。R・ブードンは社会学の伝統がもっている野心、とりわけデュルケーム的な野心を厳しく批判する。社会学の任務は普遍的な諸法則を引き出すことであるとし、あたかもそれらの法則が実際に普遍的価値を有するかのように考える立場のことだ。さてコントやスペンサーの伝統に見られる進化の法則を考えてみると、例えばパーソンズが一般化できると考えたような機能的法則とか、構造的な法則などがある。それらは、観察者が発見したと信じている領域の外で適用されると、妥当しないことが経験によっていつも示されることになる。

したがって変動の一般理論においても、「ローカルな取り決め[19]」としか考えられないような命題を、普遍的な射程をもつ原理として肯定するところから誤謬が生まれるのだ。ある一時点での変化プロセスについての知識が、後のある時点での変化や過去の状態の再生産を予見可能にするというような、特定されたプロセスを正しくかつ局所的に測定することはできる。だからといって、ローカルに観測されたこのような必然的関係を一般化する根拠には決してならない。一つの規定関係はある「閉じられた」状況下で現れるもので、「オープンな」状況では消失してしまう[20]。

それぞれの社会変動理論によって主張されているいろいろな法則は、一般化の乱用であると思われる。ある状況の下では、社会階級という概念が階級間の闘争を含んでいることを証明することができる。しかしこれは、すべての階級状況が階級間の闘争を引き起こすというような、マルクスの弟子たちが行なった主張を意味するものではない[21]。同様に、ある情勢では、共同体の価値に忠実であることが、人々の行動の決定的な要因とみなされる。だからといって、いつでもそうだとは限らないし、すべての社会変化もしくは変化の欠如が、価値に忠実であることで説明されるわけでもない。一つのプロセスがローカルな範囲で観測されたとしても、さまざまな条件が同一である場合にしか新たにもう一度起こることはないし、行為者たちが同じ選択肢を前にした状況に置かれることもない。

このように社会変動の諸理論が犯した共通の誤りをもう一度整理してみると、それらの理論を法則と考えてはいけないのである。それらは断片的でローカルなものとされた場合にのみ科学的だと称することができる理論にすぎない。

この議論は、歴史学や社会科学における「リアリズム」に対してマックス・ウェーバーが、そしてとくにG・ジンメルが行なった批判をもう一度取り上げたものである。ローカルな命題を誤って一般化する理由の一つは「自然主義の幻想」にかかわりがある。社会変動の理論家たちの多くが、変化の諸状況の多様性やその歴史的特徴を検討する代わりに、この変化を自然なものと考え、自然法則に従っているとみなした[22]。だから理論や法則が現実のメカニズムやプロセスをあらわしているのだという、リアリスティックなやり方で解釈されたのである。まさにそれが「リアリズムの罠」なのだ。

「リアリズムの罠とは……解読するための図式にすぎないものを事物の特性と解釈し、形式と現実を混同

エスノメソドロジー

エスノメソドロジーがテーマとするのは、社会的行為者たちが日々の実践の中でひとつの社会状況をどのように構成するか、を分析することである。いかなる方法でいかなる象徴的相互作用を通して、自分たちの社会的リアリティーを構成するのか。このような思潮の起源は、一部を言語学に、一部をM・ウェーバーやA・シュッツの現象学に見ることができ、いわゆる客観主義的社会学に対する批判的考察へと向かう。

「エスノメソドロジー」という用語は、H・ガーフィンケル（1952, 1967）によって「エスノサイエンス」をモデルに提案されたもので、行為者たちが共有された実践を作り出すために用いる方法や自分たちの文化について抱く知識を表す。法廷での陪審員たちの間で展開される考慮を研究するために提案されたもので、考慮のルールを観察するためではなく、どのようにして陪審員たちがその状況を理解し、知覚し、自ら定義し、構成するかを観察するためである。当初このような研究から出発して、H・ガーフィンケルと同僚たち（A・シクレルなど）は、行為者たちが相互作用を分析し、発明し、実現する手続きを明らかにしようと研究を進めた。つまり、自分たちの状況をどのように定義し、共通の活動をどうやってつねに生み出していくのかである（Coulon, 1987）。

こうした方向性においては、「事実」という概念そのものが疑問に付される。社会的事実は所与の客体ではなく、さまざまなノウハウや行動のルールを用いる行為者たちの不断の活動の結果であり、これらを分析することが社会学者の本当の仕事になるだろう。客観主義的な社会学とは反対に、エスノメソドロジーは、行為者たちがどのように客観化の作用を生み出すかを分析するよう促し、社会的な手続きによって「所与の事実」として規定されるものを初めから「所与」とみなしている伝統的な社会学を非難する。社会学の任務は社会的構成物をそのまま承認することにあるのではなく、どのように規範が不変のものとして創出され、人々の行動が合理的なものとなるのか、どのような方法で自分たちの状況を定義するかを観察することにある。

したがってエスノメソドロジーの重要な領域は象徴的交換の場であるが、構造としての言語を研究するためではなく、行為としての言語を理解するためであり、例えば、発話者たちがどうやって一つの会話を開始し、組み立て、仕上げるのかという手続きを理解するためである（Gumperz, 1989）。

構造を事実として扱うのとは反対に、行為者たちがいかにして社会的なものを作り出すのかを理解することが大切なのだ。

し、ヘーゲルの有名な言い方を借りるなら、〝理性的なもの〟と〝現実的なもの〟とを同じだとみなすことだ。」[23]

R・ブードンは社会科学における形式論の伝統を受け継いで、法則の概念とモデルの概念とを区別するように促している。リアリズムの伝統（マルクス、スペンサー、デュルケーム）では、社会システムが従っているとみなされる諸法則を見つけ、これらの法則を社会プロセス全体の説明に用いようとする傾向がある。その一方でカント主義的な伝統（ウェーバー、ジンメル）は多様な状況を考慮に入れることができる解読の図式としてのみモデルを取り上げる傾向が見られる。この図式が普遍性を自称することはない。モデルは普遍的な真理ではなく、まさに形式的な図式であり、研究者が問題の状況やプロセスに適用できるということを証明する場合に使用できる。モデルはこの意味で「形式的」である。[24]

法則（リアリズム的）からモデル（形式的）への移行は認識論上の明確な変更を含んでおり、普遍的法則を認識できると称する研究対象にではなく、カント的伝統にいう、認識活動のほうを強調している。とはいうもののR・ブードンは、純粋なフォーマリズムを結論としているわけではない。自然科学が達成している真理に比肩するものに、社会科学が到達できる可能性を否定してはいないのである。実際には、ある解釈モデルにインスピレーションを受け、状況の解読に必要ないくつものパラメーターを再構成することで、具体的な研究がそれについての根拠ある理論を提起する場合に、この研究は、物理学理論が到達しているものに匹敵する科学性に達していると考えることができる。しかもこの場合、証明と反証という通常の基準が研究の結論に対して適用可能である。[25]

街に下りた方法論的個人主義

以上で見て来たような諸公理は全体として、社会学が現実の世界に参画していく可能性を疑問に付すことになる。個人主義の原則そのものが、社会現象を個人の行動へと帰そうとするものであり、個人の行動がその原因とみなされているので、社会的認識の上に政治的な参加を基礎付けようというあらゆる希望が疑わしいものになる。この原則は主体による選択や行為、偶然性や多様性を過大に評価し、法則や予測可能性に疑いをかける。競争相手のいろいろな社会学に対しても、社会的あるいは政治的な介入に対しても批判的であるところが強調される。しかしこうした批判には政治的意味がないとは言えない。なぜなら相手と目される諸理論がそれぞれ社会政治的な結論をもっているからである。[26]

この批判は何よりまず、必然的な傾向が存在するといった予言的な性格の主張に向けられる。例えば産業社会がポスト産業社会へと移行することは予見可能で不可避的だというような主張である。さらに例えばアラン・トゥレーヌの分析を疑問に付す。ポスト産業社会の社会的紛争は、歴史的変化を誰がコントロールするかをめぐって、特定の階級の行為者たちを敵対させるものだというような主張を可能にする分析である。[27] このような予測は、未来についての知識の基礎となる一般性の高いレベルにまで、認識が高まるということを前提にしており、歴史が決定済みで、決定可能だという前提がある。

ブードンの批判が目ざすのはまた、社会現象についての全体論的《ホーリスト》な概念すべてであり、一つの「社会」の中に見られる状況の多様性を要約できると称して、そこから共通の決定的な特徴を引き出すような概念のことである。この中心となる点について、彼の批判はデュルケーム的伝統全体に的を合わせ、全体化しようとする概念に対してさまざまな状況や事態の多様性を対置し、また研究の方もこれに合わせて多様であることを強調する。全体論的な概念についての議論、そうした概念の拒否なり正当化なりは社会学の諸概念のまさに中心となる対立点で、包括的なアプローチか個人主義的なアプローチかをはっきりと対決させる。

同様に、社会システムにおける決定論の存在を証明しようとする社会学的概念、もしくはそれほどではなくとも決定論を再び招じ入れる疑いのあるような社会学的概念に対して批判が行なわれている。とくに社会学の研究が決定論の存在を前提としているとする公準、この決定論がいろいろな形をとって現れる様を発見するのが研究の目的だとするような公準が批判の対象となる。ピエール・ブルデューの著作では、とくにハビトゥスの概念が批判される。社会的再生産を機能主義的かつ有機論的に表象する極みだとして告発される。[28]

最後のこの批判の対象となるのはさまざまなイデオロギーである。諸社会理論が社会的政治的なイデオロギーの基礎や正当化として役立っているからだ。問題は、政治的イデオロギーの研究というよりも、イデオロギー化のプロセスに関する研究、つまり誤った考えが何らかの科学の権威を借りて支えられるプロセスを分析することにある。[29] 論理的行動と非合理的行動とを対立させるパレートの問題設定をある意味で踏襲するものであり、こうした行動や、とくに誤った信念を了解的かつ合理的なやり方で説明しようとする傾向をもっている。

こうした批判はすべてブードンの絶えざる関心、つまり幻想や人々に「受け入れられている観念」を追い払い、社会的行為者たちの合理性を明らかにし、この合理性の公準が説明の基礎とならなければならないという公準を証明するためである。この個人主義的な公準は、直接にリベラルな個人主義と結びつくものではないにせよ、全く無関係というわけでもなく、R・ブードン自身がイデオロギーについての本の最初の頁で示しているとおりである。

「私がここで適用しようと試みた公理上の中立性は……個人的な確信の欠如を含むものではない。かなり以前から私はほかのどのイデオロギーよりもリベラリズムに近いと感じてきた。ここで説明するつもりはないが……、いくつかの積極的な理由からも、否定的な理由からもである。というのも、良識を独占しているのだと確信する人々は、当然ながら真理も独占しているのだと結論する傾向があまりに顕著だという印象をしばしば抱いたからである。[30]」

政治的観点から言えば、R・ブードンは「社会中心主義」にインスピレーションを得たイデオロギーすべてに反対する。それは個人を現在や未来の共同性に従属させる傾向をもち[31]、実際に個人に対する軽蔑を正当化し、個人を操り人形として扱うようなイデオロギーである。「リベラルなイデオロギーが勝っている」という考えは[32]、社会的行為者への敬意というこの倫理的な平面上に位置していると考えられる。

以上の議論を簡便にするため、われわれは分析の中心をR・ブードンの著作に絞ってきた。社会学的論争の中で個人主義が占める位置をもっとよく見定めるには、こうした原理と類縁性をもつ以下の著作を想起するのがよいだろう。F・ブリコー、J・ベシュレール、F・シャゼル、M・シェルカウイ、B・レキュイエらである。さらにこの影響を示す著作として以下のものを引用しておかねばならない。C・デュバール、C・ジロー、C・パラデーズ、J・エルステール、M・キュソン（モントリオール）……。『フランス社会学評論』(*Revue française de sociologie*) に、こうした問題関心に近い論文が多く掲載されている。また、相互作用論（J・パディオロ）やエスノメソドロジーからインスピレーションを得た著作も、方法論的個人主義の原則を全部もしくは一部共有しているということを強調しておきたい。

このほかの研究の方向性として、M・ウェーバーやG・ジンメルの伝統を受けてフォーマリズム（形式社会学）を守ろうとするものや、構成主義（P・バーガー）を守ろうとする傾向も、日常生活の特定の体験を記述するにあたって上述の分析モデルを取り上げようと試みている著作に加えることができる。

結論

社会学の四つの潮流を紹介する中で、われわれはそれらの間に見られる近縁性よりもまず相互の違いに注目した。何よりも、それぞれが用いている方法や研究フィールドの選択を強調すれば、もっとニュアンスに富んだ一覧表が得られたかもしれない。しかしそうしたニュアンスが互いの本質的な対立関係に影響するようなことはないだろう。部分的な一致よりも対立点のほうがはるかに重要であると思われるからである。しかも研究のダイナミズムは議論によって保証され、諸々のくい違いによって活発なものとなり、それゆえ対立点をはっきり提示してこそ、社会学的な理論生産の活力を再びとらえ直すことができるのだ。だから反目しあう彼ら自身が、きっぱりとしたやり方で時には論争的に対立関係をたえず正確に表明してきたのである。

とすれば、一見素朴に見える疑問かもしれないが、次のように問うてみたいという誘惑に駆られる。これほどいろいろな共通点（例えば社会哲学を拒否する点で一致しており、科学性への意思を同じようにもっている……）がこれらの著作を近づけているように思われるのに、それらの理論的方法の間には深い対立が見られ、社会科学を一つの論争的な場にしているのはなぜなのか？

もちろんのこと、こうした疑問に単純な答えを出すことはできないが、非常に簡単に出せるような安直な答えならいくつもある。例えばピエール・ブルデューが政治的に左派系の雑誌や新聞に登場し、レイモン・ブードンが右派に属する新聞に登場することは強調してよいが、そうしたことはまさに解釈を必要とするような、いくつかの証拠の一つなのだ。

社会科学に見られる理論上の分岐点は、多くの含意（歴史的、社会的、国家的、政治的）をもっており、われわれがここですべてを汲み尽くせるというつもりはない。部分的な仮説としてではあるが、ここで次の二点を強調しておきたい。一つは哲学的文化的な類縁性に関するものであり、もう一つはフランス社会そのものの異なる諸次元、そして矛盾に関するものである。これら四つの理論的立場は実のところ、十九世紀にさかのぼる起源と歴史をもった四つの世界観を延長し、装い新たに登場したものである、と思われる。しかし四つの理論的立場のいずれも、唯一の限定された社会的勢力に従属するとは見なされないとしても、フランス社会の中にあるいくつもの社会的諸力と特別な関係をもっている。哲学的伝統やフランス社会の矛盾した諸側面との複雑な関係から、これらの著作のもつ「真理」の意義深い側面が引き出されていると思われる。

すでに述べたとおり、ピエール・ブルデューは、自分自身の知的生い立ちを構造主義運動の中に、そして機械論的な構造主義の限界に対する批判的な意識の中に位置づけている。この運動そのものは、もっと以前から存在する一つの伝統、一つの野心の中に位置づけられる。つまり十九世紀の最初の社会学者たちの野心を引き伸ばしたものであり、デュルケーム社会学を二十世紀末に体系的に再び取り上げたものである。社会的リアリティーとはまさに一つのリアリティーであり、厳密な科学としての認識論上および方法論上の規準が立てられれば、このリアリティーは思考可能であるという確信のもとに、社会現象についての科学を打ち立てようとした。この科学とは、物理的あるいは有機的な性質のリアリティーと比べた社会的なものの特殊性を認めながら、測定可能な規則性の存在と決定論を公準としている。そしてこの決定論が特別な性質をもっていることを発見することが重要であると考えている。しかしピエール・ブルデューの著作は構造主義によって採用された理論的系譜に位置するとしても、マルクス主義にすら先行するような批判的伝統を再び取り上げて、構造主義に含まれる実証主義を修正しようとする。ピエール・ブルデューは、マルクス自身が信じていたように、資本主義的システムの諸法則を知ることが、抑圧された階級の解放を直接に促すとは主張しない。しかしさまざまな社会的決定についての認識が、それらを乗り越えるための手立てを入手するための最良の方法であり続けるということは守り通すのである。こうした世界観に立つと、社会的決定の認識は、この決定に対する反抗の正当化と矛盾することがない。それどころか、社会的決定を明晰な行為によって打ち負かすことが可能になるのは、それらを十分よく認識することによってなのである(1)。

これまでの社会の変化や、経済的および社会的な変転の広がりを絶えず主張してきた言説にもかかわらず、このような社会学は、フランス社会の中に残存する社会的再生産、反復される状況をとくに考えるよう促す。種々の社会的不平等が更新されることに対して注意が向けられ、とくに被支配階級が犠牲となっている文化的剥奪が注目される。このような社会学の批判的使命は、教育システムといったさまざまな社会システムを非難することに向けられる。それが平等イデオロギーを宣言しながら社会的不平等を更新しているからである。民衆階級に向けられ、支配の再生産を行なう隠れた暴力つまり象徴的暴力は、この同じ批判的分析の対象となる。

不平等な社会的位置づけの空間の中で、ピエール・ブルデューは無関心を装うことなく、しかし戦闘的な態度をとることも拒否する。支配階級は経済的・文化的な剥奪の対極として描かれ、どのようにして自らを更新していくかというメカニズム（とくにグランゼコルによって）を通して検討される。しかし最も分析を広げていくと中流階級全体の問題となり、差別化の争いを更新するメカニズムが問題となる。そこではとくに文化的実践が分析され、不平等の再生産の戦略を覆い隠す手続きとされる。しかしながらこれらの批判的分析は（分析と批判が区別なく結びついている）、被支配階級を守るとか、いわんや賛美するという結論に至ることはなく、マルクス主義に忠実であることを投げ捨てている。文化的剥奪の分析は絵画へと至るが、それは民衆階級に多かれ少なかれ拒否されている。この文化的貧困が既成の秩序に対する同意のさまざまな形式と結びついている。マルクス主義的な希望や終末論とは反対に、自分たちの相対的な支配を確保するために中流階級が行なう努力の強さは、最も持たざる人々の従属を再生産するのに寄与している。したがってこの社会学は、社会的支配の諸メカニズムに対する反抗的な感性を保ち、それらを暴くことを自らの使命としている。しかし剥奪された階級の政治的賛美で研究を終わらせることはない。

社会学の政治的使命が強く認識され、的確に把握されている。社会学者は自己の研究領域について厳密な意味で専門家であり、まず何よりも科学性を重視する。しかし同時に社会的諸関係についてのグローバルな認識、つまり社会的不平等を通してみられる力関係についての認識を提示し、社会秩序に関する批判的なビジョンを提出するに他ならない。この批判的ビジョンはまず第一に、支配の決定的な手段を保持している支配階級に対して向けられる。またこの批判は、支配が実施されることに意識的に、そしてとりわけ無意識的に参画する中流階級にも向けられる。この社会学は経済的、社会的、文化的な不平等についての体系的な分析であるが、非難や反抗的な感受性を捨てるわけではない。また、こうした批判を一貫して定式化するにあたって、おおやけの政治家を頼ることもできない。なぜなら政治の領域は被支配階級の実際の利害や要求とは少なからず距たっているからである[2]。このように概念化された社会学は、各自の観点の特殊性にどうしても閉じこめられてしまうそれぞれの階級の言説を越え、また、政治的表象の術策によってどうしても歪んでしまう政治的な言説を越えて、日々の政治とは距離をとり、不平等な秩序に対して妥協を許さない批判を行なうという使命を帯びるのである。社会学者は、政治家にとって代わるとか、社会的あるいは政治的な運動にとって代わろうというのではなく、知的な道具と議論を提供し、それがどう使われるかまではとやかく口を出さない。フランスの政治の中で起きてくる事件のたびに、どんな立場をとってきたかということから、こうした態度が明確になっている。例えばアルジェリア戦争の遂行に対する反対(3)、学生運動への理解ある正当化、「粗野な資本主義」の断固とした批判(4)……。

ジョルジュ・バランディエの社会学とピエール・ブルデューの社会学との知的隔たりは、構造主義に対する態度の中にきっぱりと現れている。ピエール・ブルデューが一九六〇年代に社会諸科学のモデルをそこに見つけ、それを乗り越えるための道具を探し求めたとすれば、ジョルジュ・バランディエとアラン・トゥレーヌは構造主義の認識論上の基礎を告発し、一時的な問題意識をそこに見ただけであった。一九五〇〜五五年ごろから、植民地支配を脱した社会の変貌と激動を研究し始めたG・バランディエは、社会変動を記述し説明することを自らの使命とした。脱農村化、産業化、都市化など全ての現象を変化、変貌、激動といった用語で考えるべきであり、まさに構造や再生産という用語では考えない。すると問題は、構造の働きをどう説明するかということではもはやなく、変化のプロセスをどう記述し説明するか、場合によっては構造化と脱構造化の展開をどうとらえるかであった。社会学の予言者たち（サン＝シモン、コント、マルクス、スペンサー）が社会変動の問題を提起し、その説明モデルを提案したという意味において、彼らによる初期の著作に起源をもつような、まったく違う世界観がこうして提示された。この点でプルードンの再発見は重要である。「アナーキズムの父」プルードンは、共生主義《ミュチュエリスム》や無政府主義への呼びかけのためにとり上げられたのではなく、変化や社会的革新についての直感、官僚制的な硬化現象や国家による決定の手前にある自発的共同組織などについての彼の直感ゆえにとり上げられるのである〔ピエール・アンサール著『プルードンの社会学』（斉藤悦則訳、法政大学出版局、一九八一年）を参照〕。変化についてのこうした社会学によって切り開かれた研究領域は、確かに政治的あるいは制度的な変化よりも、最も見えにくい次元で生じる社会の変化に関するものである。構造主義が社会的空間を考えるように促したのはそこに相同性や再生産を見定めるためであったとすれば、この新しい世界観は時間、社会的な時間性やリズムについて問うものであった。社会的な時間を考えるとは、時間性の中で紛争、妥協あるいは権力について理解するということであり、動態《ダイナミックな》社会学の永遠の関心事の一つとなるのである。

こうした変化の社会学が考えるように促した社会的現実を十分に強調しておかないと、その大胆さを理解することはできないだろう。一九四五年から、戦後復興の時期を経て一九五〇年以降も、フランス社会はさまざまな変化や改革を経験し、それらが新たな疑問をもたらした。例えば民族誌といった限られた枠組みや政治科学という枠組みだけでは考えられず、資本主義的成長やマルクス主義的生産様式の発展段階では捉えられないような、脱植民地化の歴史とドラマがまさしくそれである。政治権力というものは公平無私な研究を支持したがらないとはいえ、硬直化した教説にあまりとらわれることなく社会的な変化の多様性を考えることが緊急の課題となった。また、第二次大戦での祖国解放に続く数年間にフランス社会そのものの中で、さまざまな変化が広がっていった。例えば人口の増大、農家の減少、産業化の加速、コミュニケーションのレベルが高まったこと……、そして一九七〇年代以降は、経済的危機と新しい産業組織の形態が生まれている。これらの明白な事実は混乱しているものの、もっとよく理解するために、変化の認識にはっきりと開かれたアプローチを要求したのである。

こうした社会学を特定の社会集団や輪郭のはっきりした社会階層に明確に結び付けようとするのは確かに恣意的であろう。しかしながら部分的にこの疑問に答えることはできる。私たちが既に示した表現の中でこの社会学は、被支配階級だけを守るというような告白はしておらず、また変化に対して異を唱えるよりも変化の場所や主因を調べ上げることに熱心である。また同時に、経済的政治的権力に対してあまり従順でなく、これらの権力が公平無私であるということについて懐疑的でもある。しかしまた、党派の影響力、とくに一九五〇から六五年にかけての共産党の支配に対して反抗的であった。(5) 確かにこの動態社会学の中では、社会階層カテゴリーをそれぞれ区別して定義することや、変化の諸勢力と保守的勢力を素朴に対立させることが問題なのではなく、ある事態のどの時点で誰が本当の変化の行為者であり、どれが本当の社会運動であるのかを探求することである。だから、この動態社会学と特定の社会集団との知的な類縁性を探し求めようとすれば、変化に開かれた社会的な行為者について、例えば技術管理職や学生、場合

社会学の社会学

すべての知識社会学と同様、社会学の社会学は、社会学者をその社会的環境に結びつける意識的そして無意識的なたくさんのつながりを研究することをめざしている。つまり社会学者の知識は、それを可能にする社会的諸条件とどうつながっているのか？　社会学は、それを生み出す諸条件によって大きく決まってくるのではないか？　社会学者たちはいろいろな利害、社会的勢力、自分たちが参加する歴史的運動に依存しているのではないか？

こうした一般的な問いかけは、数多くの個々の疑問と重なっている。どんな研究対象を選ぶかを方向付けている直接あるいは間接の社会的圧力を明らかにするのは難しいことではない。企業の管理が多くの社会経済問題をもたらす時期には、オファーの提供や公私の基金が組織の社会学をやり易くし、この領域で行われるさまざまな研究への社会的需要を創出する。研究対象の選択は、社会的な需要の存在あるいは衰退に無関心ではいられない。

また同じように、生み出される知識やさまざまな結論と研究者の歴史的そして社会的な状況との関係について考えてみることもできる。過去の偉大な学派（マルクス主義、進化論……）の歴史を見るとはっきりわかるのは、それらが下した結論がある程度まで何らかの社会運動や社会状況の特徴を刻みつけられているということ、しかしそれら運動や状況の限界をいつでもわかっていたとは限らないのである。マルクスやデュルケームの政治的立場が「かたよったもの」であって、ある種の現象に対する彼らの理解を研ぎ澄ましたと同時に、彼らの鋭い目に限界を画していることを疑う人はいない。

　したがって社会学の社会学の任務の一つは、社会学者自身の社会的諸条件を注意深く研究することである。政治参加した一九世紀の偉大な知識人たちの跡を継いだのは、専門化した研究者たちであり、いずれかの私企業に結びつくか、たいていの場合国家のいろいろな機関につながりをもっている。こうした地位のもたらす結果をすべてはっきりさせることが重要だ。フランスではこの立場が社会学者たちを公的な組織（国立科学研究センターや大学）に結び付けており、経済的政治的世界に対する一定の距離を保たせ、専門化した知的な閉塞状況を強める危険を伴っている。

　社会学の社会学が、生み出される知の科学的性質を否定するようなことは決してない。またもう一つの任務として、社会学者が用いる「切　断　術《テクニック・ド・リュプチュール》」を示すことも大切である。つまり自分の環境に含まれるイデオロギーと手を切る技術（観察の方法、計量的および質的な処理の方法論……）であり、その切断にどれほどの効果があるかを示すことなのである。しかしこうした作業のすえに、社会学の社会学は一つの警戒作業を行なう。それは欠かす事のできない科学的批判の動きに参加するものである（Ansart, 1979）。


によっては、政治的官僚制や制度的装置に敵意をもつ知的あるいは文化的グループなどをあたってみる必要があろう[6]。この社会的領域は固まった限界をもつわけではなく、近代化の諸勢力自身がたえず変化し、修正されているのだ。

　この社会学が日々の政治的闘争や党派的な従順さに対して態度を保留しているとはいえ、世界観の論理という点で政治的な類縁性を捉えることができる。変化という事実に向けられる極端な関心と認識[7]、一九五〇～六五年にかけての脱植民地化の明白な擁護といったものが、この社会学をはっきりと政治的保守勢力から離れた場所に、あるいはその対極に位置づける。これらの研究を通して、現在の歴史に対するある種の情熱を見ることができ、社会的な諸変化にブレーキをかけたりストップさせる可能性のある経済的政治的な諸力すべてを避けようとする傾向が見られる。しかし同時に、社会的行為者たち、変化しつつある彼らの文化、彼らのイニシアティブに向けられる注目が、権威ある教説や、変化についての政治的な諸定式に強く疑いの目を向けさせる。ずっと一貫して、社会変化についてのこの社会学は、脱植民地化した国家の中で政治的な影響力をもったり、外側から影響力をふるうことは危険であると示唆してきた。果敢にも含みのある立場だが、政治権力を保持する者たちに対して誤解を与えかねない立場でもある。変化と革新のさなか、ジョルジュ・ギュルヴィッチの表現によれば「沸騰状態」にある社会、そして想像上の改革の途上にある社会へ向かおうという根本的な選択が、押し付けられた変化、時には社会的ダイナミズムを破壊するような変化を疑問に付す。このような視点から、政治は社会的批判の対象となり、政治の手法や仮面、すなわち劇場性《テアトラリテ》を明るみに出そうとする。(8) この観点が保守的政治との激しい対立へと導き、社会変化をもっぱら政治的に行なおうとするやり方から生み出される幻想に、劣らずきっぱりと警告を発する。

組織についての社会学、そして何よりも「官僚制的現象」の社会学も、一般化を目ざす野心的な世界観からは、動態社会学と同じくらい隔たっているように見える。一見すると専門化した社会学、ある経験的研究に強く結びついた社会学のみが問題になっているように思われる。ほとんど哲学的ともいえる類縁性を強いるような理論的選択からは距離をとっていると。さて、ミッシェル・クロジエ自身やそれを発展させた著作の中ですでにはっきり指摘したように、この社会学は実際のところもっと野心的な概念に、ある本物の世界観に応えようとしている。近代社会の決定的な諸問題は組織にある、行政、企業などの「社会的構成物《コンストリュイ・ソシオ》」にあるということを公理として述べ、証明しながら、この種の研究は社会についてのあるグローバルな概念を提起し、他の考えを退ける。その概念は陰に陽に、一つの社会が諸社会階級から成る一つの全体であるとか、そうした側面が社会的ダイナミズムの本質だとかいうような考えを告発する。同時にまた、相互作用論的なビジョンや個人主義的なビジョンの射程を告発、もしくは明確に制限し、各自の相互作用やモティベーションの上に作り上げられたシステムの先行性を対置する。この概念はまた、社会関係についての経済学的なアプローチも告発する。それは社会組織の重要性を生産や消費のロジックの中に解消する傾向をもつ。実際には、こうした主張が一見無害に見えるにもかかわらず、このような社会学は社会観全体を再考するように促すものであり、現実の諸困難やブレーキを探し求めるのに、階級闘争とか政治的怠慢にではなく、まさに官僚制的な機能不全《ディスフォンクシオン》や制度的なブロック状態、公言された目標を実現するのに組織が適応できない状況の中に求めるよう訴えるのである。

こうした探求から出発し、この組織の社会学は、組織現象にだけに限定されない、いくつかの社会的諸側面を明らかにするという使命をになう。官僚制的な機能不全、この組織システムが作用させている悪循環、それに内在する権力関係に特有の緊張関係などを強調する。

これらの研究は、フランス社会にあって、官僚制的組織のシステムが産業組織上の関係を超えて広がっているという事実をとくに強調する。さまざまな国の官僚制システム（フランス、ソ連、アメリカ）を比較することで[9]フランス的なシステムの特殊性を明らかにし、そうした側面から、フランス社会における権力関係というものを全体についての表象へ導入する。これらの研究は、理論的診断を裏付けるような恐慌や紛争の発生という事実により（例えば公務員のストライキ）、つねに自明のものとされてきた。以前から官僚制組織についての経験的な研究はとくに、このタイプのシステムが生み出す苦しみや潜在的不満を分析し、そのことで不満足の表現が繰り返されることを前もって説明してきた。同時に、これらの問題を解決する場合にさまざまな社会カテゴリーの人々が必ず出会ういろいろな困難を強調していた。フランス官僚システムについての研究は、そうした抵抗を理解し、不満や一時的な諦めを分析し、またリーダーや責任者たちが一般に誤った解決策を選択することになるのはどうしてなのかを理解するため、新たな諸要素をもたらす。

この種の社会学は集団生活の中で一定の地位を得ることになる。望むと否とにかかわらず、必然的にある一定の社会カテゴリーの人と類縁関係をもつような社会学なら、このようなコメントが有効である。しかし組織の社会学は、官僚制組織のシステムに対してとくに批判的であるため、ある種の社会カテゴリーととくにはっきりした類縁性をもつことが普通となる。例えば指導的な立場にいない公務員を代表する労働組合員たちは、これらの組合がシステムの維持に参加しているということを証明するような批判的な分析に警戒心をもつ、と予測できる。反対に、責任者やリーダーたちは、目標の実現において出会う諸問題に対する答えを見つけようと、いろいろな分析をより自発的に受け入れ、実践的な答えになりそうなものをそこから引き出そうと期待する、といった予測が成り立つ。したがってこの社会学はある種の社会的需要に直面しており、われわれがこれまで検討してきた他の理論に対するより、はっきりした明らかな需要である。しかしこれまでの著作をながめてみると、こうした社会的需要には躊躇が見られ、時には矛盾がある。リーダーたちは自分の組織についての診断から、生じた困難への回答となる諸要素が提起されるだろうが、彼らの権力の一部を問題にするような解決方法を保持することは嫌悪する。企業の管理職たちは社会学者の介入を希望するが、彼らの部下との関係を転倒させることには嫌悪を表している。政治的領域ではリーダーたちが、選挙の局面や反対運動が起きた時期には社会学的な診断や研究を希望するが、官僚制の重みがそんな彼らの気持ちに打ち勝ってしまうやいなや興味を失う。この社会学は再び生まれてくる社会的需要に応えようとするが、社会学自身にも躊躇する気持ちがある。

だからこのような社会学が自らを非政治的なものと定義できるように思えるのは、見かけのことにすぎない。自身を政治的な道具と混同するような表明を行なうことはないものの、いくつかの政治的勢力と類縁性があることは認めており、市民社会への方向性をはっきりと呼びかける試みを行なっている。いくつかある政治的プログラムのうちでこの社会学は、自立性や地方分権化の支持者たちと類縁性をもち国家権力の強化を支持する人々と対立する。フランス社会で大きな重みをもつ公共行政機関がとくに問題となる場合、この社会学はその怠慢さに対して非常に批判的である。行政機関の運営にかかる高いコスト、権威的な中央集権化に対する批判でもある。また政治的選択の面では、政党が自らの支配力にとって不都合な自立性の拡大を警戒することに対し、不信感をあらわにする。より広く考えると、こうした官僚制へのさまざまな非難は、いわば市民社会全体を擁護し呼びかけを行なおうとするすべての立場を含んでいる。行為システムにおける行為者たちの戦略を注意深く検討することは、だからといってそういう戦略を賞賛するわけではないものの、その豊かさや、ある意味での正しさを示して見せる。現代の人間（男性だけでなく女性も含めて）の達成モデルが暗黙に提示され、組織内での行為戦略が正当化されるような規範性のモデルが示される。そこで問題となるのは、せまい意味での政治的メッセージではなく、集合生活における行為遂行の正しい諸形態、すなわち都市生活の普遍的な概念である。

リベラルなイデオロギーと方法論的個人主義との距離がどのようなものであれ、この二つの方向性に関係がないとはいえない。R・ブードンが強調するように、両者に共通の原則は制度より個人を前面に置き、個人の選好を政治的・社会的制度の評価基準とすることにある。[10] この点で、個人主義はA・ド・トクヴィルやM・ウェーバーが残した伝統をたどるものであり、経済学的功利主義の中で再度定式化されたもの（カール・メンガー）と同様である。方法論的形式でのこの原理の反復、こうした規則を繰り返し呼びかけることは、「全体化を志向するホーリスティックな」野心の疑いのある理論的伝統や研究すべて（マルクス、デュルケーム、構造主義……）に対する批判へといざなう。[11] 諸個人の動機を説明の原理とし、問題となる現象を個人現象の凝集の結果として理解するという事実は、個人にとって決定的とみなされる一般的現象を発見するのだと称するさまざまな観点への体系的な批判を含んでいる。この議論はとくに社会現象の必然性、法則、一言で言えば決定論に関する仮説を標的としている。政治的あるいは党派的なイデオロギーと混同されることなく、これらの方法論的原則は間接的に個人主義的哲学へ合流し、個人の自由に対する懐疑を正当化するような立場、個人が常にもっている選択の余地を疑問視するような立場に対し、原則上の不信感をあらわす倫理に、ある程度、結びつく。これらの放棄の疑いのある社会学に対する憤慨の表現は、こうした倫理的側面において顕著である。

学派間の論争ということよりも、その方法論が重点をおき、扱う上で準備を整えている、事実や経験全体を強調しておきたい。科学的、技術的な発明や革新による経済的変化の大きな流れが社会的再生産の諸理論に対する反証となり、行為者たちの行動を一つ一つ異なるものとして問う機会を与える。社会的あるいは経済的な予測が何度も外れ、さまざまな傾向がすぐに止まったりひっくり返ることで、確信への疑念が生じ決定的だと称する法則への疑問がわく。国家による計画や経済運営が行き詰ることで、予想どおりの社会発展について研究するよりも「予期せざる効果《エフェ・ペルヴェール》」についての研究によりいっそう敏感になる。生産の領域では、官僚制組織の行き詰まりで、上からの管理に対する多くの批判がなされ、経済的行為者のモティベーションや彼らの革新性への呼びかけが、個人の行動を再考するように促し、管理や生産活動の中で彼らが肯定的あるいは否定的なモティベーションをもつことが問題となった。同様に、消費の領域では市場の飽和が潜在的行為者を定義しなおすよう促し、必要上の欲求からではなく、個性的なモティベーションや自己選択から出発するようになっている。したがって今日の資本主義的形態における経済的財政的発展は社会法則の恒常性や決定論を疑問視するような、一連の傾向、状況、体験を多様な形で生み出しており、個人の体験やモティベーションから分析をやり直すよう促している。個人的状況の多様性を重視し、一般性よりも個々のケースの特殊性を大切にする傾向がある。個人主義的アプローチは、デュルケームやマルクスの理論的野心に対して懐疑的であり、多様性や特殊性にいっそう適したものとなっているように見える。

このような個人主義的アプローチもまた、ある特定の社会カテゴリーの人々ととくにつながりが深いという仮説を立てることができるが、そのカテゴリーを正確に区切ることはできない。きっぱりと個人主義的なアプローチであれば行為者たちの自由や選択を重視するので、恵まれない人々との類縁性は薄いと考えられる。彼らの体験は何より個人的選択というよりも、さまざまな障害に出会う場合が多いからである。同様に、集団的な行為やその発現への疑問視、組合制度に対する懐疑や指導者層が組合員たちの関心を買おうとする姿勢に対する懐疑が、庶民的な期待感にはほとんどそぐわない。このアプローチには、はっきり規定される社会的グループとの必然的な関係や相互依存が見られないとはいえ、経済的文化的なある種の選択の自由を有している社会的行為者たちと共鳴しやすく、剥奪感の体験とは共鳴しにくい。またこのアプローチは体験としての個人主義、あるいはことさらに表明されるスタイルとしての個人主義という広く見られる傾向とも有意味な関係をもっている。実存主義的個人主義がいろいろな形をとりながら、過去つまり文化的連続性との断絶を肯定したのと同じように、方法論的個人主義は連続性のイメージを打ち破り、切断の体験を重視するよう呼びかけている。このアプローチは、繰り返しや剥奪の時間を体験している人々ではないような社会的行為者と類縁性をもち、可能性がたえず更新され、切断が可能であるような時間を生きる人々、伝統の時間ではなく選択された時間を生きるような行為者と類縁性をもつ。

だからこうした社会学は特定の政治的結論をもつわけではないし、政治的なプログラムなど言わずもがなである。むしろ一見合理的な計画に対し注意を怠らず、将来の失敗や予期せざる効果を警戒する。しかしながら個人主義の諸原則は、政治的好みを描き出している。いろいろな形態での「全体論主義《トータリタリスム》」を厳しく批判することで、かなり明確な政治的インプリケーションをもっており、政治的全体論主義が取る可能性のある極端な形態に矛先を向ける。この批判によれば、全体論的な諸理論は、個人に対する軽視や、個人が拘束的な諸力に従属することを目標とする点で同じ主張を実際の全体主義と共有している。個人主義的アプローチは、さまざまな社会主義が個人的な権利の拡充より国家権力の強化を求めるという点で、疑問を呈する。同様にこのアプローチは「社会運動」への強い不信感をあらわにするが、動態社会学は極めて積極的な要因としてそれを考えている。集合的な行為に対する懐疑は、それが個人の本当の動機を表しているかどうか定かでないからであり、また同時に集合的な社会運動への懐疑は、その中で自由が放棄される危険があるからである。政治と無関係な個人主義を擁護することはないが、このアプローチは市場の法則を尊重する政治的諸制度を正当化することにつながり、個人や個人的自由の余地を擁護する方向へ体系的に向けられた制度を正当化することになる。

私たちがこの最後のコメントから引き出せる教訓は単純ではない。これら四つの理論的モデルはそれぞれの方法と批判的要請で武装し、社会生活や政治生活に伴うさまざまなイデオロギーそして幻想から遠く隔たった知をまさに産出している。異なった道をたどりながらそれらのモデルは、社会的行為や関係について、批判と反証を受け入れることのできる多彩な知を生み出すという、社会学の約束に応えている。しかし、科学性というそれらの企図が実現されつつあるとしても、研究される現象について異なるビジョンを作り出し続けており、一方では、各自がいくつかの社会グループやそれぞれの社会的実践のあり方と特別な類縁性をもっている。しかもそれらは、それぞれの政治的方向性とやはり関連性を欠いたことがなく、互いに異なる文化的方向性とのつながりも見られる。

世界観が異なるという以上に、これら四者の社会学は今日の社会のもつ複雑で多様な諸側面を表明している。お互いの対立関係が存在する理由は、社会の複雑さそのものに大きく依拠しているとわれわれに思われる。それらの将来は、社会学的な論争のこれからと同じく、一部はそれらの対立関係の解明にかかっているが、また将来の社会そのものの実際の変化により多くがかかっている。

付論

四つの理論的潮流についての分析をこえて、この一五年間（一九八〇〜一九九五年）にどんな新しい領域が開かれ、われわれに課せられてきたのか、と自問してみたい。社会的、政治的変化はたえず新たな作業への刺激を与えてきたし、以前の探求に修正を迫ってきた。そこでわれわれはこの新しい「デュアル」な社会の新たな貧困問題の発生に大いに関心をいだき、失業がもたらすさまざまな帰結、アイデンティティや社会化プロセスの変化、人種差別の新たな形態、エスニックグループ間の葛藤、家族や宗教の近年の発展に関心をもってきた。また政治社会学の用語で言えば、社会的交渉の様式や社会‐政治的関係の変化にも関心をもっている。それらの新しい道が、すでに述べた四つのパラダイムを裏付けているのか、弱めているのか？

ここ数年でとくに発展した四つの研究領域を考えながらこの疑問に答えてみよう。コミュニケーション、日常生活、想像的なものと表象、移民である。社会的諸関係や文化の将来についての考察を試みることも付け加えておこう。

1　ポスト産業社会におけるコミュニケーションの広がりと重要性が、社会学者たちに重大な経験的および理論的挑戦をたたきつけている。さまざまなコミュニケーション手段（ラジオ、テレビ、新聞）と利用方法（産業、教育、政治での……）に関する多くの研究が展開されたが、事態の発展に比べていくらか遅い感が無きにしもあらずだ。

　これらの研究にインスピレーションを与えているパラダイムは、私たちが検討した理論的モデルに追随してきたが、新しい変更をもたらしていないわけではない。例えば現代の支配関係の刷新におけるメディアの役割という仮説を展開する著作や（Mattelart, 1991；Quere, 1982；Beaud, 1984；Brune, 1993）、マスコミュニケーションの拡大に結びついた新たなイデオロギーを分析するものなどが、支配や象徴的暴力に関するP・ブルデューの考察を今までとは違う次元で追求している。

　メディアによる支配への抵抗をとらえたり（Laulan, 1985）、非常に道徳的なある種のメッセージがもつ政治的効果を明らかにしようと試みる著作（Boltanski, 1993）が自らの課題とするのは、よりダイナミックな視点である。システム主義《システミスム》のインスピレーションを受けた研究が位置するのはもう一つのまったく別の視点で、地域的あるいは地球的レベルでコミュニケーションシステムを作り出す、多様なそしてたえず変化する関係を分析しようとする。こうした問題設定は、部分的に組織についてのM・クロジエの研究に着想を与えているが、コミュニケーション理論の分野で大きな発展を遂げている。新聞のような特定セクターへ適用したり（Mathien, 1989）、最もグローバルなレベルへ当てはめたり（Moles, 1973）しながら。

　最後に方法論的個人主義は、メディアによる効果、行動の決定という仮説を告発するような研究に反映されており、そこではマスコミュニケーションの手段を、さまざまな相互作用システムの一要素と考えている。（Cazeneuve, 1972；Burgelin, 1970；Balle, 1992）

　しかしながらこれらの著作は十分な広がりを見せており、すでに出来上がったパラダイムの応用に還元されるものではない。

2　日常生活の多様な体験（日々の儀礼、家族のやり取り、会話、祝祭など）を再構成することをめざす著作が広がり始めたのは一九七五年頃からであると言えよう。これらの拡大は、偉大なるイデオロギーの退潮と、民族学的・人類学的関心の高まりとに同時に関係しており、過去の人々の日常生活に注意を払う歴史家自身の例にもならっている。日常生活をテーマとする社会学者たちはこれまで多少無視されてきた一つの伝統（タルド、ジンメル、シュッツ）を再発見することにもなる。これらの著作は自ら、部分的なもの、なまの体験に注意を払い、理論的な論争よりも具体的なものの再構成を気にかけている。また一方で、かなり多様な傾向がその中に区別できる。

日常生活の記述を通して、一つの社会階級に固有の儀礼を研究したり（Lucas, 1981）、大衆的な感受性についての研究（Jeudy, 1979）によって、社会的支配を強調することをめざし、かつてH・ルフェーブルが示唆したような批判的方向性の視点で（1958）、広く行なわれている従属の諸形態を明らかにする。

体験の記述、日々のやり取りやパフォーマンスが汲み尽されるのはもっと別の着想からで（Maffesoli, 1979, 1988 ; Sansot, 1986）、社会的現象学のモデルに自由に訴えようという意図から、生きられる体験の解釈学のようなものを少しでも実現しようとしている。ここではもう一つ別の意思が見られる。つまり文筆活動と芸術とに結びついて、自らが人間的経験の啓示的表現の運び手になろうとする（Gras, 1992）。

さらにまた社会的相互作用の研究から、E・ゴフマンが描いたような他の方法が見出され、社会心理学やエスノメソドロジーのモデルに近いもので、集合的な行為モデルに比べて、特定の行為者たちの行動を再構成しようとする点に注意を払う。（Gruel, 1984, 1990）

3　イデオロギー、社会的想像、表象の社会学は、マルクスやマンハイム以来古典的な研究領域だが、幾度かの革新と領域の拡大を経てきた。

政治的イデオロギーについての研究は、マルクスの構造主義的な読解に依拠するモデル（Althusser, 1970）に対して、動態的な視点からイデオロギーの機能を強調するような著作を重視してきた。とりわけ全体主義による暴力の行使（Lefort, 1976 ; Ansart, 1977）や支配への抵抗運動や革命の中（Castoriadis, 1975）で、イデオロギーがどう機能するかに関わるものである。イデオロギーの強さや多様性、政治世界における「世俗的宗教」としての歴史的重要性などが、体系的な研究の対象となっている（Simon, 1978 ; Duprat, 1980-1983 ; Sironneau, 1982, 1993）。

社会的表象についての著作は、もっと別の研究の道を切り開き、政治世界についてではなく、集団の変遷についてであった。社会学的アプローチと社会心理学の用語によるアプローチとの境界線は、実り豊かなやり方で乗り越えられており、集団の表象についての研究（Deconchy, 1971; Kaës, 1980）や集合的な表象についての批判的分析（Baudrillard, 1972, 1979 ; Jodelet, 1989）、あるいはまた集合的記憶を念入りに再現する研究（Namer, 1983, 1987 ; Nora, 1984）などに見られる。

社会学主義から生み出された定説をこえて、科学に関する社会学の革新により実り豊かな道がいくつか切り開かれている。知の決定要因をいくつか記述するのではなく、論争、交渉、妥協、ネットワークの創出を通して自らを作り上げていく科学を描き出している。また議論の中ではある種の翻訳作業が働いており、翻訳が欠如した場合に集団的行為が失敗することを分析するよう提起している。（Callon, 1991）

想像的なものについての分析は他の学問分野との接近の可能性を与えてきた。人類学との間では、古代あるいは現代の神話学についての総合的な考察を可能にし（Durand, 1969 ; Caillois, 1979 ; Tacussel, 1984）、芸術史との関連では芸術や文学についての社会学という新たな道を開いた。（Leenhardt, 1982）

感情性《アフェクティヴィテ》についての研究によって社会学は新たな領域を切り開いた。非合理的なものという疑わしい領域に長い間閉じ込められてきた集合的な感情や情念は、新しい研究領域を提供することで支配的なパラダイムを停止させる機会となり、社会的情念（Enriquez, 1988；Duvignaud, 1990；Vidal, 1991）や政治的情念（Ansart, 1983）についての研究の中である種の社会的精神分析学と関係を再構築する機会を得た。

新たな「諸領域」への研究の拡大は、予想されたとおり、T・クーン言うところの「通常」科学の見直しを迫るに至っている。

4　移民問題についての社会学は、社会の客観的な変化、需要、情念に対する社会学の依存状態をよくあらわしている。

第二次世界大戦以前や直後のフランス社会学は、外国人労働者の来仏に関連した諸現象にほとんど関心をもたなかったが、同じころアメリカでは、トマスとズナニエツキのポーランド移民に関する調査が有名なように、この問題について多くの研究が行なわれていた。フランスでは一九五〇年代に移民の権利や身分について多くの著作や資料が刊行されたが、彼らの社会的状況についてはほとんど見られない。経済復興と高度成長のこの時代には、外国人労働力はまったく法的および経済的現象と見られていたのである。

同様に、初期の著作は移民の経済的条件をとくに強調していた。（Michel, 1956）

経済危機の拡大が、問題の所在を変化させる上で大きな意味をもち、移民の社会的状況の複雑さや受入国と彼らとの関係の多様性が強調されるようになった。一九七〇年以降は、いろいろな国籍の移民について多くの研究が行なわれ、移民労働者に対する労働組合の態度（Tripier, 1990）、移民の子どもたちの学校教育（Mugnoz, 1978）、家族構造の変化（Zehraoui, 1976）などについて研究された。

移民女性たちの行動の変化は、とくに多くの研究の対象となっている。彼女らの行動がもとの文化に大きく依存しており、適応の難しさや変化の速度が出身国の文化によってどれほど異なっているかを明らかにしている。（Taboada-Léonetti, 1987；Parris, 1983；Le Huu Khoa, 1985）

研究方法の改革という観点からは、文化の諸事実や文化間の関係に対する関心が強まっている様子を見て取ることができる。文化に応じた行動の違い、女性や青少年（Mury, de Gaulejac, 1977）の適応性の違い、子どもたちの教育上の困難に見られる個別的な違いが注目されている。また、文化的、文化間的な紛争についても注目が集まっている（Oriol, 1981）ここでもまた、間-文化的な状況が広がりを見せており、社会的緊張が発生して、研究への社会的な需要が刺激され（例えば教育現場で）、研究を方向付けている様子がわかる。このことは、人種主義の問題についても同様で、政治的、マスコミ的な激しい論争を生んだが、野心的な研究（Yonnet, 1993）や十分な解明（Taguieff, 1988）にも機会を与えている。

5　未来に向き合う社会学。さまざまな問題がある中でとくに、七〇年代に始まった不況が長引き、共産主義体制の崩壊に結びついた不確かさが広がり、発展途上国の問題を国際的な次元で解決することができないという状況が、社会学者や社会科学の専門家たちに、未来についてのありうべきシナリオを提起するように求めたのである。「栄光の三〇年」〔戦後の経済成長期〕に結びついた楽観主義を捨て、未来論者の幻想を薄めたにしても、社会学者たちは一連の根拠ある仮説をまとめ上げ、繁栄のシナリオを提案した。

人口統計のデータから、明らかに悪い傾向が現れていた。地球規模での人口の拡大や、いくつかの地理的セクターで人口が増加しているという信頼できる仮説がたえず提出された。これらのデータは、将来を予測するための社会学的な内容の重要な指標を提供する。例えば世代の変化についての統計が労働社会学の研究に結びついた場合、長期的に見てライフサイクルがどう変化するかを予想可能にする。目下われわれは、退職年齢が下がることと寿命の延びとのあいだで、人生の「新たな時期」が現れてくる様子を区別し予測できる。それはかなり大きな経済的文化的結果をもたらす（Guillemard, 1994）。世代のあいだの新たな関係についての比較研究によって、ある範囲内で世代間の新しい関係が作られていくことも予想可能である（Attias-Donfut, 1991）。家族の社会学は、明日の家族がとるであろう形態を予測すると主張することはないものの、短期的に見た発展のラインを示している（Roussel, 1992）。宗教社会学についても同様で、新たな個人的あるいは共同的宗教実践の出現をさし示している（Hervieu-Léger, 1986）。

社会政治的レベルで提案されたいくつかのシナリオは十九世紀的な楽観論からほど遠く、一方で交換の国際化と情報や知識の加速化する流通、他方で国家的民族的紛争の存続もしくはかつての対立関係に新たな紛争の形態が置きかわるといったことが矛盾を生むと明らかにしている（Touraine, 1973, 1992）。そこで民主主義の問題、経済生活が生み出す社会的緊張や民族間の緊張を解決するのに民主主義が適しているかどうかという問題が、再び提起されている（Schnapper, 1991, 1994；Baechler, 1994）。

新たな生活様式の出現、余暇の広がりがもたらした変化、消費の発展、コミュニケーション手段の増大などに関する考察（Dumazedier, 1972；Lipovetsky, 1983）がいくつも現れている。社会学者たちはある種の楽観論に向かっているのか、かつてより油断できない文化的退歩や新たな拘束の出現の可能性を憂えているのか（Baudrillard, 1982）、いずれであろう。

ポストモダンの文化についての論争が行なわれており、明日の文化の姿を予告するようなどんな態度がこんにち発展しているのか（Morin, 1990）を知ることが問題となっている。新たな次元で明日の世界を理解するのに最適の社会学とはどんなものなのかを想像することが、残された課題であろう。この議論は今すぐ役立つ目的をもっている。すなわち社会学は、自らの歴史的変遷について考察をめぐらすよう求められるのである。

原注

序論

（1） K.Marx, *Fondements de la critique de l'économie politique (1857-1858)*, Paris, Éd. Anthropos, 1967, introduction.（K・マルクス著、高木幸二郎監訳、『経済学批判要綱（草案）——一八五七〜一八五八年』、大月書店、一九五八〜一九六五年）。

（2） A. de Tocqueville, *La Démocratie en Amérique (1835-1840)*, Paris, Gallimard, 1961, t. 1, introduction.（A・トクヴィル著、井伊玄太郎訳、『アメリカの民主政治』、講談社、一九八七年）。

（3） É. Durkheim, *Les Règles de la méthode sociologique (1895)*, Paris, Flammarion, 1988, ch. II.（E・デュルケーム著、宮島喬訳、『社会学的方法の規準』、岩波書店、一九七八年）。

（4） 社会学の認識領域が三つの主な潮流に分かれるという観点は、ピエール・トリピエの国家博士論文『労働市場への社会学的アプローチ（Approches sociologiques du marché du travail)』（パリ第七大学、一九八四年）で見事に分析されている。以下の論文も参照。P. Bergheaud et P. Tripier, "Les tensions paradigmatiques, noyau de l'espace matriciel en sciences humaines", in *Critique régionale*, Bruxelles, no. 6, novembre 1981.

（5） M. Weber, *Essais sur la théorie de la science*, Paris, Plon, 1965.

（6） M. Halbwachs, *La Mémoire collective*, ouvrage posthume, Paris, PUF, 1950.（H・アルヴァックス著、小関藤一郎訳、『集合的記憶』、行路社、一九八九年）。モーリス・アルヴァックスは一九四四年初頭に、レジスタンスに加担したとしてドイツ警察に逮捕された。

（7） C. Lévi-Strauss, *Les Structures élémentaires de la parenté*, Paris, PUF, 1949.（C・レヴィ＝ストロース著、福井和美訳、『親族の基本構造』、青弓社、二〇〇〇年）。

（8） T. Kuhn, *La Structure des révolutions scientifiques (1962)*, Paris, Flammarion, 1982.（T・クーン著、中山茂訳、『科学革命の構造』、みすず書房、一九七一年）。

（9） P・フジェイロラはマルクス主義と構造主義のこの切断をはっきり強調した。*Contre Lévi-Strauss, Lacan et Althusser*, Paris, Éd. de la Jonquière, 1976.

（10） K. Marx, *Critique de l'économie politique*, préface (1859), Paris, Éd. Sociales, 1957, p.4.（K・マルクス著、宮川彰訳、『『経済学批判』への序言・序説』、新日本出版社、二〇〇一年）。

（11） A・トゥレーヌが四つの「学派」という類似した提案をしている。"Sociologies et sociologues", in *L'État des sciences sociales*,

Paris, La Découverte, 1988, p. 134-140.

第Ｉ章

（1） P. Bourdieu, J. -C. Passeron, *Les Héritiers : les étudiants et leurs études*, Paris, Éd, de Minuit, 1964.（P・ブルデューほか著、石井洋二郎監訳、戸田清、高塚浩由樹、小澤浩明訳、『遺産相続者たち——学生と文化』、藤原書店、一九九七年）。

（2） P. Bourdieu, A. Darbel, *L'Amour de l'art : les musées et leur public*, Paris, Éd. de Minuit, 1966.（P・ブルデューほか著、山下雅之訳、『美術愛好——ヨーロッパの美術館と観衆』、木鐸社、一九九四年）。

（3） P. Bourdieu, *La Noblesse d'État : grandes écoles et esprit de corps*, Paris, Éd. de Minuit, 1989.（藤原書店近刊）。

（4） P. Bourdieu, *Choses dites*, Paris, Éd. de Minuit, 1987, p. 70.（P・ブルデュー著、石崎晴己訳、『構造と実践——ブルデュー自身によるブルデュー』、藤原書店、一九九一年）。

（5） P. Bourdieu et J. -C. Passeron, *La Reproduction*, Paris, Éd. de Minuit, 1970, p. 20.（P・ブルデューほか著、宮島喬訳、『再生産——教育・社会・文化』、藤原書店、一九九一年）。

（6） C・レヴィ・ストロースの主要著作『親族の基本構造』が一九四九年に出版され、その一〇年以上後の一九六一年に、P・ブルデューの最初の著作『アルジェリアの社会学』が世に出ていることに留意しよう。

（7） *Choses dites*, *op. cit.*, p. 16.

（8） C. Lévi-Strauss, *Anthropologie structurale*, Paris, Plon, 1958.（C・レヴィ＝ストロース著、荒川幾男ほか訳、『構造人類学』、みすず書房、一九七二年）。

（9） E. Panofsky, *Architecture gothique et Pensée scolastique*, Paris, Éd. de Minuit, 1967.（E・パノフスキー著、前川道郎訳、『ゴシック建築とスコラ学』、筑摩書房、二〇〇一年）。

（10） P. Bourdieu, J. -C. Chamboredon, J. -C. Passeron, *Le Métier de sociologue*, Paris, Mouton-Bordas, 1968, p. 59-85.（P・ブルデューほか著、田原音和・水島和則訳、『社会学者のメチエ——認識論上の前提条件』、藤原書店、一九九四年）。

（11） P. Bourdieu, *Homo academicus*, Paris, Éd. de Minuit, 1984.（P・ブルデュー著、石崎晴己、東松秀雄訳、『ホモ・アカデミクス』、藤原書店、一九九七年）。

（12） *Le Métier de sociologue*, *op. cit.*, p. 40.

（13） P. Bourdieu, « Champ intellectuel et projet créateur », in *Les Temps modernes*, novembre 1966, no. 246, p. 870.（P・ブルデュー著、荒川幾男訳、「知の場と創造投企」〔ジャン・ブイヨン編、伊東俊太郎ほか訳、『構造主義とは何か』、みすず書房、一九六八年所収〕）。

（14） *Le Métier de sociologue*, *op. cit.*, p. 59.

（15） « Champ intellectuel et projet créateur », *op. cit.*, p. 866.

（16） *Choses dites*, *op. cit.*, p. 23.

（17） *Le Métier de sociologue*, *op. cit.*, p. 41.

（18） 「その意味で、もし私がレッテル貼りの戯れを好むなら、自分は生成論的構造主義の精緻化を試みていると言うでしょう。」*Choses dites*, *op. cit.*, p. 24.

（19） P. Bourdieu, *Esquisse d'une théorie de la pratique*, Genève, Paris, Droz, 1972, p. 178.

（20） P. Bourdieu, *Le Sens pratique*, Paris, Éd. de Minuit, 1980, p. 88-89.（P・ブルデュー著、今村仁司ほか訳、『実践感覚1・2』、みすず書房、新装版二〇〇一年）。

（21） *La Reproduction*, *op. cit.*, p. 37.

（22） *Ibid*, p. 57.

（23） P. Bourdieu（sous la dir. de）, *La Misère du monde*, Paris, Éd. du Seuil, 1993.（藤原書店近刊）ほか諸所に。

（24） P. Bourdieu, *La Distinction, critique sociale du jugement*, Paris, Éd. de Minuit, 1979.（P・ブルデュー著、石井洋二郎訳、『ディスタンクシオン――社会的判断力批判Ｉ・Ⅱ』、藤原書店、一九九〇年）。

第二章

（１） G. Balandier, *L'Anthropologie appliquée aux problèmes des pays sous-développés*, Paris, cours de droit, 1955 ; *Sociologie actuelle de l'Afrique noire*, Paris, PUF, 1955.（G・バランディエ著、井上兼行訳、『黒アフリカ社会の研究――植民地状況とメシアニズム』、紀伊國屋書店、一九八三年）。

（２） G. Balandier, *Sociologie des Brazzavilles noires*, Paris, A. Colin, 1955.

（３） G. Balandier, *La Vie quotidienne au royaume de Kongo du XVIe au XVIIIe siècle*, Paris, Hachette, 1965.

（４） G. Balandier, *Sens et Puissance, les dynamiques sociales*, Paris, PUF, 1971, 1re partie.（G・バランディエ著、小関藤一郎訳、『意味と力――社会動学論』、法政大学出版局、一九九五年）第一部。

（５） *Ibid.*, p. 225-230.

（６） *Ibid.*, p. 230.

（７） *Ibid.*, p. 7.

（８） *Ibid.*, p. 219.

（９） *Ibid.*

（10） G. Balandier, *Le Détour: pouvoir et modernité*, Paris, A. Fayard, 1985 ; *Le Dédale, pour en finir avec le XXe siècle*, Paris, Fayard, 1994.

（11） A. Touraine, *Sociologie de l'action*, Paris, Éd. du Seuil, 1965, p. 7.（A・トゥレーヌ著、大久保敏彦ほか訳、『行動の社会学』、合同出版、一九七四年）。

（12） *Ibid.*, p. 10.

（13） *Ibid.*, p. 35.

（14） *Ibid.*, p. 38.

（15） A. Touraine, *Production de la société*, Paris, Éd. du Seuil, 1973, p. 7.

（16） A. Touraine, *Pour la sociologie*, Paris, Éd. du Seuil, coll. « Points », 1974, p. 214-220.（A・トゥレーヌ著、梶田孝道訳、『社会学へのイマージュ――社会システムと階級闘争の理論』、新泉社、一九七八年）。

（17） *Production de la société*, *op. cit.*, p. 28-30.

（18） *Ibid.*, p. 86、ほか諸所。

（19） A. Touraine et D. Grisoni, *Un désir d'histoire*, Paris, Stock, 1977, p. 125.（A・トゥレーヌ著、杉山光信訳、『歴史への希望――現代フランスの知的状況から』、新曜社、一九七九年）。

（20） A. Touraine（en coll.）, *Crise et Conflit ; lutte étudiante*（1976）CORDES, 1977, p. 4-5.

第三章

（１） M. Crozier, E. Friedberg, *L'Acteur et le Système; les contraintes de l'action collective*, Paris, Éd. du Seuil, 1977, p. 23.

（２） M. Crozier, *Le Phénomène bureaucratique*, Paris, Éd. du seuil, 1963, p. 21.

（３） M. Crozier, *Les Attiudes des cadres à l'égard du gouvernement de l'entreprise*, Centre de recherches et d'études des chefs d'entreprise, 1972.

（４） Michel Crozier, préface à J. G. March et H. A. Simon, *Les Organisations*, Paris, Dunod, 2e édition, 1969, p. v-xiv.（J・G・マーチ、H・A・サイモン著、土屋守章訳、『オーガニゼー

ションズ』、ダイヤモンド社、一九七七年）。
（5） *Le Phénomène bureaucratique, op. cit.*, p. 16.
（6） *Ibid.*, p. 295-305.
（7） Préface à March, Simon, *Les Organisations, op. cit.*, p. v.
（8） *Le Phénomène bureaucratique, op. cit.*, p. 248.
（9） *Ibid.*, p. 248-254.
（10） *Ibid.*, p. 255.
（11） *L'Acteur et le Système, op. cit.*, p. 13.
（12） *Ibid.*
（13） *Ibid.*, p. 47.
（14） *Ibid.*, p. 56.
（15） *Ibid.*, p. 56-57.
（16） *Le Phénomène bureaucratique, op. cit.*, p. 59.
（17） *L'Acteur et le Système, op. cit.*, p. 52.
（18） *Le Phénomène bureaucratique, op. cit.*, p. 20.
（19） *L'Acteur et le Système, op. cit.*, p. 354-355.
（20） *Ibid.*, p. 199.
（21） *Ibid.*, p. 203.

第四章

（1） R. Boudon et F. Bourricaud, *Dictionnaire critique de la sociologie*, Paris, PUF, 1982, p. v.
（2） R. Boudon, *La Logique du social : introduction à l'analyse sociologique*, Paris, Hachette, 1979, p. 9-17.
（3） K. Popper, *Misère de l'historicisme*, Paris, Plon, 1955.（K・ポパー著、久野収ほか訳、『歴史主義の貧困』、中央公論社、一九六一年）。
（4） *In* O'Neill, *Modes of Individualism and Collectivism*, Londres, HEB, 1973, p. 336.
（5） *Dictionnaire critique de la sociologie, op. cit.*, p. 287.
（6） *Ibid.*, p. 286.
（7） *La Logique du social, op. cit.*, p. 35.
（8） M. Olson, *The Logic of collective Action* (1965) ; trad. franç. *La Logique de l'action collective*, Paris, PUF, 1978.（M・オルソン著、依田博、森脇俊雅訳、『集合行為論——公共財と集団理論』、ミネルヴァ書房、一九九六年）。
（9） *La Logique du social, op. cit.*, p. 223.
（10） *Ibid.*, ch. III.
（11） *Ibid.*, ch. IV.
（12） *Ibid.*, p. 119.
（13） *Ibid.*, p. 123.
（14） R. Boudon, *Effets pervers et ordre social*, Paris, PUF, 1977, p. 20.
（15） *La Logique du social, op. cit.*, p. 162.
（16） *Ibid.*, ch. v.
（17） *Les Méthodes en sociologie*, Paris, PUF, coll. « Que sais-je? », no. 1334.（R・ブードン著、宮島喬訳、『社会学の方法』、白水社・文庫クセジュ、一九七〇年）。
（18） R. Boudon, *L'Analyse mathématique des faits sociaux*, Paris, Plon, 1967; R. Boudon et P. Lazarsfeld (choix de textes sous la dir. de), *L'Analyse empirique de la causalité*, Paris, Mouton, 1966.
（19） R. Boudon, *L'Inégalité des chances*, Paris, A. Colin, 1973.（R・ブードン著、杉本一郎ほか訳、『機会の不平等——産業社会における教育と社会変動』、新曜社、一九八三年）。
（20） *La Logique du social, op. cit.*, p. 250.
（21） J. G. Padioleau, *L'ordre social, principes d'analyse sociologique*, Paris, L'Harmattan, 1986 は、この傾向を示している。

第五章

（１）　P. Bourdieu, *La Distinction, critique sociale du jugement, op. cit.*, p. 11.（P・ブルデュー著、石井洋二郎訳、『ディスタンクシオン――社会的判断力批判Ⅰ・Ⅱ』、藤原書店、一九九〇年）。
（２）　*Ibid.*, p. 130.
（３）　*Ibid.*, p. 13.
（４）　*Ibid.*, p. 355.
（５）　*Ibid.*, p. 360.
（６）　P. Bourdieu, J. -C. Passeron, *Les Héritiers, les étudiants et leurs études, op. cit.*（P・ブルデュー著、石井洋二郎監訳、戸田清、高塚浩由樹、小澤浩明訳、『遺産相続者たち――学生と文化』、藤原書店、一九九七年）。
（７）　P. Bourdieu, *La Distinction, op. cit.*, p. 227.
（８）　*Ibid.*, p. 112.
（９）　*Ibid.*, p. 113, n. 6.
（10）　*La Reproduction, op. cit.*（P・ブルデューほか著、宮島喬訳、『再生産――教育・社会・文化』、藤原書店、一九九一年）。
（11）　*Un art moyen*, Paris, Ed. de Minuit, 1965, p. 73-74.（P・ブルデュー監修、山縣熙・山縣直子訳、『写真論――その社会的効用』、法政大学出版局、一九九〇年）。
（12）　*Ibid.*, p. 75.
（13）　*Ibid.*, p. 74.
（14）　*Ibid.*, p. 101.
（15）　*La Distinction, op. cit.*, p. 9.
（16）　*Ibid.*, p. 259-261.
（17）　*Ibid.*, p. 438.
（18）　*Ibid.*, p. 440.
（19）　*Ibid.*, p. 448.
（20）　*Ibid.*, III, ch. 6, « La bonne Volonté culturelle ».
（21）　*Ibid.*, p. 378.
（22）　*Ibid.*, p. 322.
（23）　« Champs intellectuel et projet créateur », in *Les Temps modernes*, novembre 1966, no 246.（P・ブルデュー著、荒川幾男訳、「知の場と創造投企」〔ジャン・プイヨン編、伊東俊太郎ほか訳、『構造主義とは何か』、みすず書房、一九六八年所収〕）。
（24）　*Le Métier de sociologue, op. cit.*, p. 37-43.（P・ブルデューほか著、田原音和・水島和則訳、『社会学者のメチエ――認識論上の前提条件』、藤原書店、一九九四年）。

第六章

（１）　G. Balandier, « Violence et anthropologie », in *Violence et Transgression* (sous la dir. de. M. Maffesoli et A. Bruston), Paris, Anthropos, 1979, p. 10.
（２）　*Ibid.*, p. 12.
（３）　René Girard, *La Violence et le Sacré*, Paris, Grasset, 1972.（R・ジラール著、古田幸男訳、『暴力と聖なるもの』、法政大学出版局、一九八二年）。
（４）　G. Balandier, *Anthropo-logiques*, Paris, PUF, 1974, p. 22-23.
（５）　*Ibid.*, p. 35.
（６）　*Ibid.*, p. 67.
（７）　*Ibid.*, p. 68.
（８）　*Ibid.*, p. 69.
（９）　G. Balandier, *Anthropologie politique*, Paris, PUF, 1967.（G・バランディエ著、中原喜郎訳、『政治人類学』、合同出版、一九七一年）。
（10）　G. Balandier, *Le Pouvoir sur scenes*, Paris, Balland, 1980.（G・

バランディエ著、渡辺公三訳、『舞台の上の権力——政治のドラマトゥルギー』、筑摩書房、二〇〇〇年)。

(11) G. Balandier, « Violence et anthropologie », in *Violence et Transgression, op. cit.*, p. 9-22.

(12) *Sens et Puissance, op. cit.*, p. 60-61. (G・バランディエ著、小関藤一郎訳、『意味と力——社会動学論』、法政大学出版局、一九九五年)。

(13) A. Touraine, *Production de la societé, op. cit.*, p. 319.

(14) *Ibid.*, p. 124-126.

(15) *Ibid.*, p. 131 et passim.

(16) *Ibid.*, p. 7.

(17) *Ibid.*, p. 30-39 et passim.

(18) *Ibid.*, p. 31.

(19) *Pour la sociologie, op. cit.*, p. 57. (A・トゥレーヌ著、梶田孝道訳、『社会学へのイマージュ——社会システムと階級闘争の理論』、新泉社、一九七八年)。

(20) *Production de la société, op. cit.*, p. 31.

(21) *Ibid.*, p. 146-154.

(22) *Ibid.*, p. 183.

(23) *Ibid.*

(24) *Ibid.*, p. 188.

(25) *Ibid.*

(26) *Ibid.*, p. 189.

(27) *Ibid.*

(28) A. Touraine, avec F. Dubet, Z. Hegedus, M. Wieviorka, *Crise et Conflit, lutte étudiante* (1976), Paris, CORDES, 1977.

(29) *Production de la société, op. cit.*, p. 192.

第七章

(1) ジョルジュ・ラパッサドとルネ・ルローによれば、コンフリクトとは、社会的関係だけでなく理論を分析するためのすぐれた「分析装置」なのである。

(2) Cf. *infra*, ch. 3.

(3) *Le phénomène bureaucratique, op. cit.*

(4) *Ibid.*, p. 79-94.

(5) *Ibid.*, p. 200.

(6) *Ibid.*, p. 201.

(7) *Ibid.*, p. 202.

(8) *Ibid.*, p. 147.

(9) *Ibid.*

(10) *Ibid.*, p. 146.

(11) *Ibid.*, p. 149-189.

(12) *Ibid.*, p. 158.

(13) *Ibid.*, p. 159.

(14) *Ibid.*, p. 161.

(15) *Ibid.*, p. 167.

(16) *Ibid.*, p. 168.

(17) M. Crozier, E. Friedberg, *L'Acteur et le Système, op. cit.*

(18) *Ibid.*, p. 79.

(19) *Ibid.*, p. 53.

(20) *Ibid.*, p. 97.

(21) Michel Crozier, *La Société bloquée,* Paris, Éd. du Seuil, 1970. (M・クロジエ著、影山喜一訳、『閉ざされた社会——現代フランス病の考察』、日本経済新聞社、一九八一年)。

(22) *Ibid.*, p. 89.

(23) Michel Crozier et J.-C. Thoenig, « L'importance du système politico-

administratif territorial », in Alain Peyrefitte (présentés par...), *Décentraliser les responsabilités : pourquoi? comment?*, Paris, La Documentation française, coll. « J'ai lu », 1976.
(24) *Ibid.*, p. 68-69.
(25) *Ibid.*, p. 77.

第八章

(1) *Dictionnaire critique de la sociologie, op. cit.*, art. « Conflits sociaux ».
(2) *Ibid.*, p. 86.
(3) *Ibid.*
(4) *La Logique du social, op. cit.*, p. 82.
(5) *Ibid.*, p. 152, n. 2.
(6) *Ibid.*, p. 77-88.
(7) *Ibid.*, p. 79-80.
(8) *Ibid.*, p. 79.
(9) *Ibid.*, p. 87.
(10) *Ibid.*, p. 86.
(11) *Ibid.*
(12) *Ibid.*, p. 87.
(13) *Ibid.*, p. 64 -65.
(14) *Ibid.*, p. 69.
(15) *Ibid.*, p. 119.
(16) *Ibid.*, p. 118-119.
(17) *Ibid.*, p. 131.
(18) *La Place du désordre, critique des théories du changement social*, Paris, PUF, 1984.
(19) *Ibid.*, p. 82.
(20) *Ibid.*, p. 84.
(21) *Ibid.*, p. 195.

第九章

(1) *Le Métier de sociologue, op. cit.*, p. 38.（P・ブルデューほか著、田原音和・水島和則訳、『社会学者のメチエ——認識論上の前提条件』、藤原書店、一九九四年)。
(2) *Un art moyen, op. cit.*, p. 20.（P・ブルデュー監修、山縣熙・山縣直子訳、『写真論——その社会的効用』、法政大学出版局、一九九〇年)。
(3) P. Bourdieu, *Le Sens pratique, op. cit.*, p. 202.（P・ブルデュー著、今村仁司ほか訳、『実践感覚１・２』、みすず書房、新装版二〇〇一年)。
(4) P. Bourdieu, « Le marché des biens symboliques », *L'Année sociologique*, 1971, no. 22, p. 53.
(5) *Ibid.*, p. 52.
(6) *Ibid.*, p. 82.
(7) *Ibid.*, p. 69.
(8) *Ibid.*
(9) *La Reproduction, op. cit.*, p. 22.（P・ブルデューほか著、宮島喬訳、『再生産——教育・社会・文化』、藤原書店、一九九一年)。
(10) *Ibid.*, p. 51.
(11) *Ibid.*, p. 26.
(12) *Ibid.*, p. 144.
(13) *Le Sens pratique, op. cit.*, p. 216-217.
(14) *La Reproduction, op. cit.*, p. 19.
(15) *Ibid.*, p. 19.
(16) « La représentation politique », in *Actes de la recherche en sciences so-*

ciales, no. 36-37, février-mars 1981, p. 3. *La Misère du monde*, Paris, Éd. du Seuil, 1993, p. 941-944.（藤原書店近刊）。

（17） *Ibid.*, p. 13.

第十章

（1） G. Balandier, *Anthropo-logiques*, *op. cit.*, p. 14.

（2） *Ibid.*, p. 15-16.

（3） *Ibid.*, p. 17.

（4） *Ibid.*, p. 23-24.

（5） *Ibid.*, p. 48-50.

（6） *Ibid.*, p. 43.

（7） *Ibid.*, p. 37.

（8） *Ibid.*

（9） G. Althabe, *Oppression et Libération dans l'imaginaire, les communautés villageoises de la côte orientale de Madagascar*, préface de G. Balandier, Paris, F. Maspero, 1982.

（10） *Ibid.*, p. 9.

（11） *Ibid.*, p. 11.

（12） G. Balandier, *Le Pouvoir sur scènes*, *op. cit*（G・バランディエ著、渡辺公三訳、『舞台の上の権力——政治のドラマトゥルギー』、筑摩書房、二〇〇〇年）。

（13） *Ibid.*, p. 16.

（14） *Ibid.*, p. 17-18.

（15） *Ibid.*, p. 20.

（16） A. Touraine, *Production de la société*, *op. cit.*, p. 26.

（17）「蓄積。当該の社会の文化モデルと統治階級の利害とに合致した投資のために統治階級によってなされる、労働の産物の一部分の徴収」、*ibid.*, glossaire, p. 529.

（18） *La Société post-industrielle*, Paris, Denoël, 1969, p. 7-40.（A・トゥレーヌ著、寿里茂、西川潤訳、『脱工業化の社会』、河出書房新社、一九七〇年）。

（19） *Production de la société*, *op. cit.*, p. 30.

（20） *Ibid.*, glossaire, p. 532.

（21） *Ibid.*, glossaire, p. 531.

（22） *Ibid.*, p. 30.

（23） *Le Mouvement de mai ou le Communisme utopique*, Paris, Éd. du Seuil, 1968.（A・トゥレーヌ著、寿里茂、西川潤訳、『現代の社会闘争——五月革命の社会学的展望』、日本評論社、一九七〇年）。

（24） *Ibid.*, p. 11.

（25） A. Touraine, *La Voix et le Regard*, Paris, Éd. du Seuil, 1978.（A・トゥレーヌ著、梶田孝道訳、『声とまなざし——社会運動の社会学』、新泉社、一九八三年）。

（26） *Ibid.*, p. 129.

（27） *Ibid.*

（28） *Ibid.*, p. 130.

（29） *Ibid.*, p. 186.

（30） *Ibid.*, p. 187.

第十一章

（1） *Le Phénomène bureaucratique*, *op. cit.*, p. 47.

（2） *L'Acteur et le Système*, *op. cit.*, p. 397.

（3） *Ibid.*, p. 398.

（4） *Le Phénomène bureaucratique*, *op. cit.*, p. 47.

（5） *Ibid.*, p. 70-71.

（6） *Ibid.*, p. 72.

(7) *Ibid.*, p. 71.
(8) *L'Acteur et le Système*, *op. cit.*, p. 397.
(9) *Le Phénomène bureaucratique*, *op. cit.*, p. 202.
(10) *Ibid.*
(11) *L'Acteur et le Système*, *op. cit.*, p. 38.
(12) *Le Phénomène bureaucratique*, *op. cit.*, p. 49.
(13) *Ibid.*, p. 50.
(14) *Ibid.*, p. 147-148.
(15) *Ibid.*, p. 280.
(16) *Ibid.*, p. 284.
(17) *Ibid.*, p. 288.
(18) *L'Acteur et le Système*, *op. cit.*, p. 168.
(19) *Ibid.*
(20) *Ibid.*, p. 179.

第十二章

(1) *La Logique du social*, *op. cit.*, p. 272.
(2) *Ibid.*, p. 273.
(3) *Ibid.*
(4) *Ibid.*, p. 32.
(5) *Ibid.*, p. 33.
(6) *Ibid.*, p. 20-21.
(7) *Ibid.*
(8) *Ibid.* p. 21.
(9) *Ibid.*
(10) *Ibid.*, p. 88.
(11) cf. *infra.*, ch. 8.
(12) *Ibid.*, p. 119.
(13) *Dictionnaire critique de la sociologie*, *op. cit.*, p. 540-541.
(14) *Ibid.*, p. 541.
(15) *La logique du social*, *op. cit.*, ch. 8.
(16) *Dictionnaire critique de la sociologie*, *op. cit.*, p. 96.
(17) *Ibid.*
(18) *Ibid.*, p. 101.
(19) *Ibid.*
(20) *Ibid.*, p. 102.
(21) R. Boudon, *L'Idéologie ou l'Origine des idées reçues*, Paris, Fayard, 1986, p. 18.
(22) *Ibid.*, p. 45.
(23) *Ibid.*, p. 123.
(24) *Ibid.*, p. 174.
(25) R. Boudon, *La Place du désordre : critique des théories du changement social*, Paris, PUF, 1984, p. 146.
(26) *Ibid.*, p. 156.

第十三章

(1) *Les Héritiers, les étudiants et leurs études*, 1964.（P・ブルデュー著、石井洋二郎監訳、戸田清、高塚浩由樹、小澤浩明訳、『遺産相続者たち——学生と文化』、藤原書店、一九九七年）。*La Reproduction : éléments pour une théories du système d'enseignement*, 1970.（P・ブルデューほか著、宮島喬訳『再生産——教育・社会・文化』、藤原書店、一九九一年）。*La Noblesse d'État : grandes écoles et esprit de corps*, 1989.（藤原書店近刊）。
(2) *La Reproduction*, *op. cit.*, p. 20.
(3) *Choses dits*, *op. cit.*, p. 131.（P・ブルデュー著、石崎晴己訳、『構造と実践——ブルデュー自身によるブルデュー』、藤原書店、一九九一年）。
（4） Cf. *Supra*, ch. 1; cf. aussi *La Noblesse d'État, grandes écoles et esprit de corps*, *op. cit.*, IV.
（5） *Choses dites*, *op. cit.*, p. 65.
（6） *Ibid.*, p. 167-168.
（7） *La Reproduction*, *op. cit.*, p. 19.
（8） *Le Métier de sociologue*, Paris, La Haye, New York; Mouton, éd. 1980, p. 31.（P・ブルデューほか著、田原音和・水島和則訳、『社会学者のメチエ――認識論上の前提条件』、藤原書店、一九九四年）。
（9） *Un art moyen*, *op. cit.*, p. 18.（P・ブルデュー監修、山縣熙・山縣直子訳、『写真論――その社会的効用』、法政大学出版局、一九九〇年）。
（10） P・ブルデューの著作に見られるハビトゥスの概念の詳しい検討は、次の論文を参照。André Mary, "Métaphores et paradigmes dans le bricolage de la notion d'habitus", *Cahiers du LASA*, nos. 8-9, 1988.
（11） *La Théorie de la pratique*, *op. cit.*, p. 178-179.
（12） *Ibid.*, p. 175.
（13） *Choses dites*, *op. cit.*, p. 76.
（14） "Les usages sociaux de la parenté", in *Le Sens pratique*, *op. cit.*, livre II, ch. 2.（P・ブルデュー著、今村仁司ほか訳、『実践感覚1・2』、みすず書房、新装版二〇〇一年）。
（15） *Choses dites*, *op. cit.*, p. 147.
（16） *Ibid.*, p. 19.
（17） *Ibid.*, p. 78.
（18） *Ibid.*, p. 80.
（19） *Un art moyen*, *op. cit.*, p. 20.
（20） *Le Métier de sociologue*, *op. cit.*, p. 68.
（21） *Ibid.*, p. 81.
（22） *Ibid.*, p. 100-101.
（23） *Choses dites*, *op. cit.*, p. 65.
（24） *Le Métier de sociologue*, *op. cit.*, p. 96.
（25） *Ibid.*
（26） *Ibid.*, p. 26.
（27） *Choses dites*, *op. cit.*, p. 69.

第十四章

（1） G. Balandier, *Anthropo-logiques*, *op. cit.*
（2） G. Balandier, *Le Désordre, éloge du mouvement*, Paris, Fayard, 1988.
（3） *Ibid.*, 3e partie, ch. 7.
（4） *Ibid.*, p. 9.
（5） *Ibid.*, p. 35.
（6） *Ibid.*
（7） G. Balandier, *Le Détour*, *op. cit.*
（8） G. Balandier, *La Vie quotidienne au royaume de Kongo du XVIe au XVIIIe siècle*, *op. cit.*
（9） A. Touraine, *Production de la société*, *op. cit.*; *La parole et le Sang*, O. Jacob, 1988
（10） G. Balandier, *Anthropologie politique*, *op. cit.*, 1967.（G・バランディエ著、中原喜一郎訳、『政治人類学』、合同出版、一九七一年）。*Le Détour*, *op. cit.*, 1985; *Le Désordre*, *op, cit.*, 1988.
（11） A. Touraine, *La Société post-industrielle*, *op. cit.*（A・トゥレーヌ著、寿里茂、西川潤訳、『脱工業化の社会』、河出書房新社、一九七〇年）。
（12） *Id.*, *Mort d'une gauche*, Paris, Galilée, 1979
（13） A. Touraine, *La Parole et le Sang*, *op. cit.*

(14) *Id. Le Retour de l'acteur*, Paris, Fayard, 1984.
(15) A. Touraine, *La Voix et le Regard, op. cit.*（A・トゥレーヌ著、梶田孝道訳、『声とまなざし――社会運動の社会学』、新泉社、一九八三年）。
(16) *Ibid.*, p. 188 et passim.
(17) *Ibid.*, p. 245.
(18) *Ibid.*

第十五章

(1) M. Crozier et E. Friedberg, *L'Acteur et le Système, op. cit.*
(2) M. Crozier, "Les organisations", in H. Mendras, M. Verret, *Les Champs de la sociologie française*, Paris, A.. Colin, 1988, p. 125-126.
(3) *Ibid.*, p. 126.
(4) *Ibid.*
(5) *Le Phénomène bureaucratique, op. cit.*, p. 15.
(6) *L'Acteur et le Système, op. cit.*, p. 13.
(7) *Ibid.*, p. 13-14.
(8) *Le Phénomène bureaucratique, op. cit.*, p. 294.
(9) *L'Acteur et le Système, op. cit.*, p. 17.
(10) *Ibid.*, p. 25.
(11) *Ibid.*, p. 95.
(12) *Ibid.*, p. 38.
(13) *Ibid.*, p. 97.
(14) *Ibid.*, p. 48.
(15) *Ibid.*, p. 27.
(16) *Ibid.*, p. 397.
(17) *Ibid.*, p. 14.
(18) Michel Crozier et Jean-Claude Thœnig, "L'importance du système politico-administratif territorial", in Alain Peyrefitte, *Décentraliser les responsabilités*, Paris, La Documentation françaises, 1976, p. 59.
(19) *L'Acteur et le Système, op. cit.*, p. 349.
(20) *Ibid.*, p. 355.
(21) *Ibid.*, p. 357.
(22) *Ibid.*, p. 358.
(23) "Les organisations", in *Les Champs de la sociologie française, op. cit.*, p. 128.

第十六章

(1) R. Boudon et F. Bourricaud, *Dictionnaire critique de la sociologie, op. cit.*
(2) *La Logique du social, op. cit.*, 2e éd., p. 39-40.
(3) *Effets pervers et Ordre social, op. cit.*, p. 235.
(4) *Ibid.*, p. 236-242.
(5) *Ibid.*, p. 237.
(6) 「過度の機能主義はブルデューのいくつかの著作において明らかだ。ハビトゥスという機械仕掛けのおかげで、個人を通して社会階級が作動し、自己表現し、再生産される。個人は階級構造によって規定された役割の単なる実行者である。」*ibid.*, p. 241-242.
(7) *Ibid.*, p. 239.
(8) *Ibid.*, p. 241.
(9) *Ibid.*, p. 240.
(10) *La Place du désordre : critique des théories du changement social, op. cit.*, p. 18-34.
(11) *La Logique du social, op. cit.*, p. 37.
(12) "Individualisme ou holisme : un débat méthodologique fondamen-

tal", in H. Mendras, M. Verret, *Les Champs de la sociologie française*, *op. cit.*, p. 32.

(13) *La Place du désordre, op. cit.*, p. 184-190.

(14) *Ibid.*, p. 187.

(15) *Ibid.*

(16) *Ibid.*, p. 188-189.

(17) *Ibid.*, p. 232.

(18) *La Logique du social, op. cit.*, p. 85.

(19) *La Place du désordre, op. cit.*, p. 191.

(20) *Ibid.*, p. 192.

(21) *Ibid.*, p. 195.

(22) *Ibid.*, p. 229.

(23) *Ibid.*, p. 230-231.

(24) *Ibid.*, p. 230.

(25) *Ibid.*, p. 221.

(26) *Ibid.*, p. 11.

(27) *Ibid.*, p. 10.

(28) R. Boudon, *L'Idéologie, op. cit.*, p. 226-228.

(29) *Ibid.*, p. 100-102.

(30) *Ibid.*, p. 21.

(31) *Ibid.*, p. 286.

(32) *Ibid.*, p. 287.

結　論

(1) *Choses dites, op. cit.*, p. 26.（P・ブルデュー著、石崎晴己訳、『構造と実践――ブルデュー自身によるブルデュー』、藤原書店、一九九一年）。

(2) "La représentation politique", in *Actes de la recherche en science sociales*, no. 36-37, février-mars 1981.

(3) *Le Déracinement : a crise de l'agriculture traditionnelle en Algérie*, Paris, Éd. de Minuit, 1964.

(4) P. Bourdieu, "A quand un lycée Bernard-Tapie?", *Libération*, 4 décembre 1986.

(5) A. Touraine, *Mort d'un gauche, op. cit.*

(6) P. Ansart, *Les Idéologies politiques*, Paris, PUF, 1974, ch. III, 3.

(7) 一九八八年の著作のサブタイトル「無秩序、運動への賛辞」による。

(8) G. Balandier, *Le Pouvoir sur scènes, op. cit.*（G・バランディエ著、渡辺公三訳、『舞台の上の権力――政治のドラマトゥルギー』、筑摩書房、二〇〇〇年）。

(9) Michel Crozier, *Le Phénomène bureaucratique, op. cit.*, ch. 8.

(10) R. Boudon, *L'Idéologie, op. cit.*, p. 285-288.

(11) R. Boudon, "Individualisme ou holisme : un débat méthodologique fondamental", in H. Mendras et M. Verret, *Les Champs de la sociologie française, op. cit.*

監訳者あとがき

本書を翻訳し、日本で出版しようと思った理由は、八〇年代以降のフランス社会学を正しく、広く日本で知ってほしいとの気持ちからである。かつてトゥレーヌやクロジエがいくつか翻訳されて日本で出版された。バランディエも人類学の分野で紹介されたし、ブードンは数理社会学の分野だったように思う。残念ながらそれぞれが紹介者の熱意に負うもので、一過性の流行に終わったものが多く、各社会学者がなぜそのような研究に取り組み、何を問題にしようとしたのかという踏み込んだ議論にはなかなか至らなかった。まして彼ら相互の対抗、連合、並存、配置関係といったことは問題になっていない。これらは個々バラバラの独特な一論者なのだろうか。そして昨今はブルデューの著作の多くが翻訳されており、流行に終わるおそれがないとはいえない。

構造主義の原則に従えば、共時態の中においてこそ、各項の示唆的な意味は明らかになる。ブードンとブルデューは真っ向から対峙したし、ブルデューとクロジエは戦略という概念を通じて結びつき、トゥレーヌやバランディエはより長い歴史的スパンで社会変動を考え、発展途上国やローカルな社会運動といった周辺部に焦点を当てる。それぞれの個性はフランス社会学理論というシャン（領野）の中で、その意味を十二分に発揮する。さらにこのアカデミックな世界は、アルジェリア独立戦争から始まり、ジスカールを経て、ミッテランの左翼政権、移民問題の深刻化、シラクの保守政権という六〇年代以降のフランスの政治的文脈にはめ込まれている。社会学者相互の配置関係と、それを取り巻く政治的文脈、この二つの視点を与えてくれたのが本書である。

出版に当たっては、本書の翻訳に快くご理解いただき、日本語版の序文をお寄せいただいた著者のアンサール先生に、心より感謝いたしたい。バカンスで閑散とした昨年八月のパリ、エッフェル塔の賑わいが嘘のようなシャン・ド・マルスはずれのカフェでお会いしたときのことが思い出される。

そのとき先生にお願いしたことは一つ、翻訳に当たっては、日本語として一貫性のあるものにしたい、辞書にのっている「意味」をつなげたものにはしたくないということであった。各部を担当した訳者の個性があるため、全体として十分に統一できていない部分も多いが、新たなチャレンジとしてお読み頂ければ幸いである。なお本書のタイトル、目次の一部などは先生にお断りして、監訳者が変更、付加した。本書は近年の社会学の論点を大変すっきりと整理しており、社会学が新たに生まれ変わるための出発点になればという願いを込めて、タイトルを変更した。

本書が明らかにしている点は次の三つである。社会学が常に一定の問題設定をめぐって展開されてきたこと。すなわち社会学とは何であるかを明瞭に提示していること。にもかかわらず社会学は一枚岩でなく、全くあい反するような考えが同居し、好むと好まざるとにかかわらず切磋琢磨していること。そして、とりわけフランス社会学はこの多様性、歴史学、哲学、構造主義、現象学、人口統計学、経済学など隣接する諸人文科学の一員として、重要な地位にあることである。言いかえるなら、こうした諸学とのつながりがなければ、社会学もありえないということではないだろうか。(フランス社会学などの戦後の流れを詳細に論じたものとして、寿里茂先生の『現代フランスの社会構造』が大変参考になる。)

そして本書のアクチュアルな意義は、なんと言っても日本人社会学者にとって、特にフランス社会学に関心を抱く者にとって、三点ある。

提示された四つの社会学のうちわれわれにとって重要なのが、「社会は変動する」というバランディエらのオプションと頑固なまでに個人主義的なブードンらの立場である。社会現象は、自然現象と異なる。いくら社会学が「科学的」になりたくても、一定の明確な定理に還元できるようなスタティックな社会的事実や普遍の社会法則、集合意識などとというものは存在しない。社会的圧力や社会的拘束がいつでもそこにあってわれわれを締め付けるというような発想からもう脱皮していいのではないだろうか。社会現象は表面のきらめきであり、その背後に個人を動かす集団の力や共有された規範が存在するというようなポジションは、いくつかあるオプションの一つに過ぎない。日本的社会観を社会学の本質と勘違いしてはいないだろうか？

第二に、日本の現在の社会学の繁栄ぶりを見るにつけ思うことは、理論的考察の不在である。社会をどうとらえるのか、個人は全体の中でどの程度まで決定力があり、どんな戦略に基づいて、どう行動するのか。具体例を並べれば本質がつかめるというものではない。常に理論的考察を押し進めることから、しかも、あい対峙するポジションに依拠する異なる社会観をぶつけることで理論が前進する。こうした理論的考察をマルクス─デュルケーム─ウェーバーの時代から絶え間なく繰り返してきた伝統こそ、忘れてはならないものである。

第三に、ブルデュー社会学の相対化である。本書はそういうことを意図して書かれたものでなく、アンサール氏の眼前で展開してきたフランス社会学の状況をそのまま伝えている。しかし本書を読んでわかるのは、日本で昨今よく取り上げられるブルデュー社会学が、じつは今日のフランス社会学というはめ絵にピッタリはまるワン・ピースであることだ。これまでしばしば繰り返されてきたことだが、特定の海外の理論家を、その文化的文脈、念頭にあるはずのライバルたち、取り囲む社会政治状況などからスパッと切り離して、カリスマ的な能力の持ち主であるかのように輸入する。そんな日本の文化的マーケット手法を、そろそろ脱却したほうがいいのではないかと、本書が示唆しているように思われる。ブルデュー自身の近著『自己分析のためのスケッチ』が一つの清涼剤となるかもしれない。

いずれにせよ、文化的教養と理論的思考力に裏打ちされた実証研究がなければ、社会学は前進しない。そして社会学をやるには人文社会科学の幅広い教養が不可欠である。そんなあたりまえのことを本書が教えている。コントも、マルクスも、デュルケームも、ウェーバーも、誰一人として「社会学」だけを勉強した者などいない。まず哲学、そして経済学、歴史学、人類学、これらの上に社会学は打ち立てられたのだから。社会学だけを学び社会学だけを研究し教えることこそ、社会学の貧困を招く。

大胆に言うなら、社会学は（おそらく心理学も）データと検証に基づく純然たる実証科学ではないということを、創設期から一〇〇年を経たいま、気付く時なのではないだろうか。そしてクロジエとブードンの章が示唆するように、社会学の本当の対象は「社会」ではなく、行為する人間であるということに。

＊

最後になったが、編集に当たっていただいた藤原書店編集部の方々に感謝申し上げたい。

二〇〇四年三月二十五日

山下雅之

——1981, et F. DUBET, Z. HEGEDUS, M. WIEVIORKA, *Le Pays contre l'État : luttes occitanes*, Paris, Éd. du Seuil.（A・トゥレーヌほか共著、宮島喬訳、『現代国家と地域闘争——フランスとオクシタニー』、新泉社、1984年）
——1982, et F. DUBET, M. WIEVIORKA, J. STRZELECKI, *Solidarité*, Paris, Fayard.
——1984, et F. DUBET, M. WIEVIORKA, *Le Mouvement ouvrier*, Paris, Fayard.
——1984, *Le Retour de l'acteur : essai de sociologie*, Paris, Fayard.
——1988, *La Parole et le Sang : politique et société en Amérique latine*, Paris, Odile Jacob.
——1992, *Critique de la modernité*, Paris, Fayard.
——1994, *Qu'est-ce que la démocratie*, Paris, Fayard.
TRIPIER, Maryse, 1990, *L'Immigration dans la classe ouvrière en France*, Paris, l'Harmattan.
TRIPIER, Pierre, 1984, *Approches sociologiques du marché du travail*, thèse d'État, université, Paris VII-Jussieu.
VERMES, G. et J. BOUTET, 1987 (éd.), *France, pays multilingue*, Paris, L'Harmattan, 2 vol.
VERRET, Michel, 1979, *L'Ouvrier français*, Paris, Colin.
——1979, et J. CREUSEN, *L'Espace ouvrier*, Paris, Colin.
VIDAL, Claudine, 1991, *Sociologie des passions, Rwanda, Côte d'Ivoire*, Paris, Khartala.
VOVELLE, Michel, 1982, *Idéologies et Mentalités*, Paris, Maspero.
WEBSTER, Paul and Nicholas POWELL, 1984, *Saint-Germain-des-Prés*, London, Constable.
WIDMER, Jean, 1986, *Langage et Action sociale. Aspects philosophiques et sémiotiques du langage dans la perspective de l'ethnométhodologie*, Fribourg, Éd. universitaires.
YONNET, Paul, 1993, *Voyage au centre du malaise français : l'antiracisme et le roman national*, Paris, Gallimard.
ZEHRAOUI, Ahsene, 1976, *Les Travailleurs algériens en France ; Étude sociologique de quelques aspects de la vie familiale*, Paris, Maspero.
ZELDIN, Théodore, 1978-1981, *Histoire des passions françaises*, Paris, Éd. du Seuil, 4 vol.

TABOADA-LÉONETTI, Isabelle, 1987, *Les Immigrés des beaux quartiers. La communauté espagnole dans le 16e arrondissement*, Paris, L'Harmattan.
TACUSSEL, Patrick, 1984, *L'Attraction sociale : le dynamisme de l'imaginaire dans la société monocéphale*, Paris, Librairie des Méridiens.
TAGUIEFF, Pierre-André, 1988, *La Force du préjugé : essai sur le racisme et ses doubles*, Paris, La Découverte.
TARDE, Gabriel de, 1890, *Les Lois de l'imitation, étude sociologique*, Paris, Genève, Slatkine, 1979.（G・タルド著、風早八十二訳、『模倣の法則』、而立社、1924 年）
THOMAS, Louis-Vincent, 1975, *Anthropologie de la mort*, Paris, Payot.
——1978, *Mort et Pouvoir*, Paris, Payot.
TOURAINE, Alain, 1955, *L'Évolution du travail ouvrier aux usines Renault*, Paris, Éd. du CNRS.
——1961, et O. RAGAZZI, *Ouvriers d'origine agricole*, Paris, Éd. du Seuil.
——1965, *Sociologie de l'action*, Paris, Éd. du Seuil.（A・トゥレーヌ著、大久保敏彦ほか訳、『行動の社会学』、合同出版、1974 年）
——1966, *La Conscience ouvrière*, Paris, Éd. du Seuil.
——1968, *Le Mouvement de mai ou le Communisme utopique*, Paris, Éd. du Seuil.（A・トゥレーヌ著、寿里茂、西川潤訳、『現代の社会闘争——五月革命の社会学的展望』、日本評論社、1970 年）
——1969, *La Société post-industrielle*, Paris, Denoël.（A・トゥレーヌ著、寿里茂、西川潤訳、『脱工業化の社会』、河出書房新社、1970 年）
——1972, *Université et Société aux États-Unis*, Paris, Éd. du Seuil.
——1973, *Production de la société*, Paris, Ed. du Seuil.
——1973, *Vie et Mort du Chili populaire*, Paris, Éd. du Seuil.（A・トゥレーヌ著、真木嘉徳訳、『人民チリの崩壊——1973 年 7-9 月間の社会学的日記』、筑摩書房、1975 年）
——1974, *Pour la sociologie*, Paris, Éd. du Seuil.（A・トゥレーヌ著、梶田孝道訳、『社会学へのイマージュ——社会システムと階級闘争の理論』、新泉社、1978 年）
——1974, *Lettres à une étudiante*, Paris, Éd. du Seuil.（A・トゥレーヌ著、真木嘉徳訳、『端境期の思索——或る女子学生への手紙』、筑摩書房、1977 年）
——1976, *Les Sociétés dépendantes, essais sur l'Amérique latine*, Paris, Duculot.（A・トゥレーヌ著、佐藤幸男訳、『断裂社会——第三世界の新しい民衆運動』、新評論、1989 年）
——1977, *La Société invisible : regards 1974-1976*, Paris, Éd. du Seuil.
——1977, et D. GRISONI, *Un désir d'histoire*, Paris, Stock.（A・トゥレーヌ著、杉山光信訳、『歴史への希望——現代フランスの知的状況から』、新曜社、1979 年）
——1978, *La Voix et le Regard*, Paris, Éd. du Seuil.（A・トゥレーヌ著、梶田孝道訳、『声とまなざし——社会運動の社会学』、新泉社、1983 年）
——1978, et F. DUBET, Z. HEGEDUS, M. WIEVIORKA, *Lutte étudiante*, Paris, Éd. du Seuil.
——1979, *Mort d'une gauche*, Paris, Galilée.
——1980, *L'Après-socialisme*, Paris, B. Grasset.（A・トゥレーヌ著、平田清明、清水耕一訳、『ポスト社会主義』、新泉社、1982 年）
——1980, et F. DUBET, Z. HEGEDUS, M. WIEVIORKA, *La Prophétie anti-nucléaire*, Paris, Éd. du Seuil.（A・トゥレーヌほか共著、伊藤るり訳、『反原子力運動の社会学——未来を予言する人々』、新泉社、1984 年）

谷川稔監訳、『記憶の場——フランス国民意識の文化＝社会史』、岩波書店、2002-2003年）
ORIOL, Michel, 1981, *Bilan des études sur les aspects culturels et humains des migrations internationales en Europe occidentale*（*1918-1979*），（rédigé par），Strasbourg, ESF.
PADIOLEAU, Jean G., 1986, *L'Ordre social, principes d'analyse sociologique*, Paris, L'Harmattan.
PAGÈS, Max, 1968, *La Vie affective des groupes, esquisse d'une théorie de la relation humaine*, Paris, Dunod.
PARRIS, Ronald G., 1983（éd.），*Vivre dans deux cultures*, Paris, UNESCO.
PARSONS, Talcott, 1952, *The Social System*, London, Tavistock.（T・パーソンズ著、佐藤勉訳、『社会体系論』、青木書店、1974 年）
PENEFF, Jean, 1992, *L'Hôpital en urgence*, Paris, Métalié.
PIAGET, Jean, 1970, *Épistémologie des sciences de l'homme*, Paris, Gallimard.
POULANTZAS, Nicos, 1974, *Les Classes sociales dans le capitalisme aujourd'hui*, Paris, Éd. du Seuil.
QUÉRÉ, Louis, 1982, *Des miroirs équivoques : aux origines de la communication moderne*, Paris, Aubier Montaigne.
REICH, Wilhelm, 1933, *Psychologie de masse du fascisme*, Paris, Payot, 1974.（W・ライヒ著、平田武靖訳、『ファシズムの大衆心理』、せりか書房、新装版 1986 年）
RIVIÈRE, Claude, 1978, *L'Analyse dynamique en sociologie*, Paris, PUF.
——1988, *Les Liturgies politiques*, Paris, PUF.
ROIG, Charles, 1977, *Symboles et Société : une introduction à la politique des symboles d'après Kenneth Burke*, Bern, P. Lang.
ROSNAY, Joël de, 1975, *Le Macroscope, vers une vision globale*, Paris, Éd. du Seuil, coll. « Points ».（J・ド・ロスネー著、明畠高司訳、『グローバル思考革命』、共立出版、1984 年）
ROUQUETTE, Michel-Louis, 1975, *Les Rumeurs*, Paris, PUF.
ROUSSEL, Louis, 1992, *La Famille incertaine*, Paris, Éd. du Seuil.
SAINSAULIEU, Renaud, 1987, *Sociologie de l'organisation et de l'entreprise*, Paris, Fondation des Sciences politiques.
SANSOT, Pierre, 1972, *Poétique de la ville*, Paris, Klincksieck.
——1986, *Les Formes sensibles de la vie sociale*, Paris, PUF.
SARTRE, Jean-Paul, 1943, *L'Être et le Néant. Essai d'ontologie phénoménologique*, Paris, Gallimard.（J-P・サルトル著、松浪信三郎訳、『存在と無——現象学的存在論の試み』、人文書院、新装版 1999 年）
——1960, *Critique de la raison dialectique, précédé de Questions de méthode*, Paris, Gallimard.（J-P・サルトル著、竹内芳郎ほか訳、『弁証法的理性批判——実践的総体の理論』、人文書院、1962-1973 年）
SCHNAPPER, Dominique, 1991, *La France de l'intégration : sociologie de la nation*, Paris, Gallimard.
——1994, *La Communauté des citoyens, sur l'idée moderne de nation*, Paris, Gallimard.
SCHUTZ, Alfred, 1971, *Le Chercheur et le Quotidien ; phénoménologie des sciences sociales*, Paris, Klincksieck, 1987.（A・シュッツ著、渡部光、那須壽、西原和久訳、『社会理論の研究』、マルジュ社、1991 年）
SIMON, Michel, 1978, *Comprendre les idéologies*, Paris, Éd. du Cerf.
SIRONNEAU, Jean-Pierre, 1982, *Sécularisation et Religions politiques*, Paris, Mouton.
——1993, *Figures de l'imaginaire religieux et Dérive idéologique*, Paris, L'Harmattan.

MATHIEN, Michel, 1989, *Le Système médiatique, le journal dans son environnement*, Paris, Hachette.
MATTELART, Armand et Michèle, 1991, *Penser les médias*, Paris, La Découverte.
——1994, *L'Invention de la communication*, Paris, La Découverte.
MAUSS, Marcel, 1983, *Sociologie et Anthropologie*, Paris, PUF, 8e éd.（M・モース著、有地亨、伊藤昌司、山口俊夫共訳、『社会学と人類学』、弘文堂、1973-1976 年）
MAYO, Elton, 1933, *The Human Problems of an Industrial Civilization*, New York, MacMillan.（E・メイヨー著、村本栄一訳、『（新訳）産業文明における人間問題——ホーソン実験とその展開』、日本能率協会、1967 年）
MERTON, Robert K., 1957, *Éléments de théorie et de méthode sociologique*, Paris, Plon, 1965.（R・K・マートン著、森東吾ほか訳、『社会理論と社会構造』、みすず書房、1961 年）
MÉTRAUX, Alfred, 1967, *Religions et Magies indiennes d'Amérique du Sud*, Paris, Gallimard.
MICHEL, Andrée, 1956, *Les Travailleurs algériens en France*, Paris, CNRS.
MILLS, C. Wright, 1967, *L'Imagination sociologique*, Paris, Maspero.（C・W・ミルズ著、鈴木広訳、『社会学的想像力』、紀伊國屋書店、新装版 1995 年）
MINTZBERG, Henry, 1982, *Structure et Dynamique des organisations*, Paris-Montréal, Les Éditions d'organisation.
MODZELEWSKI, K. et J. KURON, 1969, *Lettre ouverte au Parti communiste polonais*, Paris, Maspero, 3e éd.（K・モゼレフスキ、J・クーロン著、塩川喜信訳・解説、『反官僚革命——ポーランド共産党への公開状』、柘植書房、1973 年）
MOLES, Abraham A., 1967, *Socio-Dynamique de la culture*, Paris, Mouton.
——1973, *La Communication et les Mass media*（sous la dir. d'A. MOLES et C. ZELTMANN）, Paris, Marabout.
——1980, *L'Image, communication fonctionnelle*（avec la coll. de El. ROHMER）, Paris, Casterman.
MORIN, Edgar, 1969, *La Rumeur d'Orléans*（avec la coll. de B. PAILLARD, E. BURGUIÈRE, C. CAPULIER, C. FISCHLER）, Paris, Éd. du Seuil.（E・モラン著、杉山光信訳、『オルレアンのうわさ——女性誘拐のうわさとその神話作用』、みすず書房、1997 年）
——1977-1980, *La Méthode : I, La Nature de la nature*（1977）; *II, La Vie de la vie*（1980）, Paris, Éd. du Seuil.（E・モラン著、大津真作訳、『自然の自然』、法政大学出版局、1984 年。E・モラン著、大津真作訳、『生命の生命』、法政大学出版局、1991 年）
——1984, *Sociologie*, Paris, Fayard.（E・モラン著、浜名優美、福井和美訳、『出来事と危機の社会学』、法政大学出版局、1990 年）
——1990, *Introduction à la pensée complexe*, Paris, ESF.（E・モラン著、古田幸男、中村典子訳、『複雑性とはなにか』、国文社、1993 年）
MOSCOVICI, Serge, 1979, *Psychologie des minorités actives*, Paris, PUF.
MUGNOZ, M.-C., 1978, *La Scolarisation des enfants de travailleurs migrants en France*, CIEMM.
MURY, Gilbert, et GAULEJAC, Vincent de, 1977, *Les Jeunes de la rue : ce qu'ils disent de leur vie*, Toulouse, Privat.
NAMER, Gérard, 1983, *La Commémoration en France*, Paris, Papyrus.
——1985, *Court Traité de sociologie de la connaissance*, Paris, Librairie des Méridiens.
——1987, *Mémoire et Société*, Paris, Méridiens, Klincksieck.
NAVILLE, Pierre, 1956, *Essais sur la qualification du travail*, Paris, Éd. M. Rivière.
NORA, Pierre, 1984,（sous la dir. de）, *Les Lieux de mémoire*, Paris, Gallimard.（P・ノラ編、

LE HUU KHOA, 1985, *Les Vietnamiens en France, insertion et identité*, Paris, L'Harmattan.（レ・フー・コア著、池田年穂（編集）ほか訳、『フランスのベトナム人』、西北出版、1989年）

LEIRIS, Michel, 1949, *L'Afrique fantôme*, Paris, Gallimard.（M・レリス著、岡谷公二ほか訳、『幻のアフリカ』、河出書房新社、1995年）

——1969, *Cinq Études d'ethnologie nouvelle*, Paris, Gallimard.

LE MOIGNE, Jean-Louis, 1977, *La Théorie du système général, théorie de la modélisation*, Paris, PUF.

LE ROY LADURIE, Emmanuel, 1979, *Le Carnaval de Romans, de la Chandeleur au mercredi des cendres, 1579-1580*, Paris, Gallimard.（E・ル・ロワ・ラデュリ著、蔵持不三也訳、『南仏ロマンの謝肉祭（カルナヴァル）——叛乱の想像力』、新評論、2002年）

LÉVI-STRAUSS, Claude, 1949, *Les Structures élémentaires de la parenté*, Paris, PUF.（C・レヴィ＝ストロース著、福井和美訳、『親族の基本構造』、青弓社、2000年）

——1958, *Anthropologie structurale*, Paris, Plon.（C・レヴィ＝ストロース著、荒川幾男ほか訳、『構造人類学』、みすず書房、1972年）

LEWIS, Oscar, 1961, *The Children of Sanchez : Autobiography of a Mexican Village*, tr. fr., *Les Enfants de Sanchez*, Paris, Gallimard, 1964.（O・ルイス著、柴田稔彦、行方昭夫共訳、『サンチェスの子供たち——メキシコの一家族の自伝』、みすず書房、新装版1986年）

LIPOVETSKY, Gilles, 1983, *L'Ère du vide; essais sur l'individualisme contemporain*, Paris, Gallimard.（G・リポヴェツキー著、大谷尚文、佐藤竜二訳、『空虚の時代——現代個人主義論考』、法政大学出版局、2003年）

LUCAS, Philippe, 1981, *La Religion de la vie quotidienne*, Paris, PUF.

MADJARIAN, Grégoire, 1989, *Le Complexe Marx*, Paris, L'Harmattan.

MAFFESOLI, Michel, 1979, *La Conquête du présent : pour une sociologie de la vie quotidienne*, Paris, PUF.（M・マフェゾリ著、佐々木交賢監訳、『現在の征服——日常性の社会学』、恒星社厚生閣、1985年）

——1988, *Le Temps des tribus : le déclin de l'individualisme dans les sociétés de masse*, Paris, Méridiens-Klincksieck.（M・マフェゾリ著、古田幸男訳、『小集団の時代——大衆社会における個人主義の衰退』、法政大学出版局、1997年）

——1992, *La Transfiguration du politique, la tribalisation du monde*, Paris, Grasset.（M・マフェゾリ著、古田幸男訳、『政治的なものの変貌——部族化／小集団化する世界』、法政大学出版局、2000年）

MANDROU, Robert, 1985, *De la culture populaire aux 17e et 18e siècles : la Bibliothèque bleue de Troyes*, Paris, Imago-Payot.（R・マンドルー著、二宮宏之、長谷川輝夫訳、『民衆本の世界——17・18世紀フランスの民衆文化』、人文書院、1988年）

MANNHEIM, Karl, 1929, *Idéologie et Utopie*, Paris, M. Rivière, 1956.（K・マンハイム著、鈴木二郎訳、『イデオロギーとユートピア』、未来社、1968年）

MARCELLESI, J. -B., 1971, *Le Congrès de Tours （décembre 1920）*, Paris, Le Pavillon.

MARCH, J. G. et H. A. SIMON, 1969, *Les Organisations*, Paris, Dunod, 2e éd., 1981.（J・G・マーチ、H・A・サイモン著、土屋守章訳、『オーガニゼーションズ』、ダイヤモンド社、1977年）

MARCUSE, Herbert, 1963, *Éros et Civilisation, contribution à Freud*, Paris, Éd. de Minuit.（H・マルクーゼ著、南博訳、『エロス的文明』、紀伊國屋書店、1958年）

理論』、未来社、1985-1987 年）
HERMAN, Jacques, 1983, *Les Langages de la sociologie*, Paris, PUF, coll. « Que sais-je ? ». （J・エルマン著、原山哲、樋口義広共訳、『社会学の言語』、白水社、1993 年）
HERPIN, Nicolas, 1973, *Les Sociologues américains et le Siècle*, Paris, PUF.
HERVIEU-LEGER, Danièle, 1983, *Des communautés pour les temps difficiles : néo-ruraux ou nouveaux moines ?*, Paris, Centurion.
——1986, *Vers un nouveau christianisme : introduction à la sociologie du christianisme*, Paris, Cerf.
JAULIN, Robert, 1972, *La Paix blanche, introduction à l'ethnocide*, Paris, Éd. du Seuil. （R・ジョラン著、和田信明訳、『白い平和——少数民族絶滅に関する序論』、現代企画室、1986 年）
JAVEAU, Claude, 1988, *Leçons de sociologie*, Paris, Méridiens-Klincksieck.
JEUDY, Henri-Pierre, 1979, *La Peur et les Media : essai sur la virulence*, Paris, PUF.
JODELET, Denise, 1989, *Les Représentations sociales*, (sous la dir. de), Paris, PUF.
KAES, René, 1976, *L'Appareil psychique groupal : construction de groupe*, Paris, Dunod.
——1980, *L'Idéologie, études psychanalytiques : mentalité de l'idéal et esprit de corps*, Paris, Dunod.
KRIEGEL, Annie, 1970, *Les Communistes français, essai d'ethnographie politique*, Paris, Éd. du Seuil, 2e éd. （A・クリエジェル著、横山謙一訳、『フランス共産党の政治社会学』、御茶の水書房、1982 年）
KUHN, Thomas S., 1962, *La Structure des révolutions scientifiques*, tr. fr., Flammarion, 1982. （T・クーン著、中山茂訳、『科学革命の構造』、みすず書房、1971 年）
LAING, R. D. et D. COOPER, 1972, *Raison et Violence : dix ans de la philosophie de Sartre (1950-1960)*, Paris, Payot. （R・D・レイン、D・G・クーパー著、足立和浩訳、『理性と暴力——サルトル哲学入門』、番町書房、1973 年）
LATOUR, Bruno, 1988, *La Vie de laboratoire, la production des faits scientifiques*, Paris, La Découverte.
——1989, *La Science en action*, Paris, La Découverte. （B・ラトゥール著、川崎勝、高田紀代志訳、『科学が作られているとき——人類学的考察』、産業図書、1999 年）
LAULAN, Anne-Marie, 1985, *La Résistance aux systèmes d'information*, Paris, Retz.
LEACH, Edmund, 1966, *Critique de l'anthropologie*, tr. fr., Paris, PUF, 1968. （E・リーチ著、青木保、井上兼行訳、『人類学再考』、思索社、新装版 1990 年）
LE BON, Gustave, 1895, *La Psychologie des foules*, Paris, Retz-CEPL, 1976. （G・ル・ボン著、櫻井成夫訳、『群衆心理』、講談社、1993 年）
LECA, Jean et Yves SCHEMEIL, 1983, « Clientélisme et patrimonialisme dans le monde arabe », *International Political Science Review*, 4 (4), 455-494
LEENHARDT, Jacques, 1982, *La Force des mots : le rôle des intellectuels*, Paris, Mégrelis.
LEFEBVRE, Henri, 1958, *Critique de la vie quotidienne*, Paris, l'Arche, 2e éd. （H・ルフェーブル著、奥山秀美、松原雅典、田中仁彦訳、『日常生活批判』、現代思潮社、1968-1970 年）
LEFORT, Claude, 1976, *Un homme en trop : réflexions sur « L'Archipel du Goulag »*, Paris, Éd. du Seuil. （C・ルフォール著、宇京頼三訳、『余分な人間——『収容所群島』をめぐる考察』、未来社、1991 年）
——1979, *Éléments d'une critique de la bureaucratie*, Paris, Gallimard.
LEGENDRE, Pierre, 1974, *L'Amour du Censeur, essai sur l'ordre dogmatique*, Paris, Éd. du Seuil.

——1991, et AUBERT Nicole, *Le Coût de l'excellence*, Paris, Éd. du Seuil.
GIDDENS, Anthony, 1987, *La Constitution de la société*, Paris, PUF.
GODELIER, Maurice, 1977, *Horizon. Trajets marxistes et anthropologie*, Paris, Maspero.（M・ゴドリエ著、山内昶訳、『人類学の地平と針路』、紀伊國屋書店、1976 年）
GOFFMAN, Erving, 1961, *Asiles. Étude sur la condition sociale des malades mentaux*, tr. fr., Paris, Éd. de Minuit, 1968.（E・ゴッフマン著、石黒毅訳、『アサイラム――施設被収容者の日常世界』、誠信書房、1984 年）
——1967, *Les Rites d'interaction*, tr. fr., Paris, Éd. de Minuit, 1974.（E・ゴッフマン著、浅野敏夫訳、『儀礼としての相互行為――対面行動の社会学』、法政大学出版局、新訳版 2002 年）
GOLDMANN, Lucien, 1955, *Le Dieu caché; étude sur la vision tragique dans « Les Pensées »de Pascal et dans le théâtre de Racine*, Paris, Gallimard.（L・ゴルドマン著、山形頼洋、名田丈夫（下巻のみ共訳）訳、『隠れたる神（上・下）』、社会思想社、1972-1973 年）
GRAS, Alain, 1992,（sous la resp. de Gras A., Joerges B., Scardigli V.）, *Sociologie des techniques de la vie quotidienne*, Paris, L'Harmattan.
GRESLE, François, 1981, *L'Univers de la boutique : famille et métier chez les petits patrons du Nord, 1920-1975*, Lille, Presses universitaires de Lille.
GRUEL, Louis, Annie COCHET, Michel GUGUEN, 1984, *Conjurer l'exclusion; Sur quelques formes urbaines de résistance à la disqualification sociale*, Rennes, LARES, université de Rennes 2.
——1991, *Pardons et Châtiments, les jurés français face aux violences criminelles*, Paris, Nathan.
GUILLEMARD, Anne-Marie, 1986, *Le Déclin du social : formation et crise des politiques de la vieillesse*, Paris, PUF.
——1994, *Emploi et Vieillissement*, Paris, La documentation française.
GUMPERZ, John, 1989, *Engager la conversation, introduction à la sociolinguistique interactionnelle*, Paris, Éd. de Minuit.
GURVITCH, Georges, 1931, *L'Idée de droit social*, Paris, Sirey.
——1931, *Le Temps présent et l'Idée du droit social*, Paris, Sirey.
——1937, *Morale théorique et Science des mœurs*, Paris, PUF, 3e éd., 1961.
——1940, *Éléments de sociologie juridique*, Paris, Aubier.
——1950, *La Vocation actuelle de la sociologie*, Paris, PUF, 4e éd., 1969.（G・ギュルヴィッチ著、寿里茂訳、『社会学の現代的課題』、青木書店、1970 年）
——1955, *Déterminismes sociaux et Liberté humaine*, Paris, PUF.
——1962, *Dialectique et Sociologie*, Paris, Flammarion.
——1965, *Proudhon, sa vie, son œuvre*, Paris, PUF.
HABERMAS, Jürgen, 1962, *L'Espace public, archéologie de la publicité comme constitutive de la société bourgeoise*, tr. fr., Paris, Payot, 1978.（J・ハーバーマス著、細谷貞雄・山田正行訳、『公共性の構造転換――市民社会の一カテゴリーについての探究』、未来社、1994 年）
——1968, *La Technique et la Science comme « idéologie »*, tr. fr., Paris, Gallimard, 1973.（J・ハーバーマス著、長谷川宏訳、『イデオロギーとしての技術と科学』、平凡社ライブラリー、2000 年）
——1981, *Théorie de l'agir communicationnel*, tr. fr., Paris, Fayard, 1987, 2 vol.（J・ハーバーマス著、河上倫逸、M・フーブリヒト、平井俊彦訳、『コミュニケイション的行為の

——1983, *Analyse de l'idéologie*, Paris, Galilée, t. II.
DUPUIS, François et Jean-Claude THŒNIG, 1983, *Sociologie de l'Administration française*, Paris, Colin.
DURAND, Claude, 1978, *Le Travail enchaîné, Organisation du travail et domination sociale*, Paris, Éd. du Seuil.
DURAND, Gilbert, 1969, *Les Structures anthropologiques de l'imaginaire*, Paris, Bordas.
DUVIGNAUD, Jean, 1967, *Sociologie de l'art*, Paris, PUF, 3e éd., 1984.
——1974, *Fêtes et Civilisations*, Paris, Weber.（J・デュヴィニョー著、小苅米晛訳、『祭りと文明』、紀伊國屋書店、1980 年）
——1977, *Lieux et Non-Lieux*, Paris, Galilée.
——1986, *La Solidarité : liens de sang et liens de raison*, Paris, Fayard.
——1990, *La Genèse des passions dans la vie sociale*, Paris, PUF.
EASTON, David, 1965, *Analyse du système politique*, tr. fr., Paris, Colin, 1974.（D・イーストン著、薄井秀二、依田博訳、『政治生活の体系分析』、早稲田大学出版部、2002 年）
ELIAS, Norbert, 1974, *La Société de cour*, Paris, Calmann-Lévy.（N・エリアス著、波田節夫、中埜芳之、吉田正勝訳、『宮廷社会』、法政大学出版局、1981 年）
ENRIQUEZ, Eugène, 1983 , *De la horde à l'État, essai de psychanalyse du lien social*, Paris, Gallimard.
ESTIVALS, Robert, 1983, *Le Livre dans le monde, 1971-1981*, Paris, Retz.
FERRAROTTI, Franco, 1981, *Histoire et Histoires de vie*, tr. fr., Paris, Librairie des Méridiens, 1983.
FOUCAULT, Michel, 1966, *Les Mots et les Choses. Une archéologie des sciences humaines*, Paris, Gallimard.（M・フーコー著、渡辺一民、佐々木明訳、『言葉と物——人文科学の考古学』、新潮社、1974 年）
FOUGEYROLLAS, Pierre, 1959, *Le Marxisme en question*, Paris, Éd. du Seuil.
——1963, *La Conscience politique dans la France contemporaine*, Paris, Denoël.
——1970, *La Révolution freudienne*, Paris, Denoël.
——1976, *Contre Lévi-Strauss, Lacan et Althusser; trois essais sur l'obscurantisme contemporain*, Paris, Éd. de la Jonquière.
——1987, *La Nation. Essor et déclin des sociétés modernes*, Paris, Fayard.
FREUD, Sigmund, 1912, *Totem et Tabou*, tr. fr., Paris, Payot, 1947.（S・フロイト著、西田越郎訳、「トーテムとタブー」、〔S・フロイト著、高橋義孝ほか訳、『文化・芸術論』、人文書院、1969 年所収〕）
FRITSCH, Philippe, 1983, *Le Sens de l'ordinaire* (sous la dir. de), Colloque Quotidienneté et historicité, Lyon, mai 1982, Paris, Éd. du CNRS.
FROMM, Erich, 1975, *La Passion de détruire : anatomie de la destructivité humaine*, Paris, R. Laffont.（E・フロム著、作田啓一、佐野哲郎訳、『破壊——人間性の解剖』、紀伊國屋書店、復刊版 2001 年）
GAGNON, Nicole et Bruno JEAN, 1975, « Les histoires de vie et la transformation du Québec contemporain », *Sound Heritage*, IV-I.
GARFINKEL, Harold, 1952, *The Perception of the Other, A Study in Social Order*, Cambridge, Harvard.
——1967, *Studies in Ethnomethodology*, Englewood Cliffs, Prentice Hall.
GAULEJAC, Vincent de, 1987, *La Névrose de classe : trajectoire sociale et conflits d'identité*, Paris, Hommes et Groupes.
——1990, *Femmes au singulier ou la Parentalité solitaire*, Paris, Klincksieck.

bibliographie（1750-1918）, Paris, Éd. ouvrières.
——1951, *Usine et Syndicats d'Amérique*, Paris, Éd. ouvrières.
——1956, *Petits Fonctionnaires au travail*, Paris, Éd. du CNRS.
——1963, *Le Phénomène bureaucratique*, Paris, Éd. du Seuil.
——1965, *Le Monde des employés de bureau : résultats d'une enquête, menée dans sept compagnies d'assurances parisiennes*, Paris, Éd. du Seuil.
——1970, *La Société bloquée*, Paris, Éd. du Seuil.（M・クロジエ著、影山喜一訳、『閉ざされた社会——現代フランス病の考察』、日本経済新聞社、1981年）
——1974, et E. FRIEDBERG, P. et C. GREMION, J. -C. THŒNIG, J. -P. WORMS, *Où va l'administration française ?*, Paris, Éd. d'Organisation.
——1975, et S. HUNTINGTON, J. WATANUKI, *The Crisis of Democracies, Report on the Governability of Democraties*, New York, University Press.（S・ハンチントン、M・クロジエ、綿貫譲治著、綿貫譲治監訳、『民主主義の統治能力（ガバナビリティ）——その危機の検討』、サイマル出版会、1976年）
——1977, et Erhard FRIEDBERG, *L'Acteur et le Système, les contraintes de l'action collective*, Paris, Éd. du Seuil , rééd., 1981.
——1979, *On ne change pas la société par décret*, Paris, B. Grasset, éd. rev. et augm., coll « pluriel », 1982.
——1980, *Le Mal américain*, Paris, Fayard, éd. rev. et augm., coll. « Pluriel », 1984.（M・クロジエ著、大空博訳、『アメリカ病』、読売新聞社、1982年）
——1987, *État modeste, État moderne : stratégie pour un autre changement*, Paris, Fayard.
——1988, *Comment réformer l'État ? Trois pays, trois stratégies Suède, Japon, États- Unis*, Paris, La Documentation française.
——1994, et Hervé Sérieyx, *Du management panique à l'entreprise du XXIe siècle*, Paris, Maxima.
——1994, *L'Entreprise à d'écoute : apprendre le management post-industriel*, Paris, Éd. du Seuil.
DE BRUYNE, P., J. HERMAN et M. DE SCHOUTHEETE, 1974, *Dynamique de la recherche en sciences sociales*, Paris, PUF.
DECONCHY,Jean-Pierre,1971,*L'Orthodoxie religieuse,Essai de logique psycho-sociale*,Paris,Éd.ouvrières.
DOISE Willem（éd.）, 1979, *Expériences entre groupes*, Paris, Mouton.
—— 1984, and PALMONARI Augusto（éd.）, *Social Interaction in Individual Development*, Cambridge Univ. Press, Paris. Maison des sciences de l'homme.
DUBY, Georges, 1978, *Les Trois Ordres ou l'imaginaire du féodalisme*, Paris. Gallimard.
DUMAZEDIER, Joffre, 1962, *Vers une civilisation du loisir ?*, Paris, Éd, du Seuil.（J・デュマズディエ著、中島巌訳、『余暇文明へ向かって』、東京創元社、1972年）
——1974, *Sociologie empirique du loisir. Critique et contre-critique de la civilisation du loisir*, Paris, Éd, du Seuil.（J・デュマズディエ著、牛島千尋訳、『レジャー社会学』、社会思想社、1981年）
DUMÉZIL, Georges, 1977, *Les Dieux souverains des Indo-Européens*, Paris , Gallimard.
DUMONT Fernand et Nicole GAGNON, 1973, « Présentation »du numéro spécial sur « le vécu », *Recherches sociographiques*, XIV-2.
DUPRAT, Gérard, 1980（sous la dir. de）, *Analyse de l'idéologie,* Centre d'étude de la pensée politique, Paris, Galilée, t. I.

訳、『ホモ・アカデミクス』、藤原書店、1997年）
——1987, *Choses dites*, Paris, Éd. de Minuit.（P・ブルデュー著、石崎晴己訳、『構造と実践——ブルデュー自身によるブルデュー』、藤原書店、1991年）
——1988, *L 'Ontologie politique de Martin Heidegger*, Paris, Éd. de Minuit.（P・ブルデュー著、桑田禮彰訳、『ハイデガーの政治的存在論』、藤原書店、2000年）
——1989, *La Noblesse d'État : grandes écoles et esprit de corps*, Paris, Éd. de Minuit..（藤原書店近刊）
——1992, avec Loïc J. D. Wacquant, *Réponses, pour une anthropologie réflexive*, Paris, Éd. du Seuil.（藤原書店近刊）
——1992, *Les Règles de l'art, genèse et structure du champ littéraire*, Paris, Éd. du Seuil.（P・ブルデュー著、石井洋二郎訳、『芸術の規則Ｉ・II』、藤原書店、1995-1996年）
——1993,（sous la direct. de）, *La Misère du monde,* Paris, Éd. du Seuil.（藤原書店近刊）
——1994, *Raisons pratiques ; sur la théorie de l'action*, Paris, Éd. du Seuil.（藤原書店近刊）
BROHM, Jean-Marie, 1976, *Sociologie politique du sport*, Paris, J. -P. Delarge.
BRUNE, François, 1993, *Les Médias pensent comme moi, fragments du discours anonyme*, Paris, L'Harmattan.
BURGELIN, Olivier, 1970, *La Communication de masse*, Paris, SGPP.
CAILLOIS, Roger, 1970, *Approches de l'imaginaire*, Paris, Gallimard.
CALLON, Michel, 1986, « Éléments pour une sociologie de la traduction », in *Année sociologique*, Paris, PUF.
——1989, *La Science et ses réseaux : genèse et circulation des faits scientifiques*, Paris, La Découverte.
——1991,（sous la dir. de M. Callon et B. Latour）, *La Science telle qu'elle se fait*, Paris, La Découverte.
CALVEZ, Jean-Yves, 1978, *La Pensée de Karl Marx*, Paris, Éd. du Seuil.
CAMUS, Albert, 1951, *L'Homme révolté*, Paris, Gallimard.（A・カミュ著、佐藤朔、白井浩司訳、『反抗的人間』、新潮社、1973年）
CASTORIADIS, Cornélius, 1975, *L'Institution imaginaire de la société*, Paris, Éd. du Seuil.（C・カストリアディス著、江口幹訳、『想念が社会を創る——社会的想念と制度』、法政大学出版局、1994年）
CAZENEUVE, Jean, 1972, *La Société de l'ubiquité*, Paris, Denoël-Gonthier.
CHOMBART DE LAUWE, Paul-Henry, 1969, *Pour une sociologie des aspirations*, Paris, Denoël.
CHOUVIER, Bernard, 1982, *Militance et Inconscient*, Lyon, Presses universitaires de Lyon.
CICOUREL, Aaron V., 1964, *Method and Measurement in Sociology*, New York.（A・シクレル著、下田直春監訳、『社会学の方法と測定』、新泉社、1981年）
——1979, *La Sociologie cognitive*, Paris, PUF.
CLASTRES, Pierre, 1980, *La Société contre l'État*, Paris, Éd. de Minuit.（P・クラストル著、渡辺公三訳、『国家に抗する社会——政治人類学研究』、水声社、1991年）
COULON, Alain, 1987, *L'Ethnométhodologie*, Paris, PUF, coll. « Que sais-je ? ».（A・クロン著、山田富秋、水川喜文訳、『入門エスノメソドロジー——私たちはみな実践的社会学者である』、せりか書房、1996年）
COURTINE, Jean-Jacques et Claudine HAROCHE, 1988, *L'Histoire du visage, exprimer et taire ses émotions*, Paris-Marseille , Rivages.
CROZIER, Michel, 1949, et Édouard DOLLÉANS, *Mouvements ouvrier et socialiste, chronologie et*

——1962, *The Algerians*, Boston, Beacon Press.
——1964, et A. SAYAD , *Le Déracinement, la crise de l'agriculture traditionnelle en Algérie*, Paris, Éd. de Minuit.
——1964, et J.-C. PASSERON, *Les Étudiants et leurs études*, Paris, Mouton.
——1964, et J.-C. PASSERON. *Les Héritiers, les étudiants et leurs études*, Paris, Éd. de Minuit.（P・ブルデュー著、石井洋二郎監訳、戸田清、高塚浩由樹、小澤浩明訳、『遺産相続者たち——学生と文化』、藤原書店、1997年）
——1964, et A. DARBEL, J.-P. RIVET, C. SEIBEL, *Travail et Travailleurs en Algérie*, Paris , Mouton.
——1965, et L. BOLTANSKI, R. CASTEL, J.-C. CHAMBOREDON, *Un art moyen, essai sur les usages sociaux de la photographie*, Paris, Éd. de Minuit.（P・ブルデュー監修、山縣熙・山縣直子訳、『写真論——その社会的効用』、法政大学出版局、1990年）
——1965, et J.-C. PASSERON, M. de SAINT-MARTIN, *Rapport pédagogique et Communication*, Paris, Mouton.（P・ブルデューほか著、安田尚訳、『教師と学生のコミュニケーション』、藤原書店、1999年）
——1966, et A. DARBEL, *L'Amour de l'art ; les musées et leur public*, Paris, Éd. de Minuit.（P・ブルデューほか著、山下雅之訳、『美術愛好——ヨーロッパの美術館と観衆』、木鐸社、1994年）
——1968, et J.-C. PASSERON, J.-C. CHAMBOREDON, *Le Métier de sociologue, préalables épistémologiques*, Paris, Mouton-Bordas, 4e éd. 1983.（P・ブルデューほか著、田原音和、水島和則訳、『社会学者のメチエ——認識論上の前提条件』、藤原書店、1994年）
——1970, *Zur Soziologie des Symbolischen Formen*, Francfort, Suhrkamp.
——1970, et J.-C. PASSERON, *La Reproduction*, Paris, Éd. de Minuit.（P・ブルデューほか著、宮島喬訳、『再生産——教育・社会・文化』、藤原書店、1991年）
——1972, *Esquisse d'une théorie de la pratique*, précédée de *Trois Études d'ethnologie kabyle*, Genève, Éd. Droz.
——1976, *Die politische Ontologie Martin Heideggers*, Francfort, Syndicat.
——1977 , *Algérie 1960, structures économiques et structures temporelles*, Paris, Éd. de Minuit.（P・ブルデュー著、原山哲訳、『資本主義のハビトゥス——アルジェリアの矛盾』、藤原書店、1993年）
——1979, *La Distinction, critique sociale du jugement*, Paris, Éd. de Minuit.（P・ブルデュー著、石井洋二郎訳、『ディスタンクシオン——社会的判断力批判Ⅰ・Ⅱ』、藤原書店、1990年）
——1980, *Le Sens pratique*, Paris, Éd. de Minuit.（P・ブルデュー著、今村仁司・福井憲彦・塚原史・港道隆訳、『実践感覚１・２』、みすず書房、新装版2001年）
——1980, *Questions de sociologie*, Paris, Éd. de Minuit, éd. augm., 1984.（P・ブルデュー著、田原音和監訳、安田尚、佐藤康行、小松田儀貞、水島和則、加藤眞義共訳『社会学の社会学』、藤原書店、1991年）
——1982, *Leçon sur la leçon*, Paris, Éd. de Minuit.（藤原書店近刊）
——1982, *Ce que parler veut dire, l'économie des échanges linguistiques*, Paris, Fayard.（P・ブルデュー著、稲賀繁美訳、『話すということ——言語的交換のエコノミー』、藤原書店、1993年）
——1984, *Homo academicus*, Paris, Éd. de Minuit.（P・ブルデュー著、石崎晴己、東松秀雄

——1982, *À l'ombre des majorités silencieuses ou la fin du social*, Paris, Denoël Gonthier.
BÉAUD, Paul, 1984, *La Société de connivence : media, médiations et classes sociales*, Paris, Aubier.
BEAUVOIR, Simone de, 1961, *Le Deuxième Sexe*, Paris, Gallimard, 2 vol.（S・ド・ボーヴォワール著、井上たか子（ほか）監訳、『第二の性——決定版』、新潮社、1997 年）
BENOIT, Jean-Claude, 1984, *Changements systémiques et Thérapie familiale*, Paris, Éd. ESF, 3e éd.
BERNOUX, Philippe, 1985, *La Sociologie des organisations*, Paris, Éd. du Seuil, coll. « Points ».
BERTALANFFY, Ludwig von, 1968, *Théorie générale des systèmes*, tr. fr., Paris, Dunod, 1973.（L・v・ベルタランフィ著、長野敬、太田邦昌訳、『一般システム理論——その基礎・発展・応用』、みすず書房、1973 年）
BERTAUX, Daniel, 1976, *Histoires de vies ou récits de pratiques ? Méthodologie de l'approche biographique en sociologie*, Paris, Maison des sciences de l'homme.
——1977, *Destins personnels et Structure de classe*, Paris, PUF.
BION, Wilfred R., 1965, *Recherches sur les petits groupes*, Paris, PUF.（W・R・ビオン著、小林ポオル、光吉俊二、尾川丈一訳、『グループ・アプローチ——“集団力学と集団心理療法”の画期的業績・人間援助の社会学』、亀田ブックサービス、2003 年）
BOLTANSKI, Luc, 1982, *Les Cadres : la formation d'un groupe social*, Paris, Éditions de Minuit.
——1990, *L'Amour et la Justice comme compétences, trois essais de sociologie*, Paris, Métailié.
——1991, *De la justification : les économies de la grandeur*, Paris, Gallimard.
——1993, *La Souffrance à distance : morale humanitaire, medias et politique*, Paris, Métailié.
BOUDON, Raymond, 1965, et Paul LAZARSFELD, *Le Vocabulaire des sciences sociales, concepts et indices*, Paris, La Haye, Mouton.
——1966, *L'Analyse empirique de la causalité*, choix de textes publiés sous la dir. de R. BOUDON et P. LAZARSFELD, Paris, La Haye, Mouton.
——1967, *L'Analyse mathématique des faits sociaux*, Paris, Plon.
——1968, *A quoi sert la notion de structure ? Essai sur la signification de la notion de structure dans les sciences humaines*, Paris, Gallimard.
——1969, *Les Méthodes en sociologie*, Paris, PUF, coll. « Que sais-je? », 6e éd. mise à jour, 1984.（R・ブードン著、宮島喬訳、『社会学の方法』、白水社、1970 年）
——1971, *La Crise de la sociologie*, Paris, Droz.
——1973, *L'Inégalité des chances : la mobilité sociale dans les sociétés industrielles*, Paris, Colin.（R・ブードン著、杉本一郎、山本剛郎、草壁八郎訳、『機会の不平等——産業社会における教育と社会変動』、新曜社、1983 年）
——1975, *Qnantitative Sociology*, New York, Academic Press.
——1977, *Effets pervers et Ordre social*, Paris, PUF, nouv. éd., 1989.
——1979, *La Logique du social : introduction à l'analyse sociologique*, Paris, Hachette ; 2e éd., coll. « Pluriel », 1983.
——1982, et François BOURRICAUD, *Dictionnaire critique de la sociologie*, Paris, PUF, 2e éd. rev., 1986.
——1984, *La Place du désordre : critique des théories du changement social*, Paris, PUF.
——1986, *L'Idéologie ou l'Origine des idées reçues*, Paris, Fayard.
——1990, *L'Art de se persuader des idées fausses, fragiles ou douteuses*, Paris, Fayard.
BOURDIEU, Pierre, 1961, *Sociologie de l'Algérie*, Paris, PUF, 2e éd.

ATTIAS-DONFUT, Claudine, 1991, *Générations et Âges de la vie*, Paris, PUF.
AUGÉ, Marc, 1975, *Théorie des pouvoirs et Idéologie*, Paris, Hermann.
AUSTIN, John Langshaw, 1955, *Quand dire, c'est faire*, tr. fr., Paris, Éd. du Seuil, 1970.（J-L・オースティン著、坂本百大訳、『言語と行為』、大修館書店、1978年）
BAECHLER, Jean, 1994, *Précis de la démocratie*, Paris, Calmann-Lévy.
BALANDIER, Georges, 1955, *L'Anthropologie appliquée aux problèmes des pays sous-développés*, Paris, Les Cours de droit.
——1955, *Sociologie actuelle de l'Afrique noire : dynamique sociale en Afrique centrale*, Paris, PUF, 4e éd., 1982.（G・バランディエ著、井上兼行訳、『黒アフリカ社会の研究——植民地状況とメシアニズム』、紀伊國屋書店、1983年）
——1955, *Sociologie des Brazzavilles noires*, Paris, Presses de la Fondation des sciences politiques, 2e éd., 1985.
——1957, *Afrique ambiguë*, Paris, Press Pocket, 1983.（G・バランディエ著、室淳介訳、『赤道に燃える火』、講談社、1959年）
——1959, *Les Pays sous-développés : aspects et perspectives*, Paris, Les Cours de droit.
——1961, *Les Pays en voie de développement : analyse sociologique et politique*, Paris, Les Cours de droit.
——1965, *La Vie quotidienne au royaume de Kongo du XVIe au XVIIIe siècle*, Paris. Hachette.
——1967, *Anthropologie politique*, Paris, PUF, 4e éd., 1984.（G・バランディエ著、中原喜一郎訳、『政治人類学』、合同出版、1971年）
——1968（sous la dir. de G. BALANDIER et J. MAQUET）, *Dictionnaire des civilisations africaines*, Paris, F. Hazan.
——1971, *Sens et Puissance, les dynamiques sociales*, Paris, PUF, 2e éd., 1981.（G・バランディエ著、小関藤一郎訳、『意味と力——社会動学論』、法政大学出版局、1995年）
——1972, *Georges Gurvitch, sa vie, son œuvre*, Paris, PUF, coll. « Philosophes ».
——1974, *Anthropo-logiques*, Paris ; éd, rev. Biblio-Essais, 1985.
——1977, *Histoires d'autres*, Paris, Stock.
——1980, *Le Pouvoir sur scènes*, Paris, Balland.（G・バランディエ著、渡辺公三訳、『舞台の上の権力——政治のドラマトゥルギー』、筑摩書房、2000年）
——1985, *Le Détour : pouvoir et modernité*, Paris, Fayard.
——1988, *Le Désordre : éloge du mouvement*, Paris, Fayard.
——1994, *Le Dédale, pour en finir avec le XXe siècle*, Paris, Fayard.
BALLE, Francis, 1973, *Institutions et Publics des moyens d'information*, Paris, Montchrestien.
——1992, *Médias et Sociétés : presse, audiovisuel, télécommunication*, Paris, Montchrestien, 6e éd.
BAREL, Yves, 1973, *La Reproduction sociale. Systèmes vivants, invariance et changement*, Paris, Anthropos.
BARUS-MICHEL, Jacqueline, 1987, *Le Sujet social : étude de psychologie sociale clinique*, Paris, Dunod.
BASTIDE, Roger, 1950, *Sociologie et Psychanalyse*, Paris, PUF.
BAUDELOT, Christian et Roger ESTABLET, 1971. *L'École capitaliste en France*, Paris, Maspero.
BAUDRILLARD, Jean, 1972, *Pour une critique de l'économie politique du signe*, Paris, Gallimard.（J・ボードリヤール著、今村仁司、宇波彰、桜井哲夫訳、『記号の経済学批判』、法政大学出版局、1982年）
——1979, *De la séduction*, Paris, Galilée.（J・ボードリヤール著、宇波彰訳、『誘惑の戦略』、法政大学出版局、1985年）

参考文献

AKOUN, André, 1989, *L'Illusion sociale, essai sur l'individualisme démocratique et son destin*, Paris, PUF.

ALTHABE, Georges, 1982, *Oppression et Libération dans l'imaginaire,* Paris, La Découverte.

——1984, et B. LEGE, M. SELIM, *Urbanisme et Réhabilitation symbolique : Ivry, Bologne, Amiens*, Paris, Anthropos.

ALTHUSSER, Louis, 1965, *Pour Marx*, Paris, Maspero.（L・アルチュセール著、河野健二、田村俶、西川長夫訳、『マルクスのために』、平凡社、1994年）

——1968, et Étienne BALIBAR, *Lire le Capital*, Paris, Maspero.（L・アルチュセールほか著、今村仁司訳、『資本論を読む』、筑摩書房、1996年）

——1970, « Idéologie et appareils idéologiques d'État : notes pour une recherche », *La Pensée*, juin.（L・アルチュセール著、柳内隆訳、「イデオロギーと国家のイデオロギー装置」〔L・アルチュセールほか著、『アルチュセールの〈イデオロギー〉論』、三交社、1993年所収〕）

ANS, André-Marcel d', 1987, *Haïti : paysage et société*, Paris, Karthala.

ANSART, Pierre, 1969, *Marx et l'Anarchisme*, Paris, PUF.

——1970, *Naissance de l'anarchisme. Esquisse d'une explication sociologique du prondhonisme*, Paris, PUF.

——1974, *Les Idéologies politiques*, Paris, PUF.

——1977, *Idéologies, conflits et pouvoir*, Paris, PUF.

——1983, *La Gestion des passions politiques*, Lausanne, Paris, L'Âge d'homme.

——1984, *Proudhon, Textes et débats*, Paris, Librairie générale française, Le Livre de poche.

ANZIEU, Didier, 1975, *Le Groupe et l'Inconscient*, Paris, Dunod.（D・アンジュー著、榎本譲訳、『集団と無意識——集団の想像界』、言叢社、1999年）

ARON, Raymond, 1935, *La Sociologie allemande contemporaine*, Paris, PUF, 1981.（R・アロン著、川上源太郎訳、『ヴェーバーへの道』、福村出版、1982年）

—— 1938, *Introduction à la philosophie de l'histoire. Essai sur les limites de l'objectivité historique*, Paris, Gallimard, 1986.（R・アロン著、霧生和夫訳、『歴史哲学入門』、荒地出版、1971年）

——1938, *Essai sur une théorie de l'histoire dans l'Allemagne contemporaine : la philosophie critique de l'histoire*, Paris, Julliard, 1987.

——1948, *Le Grand Schisme*, Paris, Gallimard.

——1955, *L'Opium des intellectuels*, Paris, Calmann-Lévy.（R・アロン著、渡辺善一郎訳、『現代の知識人』、論争社、1960年）

——1957, *La Tragédie algérienne*, Paris, Plon.

——1962, *Paix et Guerre entre les nations*, Paris, Calmann-Lévy.

——1967, *Les Étapes de la pensée sociologique*, Paris, Gallimard.（R・アロン著、北川隆吉ほか訳、『社会学的思考の流れ１・２』、法政大学出版局、1974-1984年）

——1969, *D'une sainte-famille à l'autre. Essais sur les marxismes imaginaires*, Paris, Gallimard.

——1972 , *Histoire et Dialectique de la violence*, Paris, Gallimard.

——1977, *Plaidoyer pour l'Europe décadente*, Paris, Laffont.

——1981, *Le Spectateur engagé*, Paris, Julliard.

マ 行

マジャリアン　Madjarian, G.　41
マーチ　March, J. G.　71, 134
マットラール　Mattelart, A.　310
マティアン　Mathien, M.　310
マートン　Merton, R. K.　71, 73, 90, 134, 151-152, 155, 159, 239
マフェゾリ　Maffesoli, M.　311
マルクーゼ　Marcuse, H.　184-185
マルクス　Marx, K.　1-2, 14, 17-28, 30, 38-41, 47, 50, 55, 57, 62-63, 69, 71-72, 83, 90-91, 99, 106, 112, 115, 123, 126-127, 149-150, 158, 165-166, 174-175, 184, 215, 219-220, 222, 230-231, 239, 259-260, 265, 274, 281, 287, 289, 296-300, 305-306, 311-312
マンドルー　Mandrou, R.　158
マンハイム　Mannheim, K.　220, 311

ミシェル　Michel, A.　313
ミード　Mead, H.　79
ミュニョ　Mugnoz, M.-C.　313
ミュリ　Mury, G.　314
ミルズ　Mills, W.　40
ミンツバーグ　Mintzberg, H.　135

メイヨー　Mayo, E.　70, 140, 260
メンガー　Menger, C.　83, 85, 305

モース　Mauss, M.　21, 212
モスコヴィッチ　Moscovici, S.　140
モゼレフスキ　Modzelewski, K.　135
モラン　Morin, E.　20, 55, 71, 76, 140, 315
モル　Moles, A.　310

ヤ 行

ヨネ　Yonnet, P.　314

ラ 行

ライヒ　Reich, W.　184
ラガツィ　Ragazzi, O.　61
ラカン　Lacan, J.　174

リヴィエール　Rivière, C.　55, 262
リヴェ　Rivet, J.-P.　247
リッケルト　Rickert, H.　22
リーチ　Leach, E.　58, 105
リポヴェツキー　Lipovetsky, G.　85, 140, 315
リュカ　Lucas, P.　311

ル・ボン　Le Bon, G.　140
ル・モワーニュ　Le Moigne, J.-L.　76
ル・ロワ・ラデュリ　Le Roy Ladurie, E.　158, 274
ルイ 14 世　Louis XIV　158
ルイ・ブラン　Louis Blanc, J. J. C.　127
ルイス　Lewis, O.　198
ルケット　Rouquette, M.-L.　140
ルジャンドル　Legendre, P.　185, 275
ルーセル　Roussel, L.　315
ルソー　Rousseau, J.-J.　115
ルフェーブル　Lefebvre, H.　20, 60, 311
ルフォール　Lefort, C.　220, 312

レ・フー・コア　Le Huu Khoa　313
レイノー　Reynaud, J. D.　262
レイン　Laing, R. D.　26
レヴィ＝ストロース　Lévi-Strauss, C.　24, 39, 48, 58, 104, 241-242
レカ　Leca, J.　275
レキュイエ　Lécuyer, B.　292
レナール　Leenhardt, J.　312
レーニン　Lénine, I.　21, 285
レリス　Leiris, M.　58

ロスネー　Rosnay, J. de.　76
ローラン　Laulan, A.-M.　310

ワ 行

ワトキンス　Watkins, J. W. N.　83

ドピュイ　Dupuis, F.　274
トマ　Thomas, L.-V.　262
トマス　Thomas, W. I.　198, 313
トリピエ　Tripier, M.　313
トリピエ　Tripier, P.　262
ドワーズ　Doise, W.　140, 212

ナ 行

ナヴィル　Naville, P.　40
ナメール　Namer, G.　263, 312
ナポレオン　Napoléon (Bonaparte)　220

ニーチェ　Nietzsche, F. W.　85

ネーゲル　Nagel, E.　85

ノラ　Nora, P.　312

ハ 行

ハイマン　Hyman, H.　283
バーガー　Berger, P.　293
パジェス　Pagès, M.　141
バシュラール　Bachelard, G.　42, 45-46, 174, 243
バスティード　Bastide, R.　184
パスロン　Passeron, J.-C.　92, 247
パーソンズ　Parsons, T.　62, 286
パティー　Paty, D.　279
パディオロ　Padioleau, J. G.　213, 292
パノフスキー　Panofski, E.　42
ハバーマス　Habermas, J.　40
パラデーズ　Paradeise, C.　292
バランディエ　Balandier, G.　2, 5, 54-57, 60-61, 79, 115-117, 121-123, 131, 178-181, 183, 186-187, 249, 252, 254-255, 257-258, 263-264, 280, 298
パリス　Parris, R. G.　313
バリュ＝ミッシェル　Barus-Michel, J.　141
バル　Balle, F.　310
パルモナリ　Palmonari, A.　212
パレート　Pareto, V.　19, 82, 208-209, 291
バレル　Barel, Y.　71, 76

ピアジェ　Piaget, J.　104
ビオン　Bion, W. R.　185
ヒトラー　Hitler, A.　184, 220
ビュルジュラン　Burgelin, O.　310
ビュレ　Buret, E.　38

ファヨール　Fayol, H.　70
フィヒテ　Fichte, J. G.　21
フェーヴル　Febvre, L.　158
フーコー　Foucault, M.　43, 104
フジェイロラ　Fougeyrollas, P.　41
フッサール　Husserl, E.　120
ブードン　Boudon, R.　2, 82, 86, 88-91, 149, 151-152, 154-155, 160, 210, 223-224, 280-283, 286, 289-292, 295, 305
ブノワ　Benoît, J.-C.　77
プーランツァス　Poulantzas, N.　40
フリードバーグ　Friedberg, E.　71, 74-75, 77, 142, 269, 278
ブリコー　Bourricaud, F.　82, 149, 292
ブリュンヌ　Brune, F.　310
ブルデュー　Bourdieu, P.　1-2, 6, 37-39, 42-43, 45-48, 50, 52-53, 92, 100, 102, 106, 109, 112, 131, 166-169, 171, 173, 175, 194, 231-235, 237, 239, 247, 280, 283, 291, 295-296, 298, 310
プルードン　Proudhon, P.-J.　18-19, 21-22, 30, 38, 127, 259, 298
フロイト　Freud, S.　120, 184
ブローム　Brohm, J.-M.　275
ブロック　Bloch, M.　158
フロム　Fromm, E.　184

ベオ　Béaud, P.　310
ヘーゲル　Hegel, G. W. F.　174, 289
ベシュレール　Baechler, J.　292, 315
ベルクソン　Bergson, H.(-L.)　120
ベルタランフィ　Bertalanffy, L. V.　71, 76
ベルテロ　Berthelot, J.-M.　262
ベルトー　Bertaux, D.　198
ベレ　Verret, M.　40
ヘンペル　Hempel, C. C.　83

ボーヴォワール　Beauvoir, S. de　27
ホッブス　Hobbes, T.　115
ボードリヤール　Baudrillard, J.　312, 315
ボードロ　Baudelot, C.　40
ボナール　Bonald, V. de　71, 76
ポパー　Popper, K.　83, 86
ホマンズ　Homans, G.　71, 79
ボルタンスキ　Boltanski, L.　247, 310

200, 202-204, 265, 269, 272-273, 276-278, 302, 310
クーロン　Kuron, J.　135
クロン　Coulon, A.　288
クーン　Kuhn, T.　25, 28, 55, 217, 313

ケレ　Quéré, L.　310

ゴセラン　Gosselin, G.　262
ゴドリエ　Godelier, M.　58
ゴフマン　Goffman, E.　79, 213, 248, 311
ゴールジャック　Gaulejac, V. de　199, 314
ゴルドマン　Goldmann, L.　40
コント　Comte, A.　30, 42, 54, 91, 260, 286, 298

サ　行

サイモン　Simon, H. A.　71, 134
サヤード　Sayad, A.　247
サルトル　Sartre, J.-P.　20, 24, 26-27, 40, 120
サン＝シモン　Saint-Simon, H. de　19, 21, 30, 54, 63, 71, 76, 230, 260, 298
サンソ　Sansot, P.　263, 311
サンソリュー　Sainsaulieu, R.　279
サン＝マルタン　Saint-Martin, M. de　247

ジェリニエ　Gélinier, O.　279
シェルカウイ　Cherkaoui, M.　292
シクレル　Cicourel, A.　288
ジッド　Gide, A.　85
シモン　Simon, M.　312
シャゼル　Chazel, F.　292
シャンボルドン　Chamboredon, J.-C.　247
シュッツ　Schütz, A.　23, 120-121, 212, 288, 311
シュティルナー　Stirner, M.　85
シュナッペー　Schnapper, D.　315
ジョディ　Jeudy, H. P.　140, 263, 311
ジョドレ　Jodelet, D.　312
ジョラン　Jaulin, R.　58
ションバール・ド・ローヴェ　Chombart de Lauwe, P.-H.　262
ジラール　Girard, R.　116
ジロー　Giraud, C.　292
シロノー　Sironneau, J.-P.　263, 312
ジンメル　Simmel, G.　19, 22, 287, 289, 293, 311

スターリン　Stalin, I. V.　220
ストルゼレッキ　Strzelecki, J.　263
スナイド　Snyde, D.　161
ズナニエッキ　Znaniecki, F.　198, 313
スペンサー　Spencer, H.　55, 58, 210, 254, 286, 289, 298

セベル　Seibel, C.　247
ゼラウイ　Zehraoui, A.　313
セルズニック　Selznick, P.　71
ゼルディン　Zeldin, T.　158-159

ソシュール　Saussure, F. de　47-48
ソレル　Sorel, G.　19, 38, 115

タ　行

タギエフ　Taguieff, P.-A.　314
タキュセル　Tacussel, P.　312
タボアダ＝レオネッティ　Taboada-Léonetti, I.　313
タルド　Tarde, G. de　140, 311
ダルベル　Darbel, A.　247

テイラー　Taylor, F. W.　70, 201
ティリー　Tilly, C.　161
ディルタイ　Dilthey, W.　22-23
デカルト　Descartes, R.　45
デコンシー　Deconchy, J.-P.　312
デステュット・ド・トラシー　Destutt de Tracy, A. L .C.　220
テニグ　Thœnig, J.-C.　145, 274-275, 279
デュヴィニョー　Duvignaud, J.　55, 262
デュバール　Dubar, C.　292
デュビー　Duby, G.　104
デュプラ　Duprat, G.　312
デューベ　Dubet, F.　263
デュマズディエ　Dumazedier, J.　263, 315
デュメジル　Dumézil, G.　104, 274
デュモン　Dumont, F.　199
デュラン　Durand, C.　262
デュラン　Durand, G.　263, 312
デュルケーム　Durkheim, É.　1, 19-20, 22-23, 39, 42, 58, 84, 86-87, 99, 120, 140, 165, 207-208, 210, 212, 215-218, 230-231, 236, 260, 265, 274, 281, 286, 289, 291, 295, 300, 305-306

トゥレーヌ　Touraine, A.　6, 55, 61-62, 64-65, 67, 79, 122-124, 126, 128, 131, 175, 187-191, 254, 256, 258-259, 261, 263-264, 280, 290, 298, 315
トクヴィル　Tocqueville, A. de　1-2, 18-19, 54, 70, 84, 204, 305

人名索引

ア 行

アクン　Akoun, A.　185, 262
アティアス＝ドンフュ　Attias-Donfut, C.　314
アルヴァックス　Halbwachs, M.　20
アルターブ　Althabe, G.　59, 183, 262
アルチュセール　Althusser, L.　24, 40, 43, 174-175, 242, 312
アロシュ　Haroche, C.　275
アロン　Aron, R.　1, 20-24, 41
アン　Ans, A.-M. D'　58
アンサール　Ansart, P.　3, 185, 220-221, 262, 275, 298, 301, 312-313
アンジュー　Anzieu, D.　141, 185
アンリケ　Enriquez, E.　185, 262, 313

イザンベール＝ジャマティ　Isambert Jamati, V.　262
イーストン　Easton, D.　76

ヴィエヴィオルカ　Wieviorka, M.　263
ヴィダル　Vidal, C.　313
ウェーバー　Weber, M.　1, 8, 19-20, 22-23, 35, 39, 42, 47, 62-63, 70-71, 82-83, 89, 99, 120, 134, 158, 165, 207, 210, 212, 222, 225, 230, 260-261, 265, 274, 287-289, 293, 305
ヴォヴェル　Vovelle, M.　158, 274
ヴォルムス　Worms, J.-P.　279

エジェデュ　Hegedus, Z.　263
エスタブレ　Establet, R.　40
エリアス　Elias, N.　158
エリヴォ＝レジエ　Hervieu-Léger, D.　315
エルステール　Elster, J.　292

オジェ　Augé, M.　58, 262
オーリウー　Hauriou, M.　21
オリオル　Oriol, M.　314
オルソン　Olson, M.　88, 151

カ 行

カイヨワ　Caillois, R.　312
カエス　Kaës, R.　141, 185, 312
カステル　Castel, R.　247
カストリアディス　Castoriadis, C.　185, 262, 312
カズヌーブ　Cazeneuve, J.　310
ガニョン　Gagnon, N.　199
ガーフィンケル　Garfinkel, H.　121, 288
カミュ　Camus, A.　27
カルヴェ　Calvez, J.-Y.　40
カルナップ　Carnap, R.　83
カロン　Callon, M.　312
カンギレム　Canguilhem, G.　42
カント　Kant, I.　22, 45, 289-290
ガンペルツ　Gumperz, J.　289

キュソン　Cusson, M.　292
ギユマール　Guillemard, A.-M.　262, 274, 314
ギュルヴィッチ　Gurvitch, G.　20-22, 24, 41, 55, 263, 302

クーパー　Cooper, D.　26
グラ　Gras, A.　262, 311
クラストル　Clastres, P.　58
グリュエル　Gruel, L.　311
クルティーヌ　Courtine, J.-J.　275
グールドナー　Gouldner, A. W.　71, 73
クルノー　Cournot, A. A.　284-285
グレイ　Grey, E.　155-157
グレミオン　Grémion, C.　279
グレミオン　Grémion, P.　279
クロジエ　Crozier, M.　2, 5, 69-75, 77, 79, 94, 131-133, 137, 142, 144-145, 154, 194-195, 197,

著者紹介

Pierre ANSART（ピエール・アンサール）
1922年2月20日、フランスのマルヌ県コルベイユに生まれる。1950年代にはベトナムで教職に携わる。1967年ソルボンヌ大学にて専任講師。1969年レイモン・アロンのもとでソルボンヌにおいて博士号取得。ジョルジュ・ギュルヴィッチの指導も受ける。1970年よりパリ第7大学教授。1990年パリ第7大学名誉教授。主要著書に『プルードンの社会学』（1967年、邦訳、法政大学出版局,1981年）『サン＝シモンの社会学』（1970年）『政治的イデオロギー』（1974年）等がある。

監訳者紹介

山下雅之（やました・まさゆき）
パリ第4大学社会学博士。近畿大学文芸学部教授。著書に『コントとデュルケームの間』（木鐸社、1996年）、訳書にブルデュー他『美術愛好』（木鐸社、1994）他。
翻訳担当／序文類、序論、第Ⅳ部、結論、付論

訳者紹介

石井素子（いしい・もとこ）パリ第8大学DEA課程修了。京都大学大学院教育学研究科博士課程（教育社会学）。

翻訳担当／第Ⅱ部

白鳥義彦（しらとり・よしひこ）神戸大学大学院人文学研究科准教授。

翻訳担当／第Ⅲ部

都村聞人（つむら・もんど）京都大学大学院教育学研究科博士後期課程単位取得退学（教育社会学）。東京福祉大学教育学部専任講師。

翻訳担当／第Ⅰ部、参考文献

社会学《しゃかいがく》の新生《しんせい》

2004年4月30日　初版第1刷発行 ©
2008年4月1日　初版第3刷発行

監訳者　山下雅之
発行者　藤原良雄
発行所　藤原書店

〒162-0041　東京都新宿区早稲田鶴巻町523
電話　03（5272）0301
FAX　03（5272）0450
振替　00160-4-17013
info@fujiwara-shoten.co.jp

印刷・製本　中央精版印刷

落丁本・乱丁本はお取替えいたします
定価はカバーに表示してあります
Printed in Japan
ISBN978-4-89434-385-6